全国本科财经管理“十三五”系列规划教材

SHICHANG YINGXIAOXUE

市场营销学

（第2版）

主编／杨继莲　王淑霞　高小玲

西南交通大学出版社
·成　都·

图书在版编目（CIP）数据

市场营销学／杨继莲，王淑霞，高小玲主编．—2版．—成都：西南交通大学出版社，2017.2
全国本科财经管理“十三五”系列规划教材
ISBN 978-7-5643-5261-5

Ⅰ．①市… Ⅱ．①杨… ②王… ③高… Ⅲ．①市场营销学－高等学校－教材 Ⅳ．①F713.50

中国版本图书馆 CIP 数据核字（2017）第 024397 号

全国本科财经管理“十三五”系列规划教材
市场营销学（第 2 版）
主编 杨继莲 王淑霞 高小玲

责任编辑	罗爱林
封面设计	墨创文化
出版发行	西南交通大学出版社 （四川省成都市二环路北一段 111 号 西南交通大学创新大厦 21 楼）
发行部电话	028-87600564　028-87600533
邮政编码	610031
网址	http://www.xnjdcbs.com
印刷	成都中铁二局永经堂印务有限责任公司
成品尺寸	185 mm × 260 mm
印张	15.75
字数	374 千
版次	2017 年 2 月第 2 版
印次	2017 年 2 月第 6 次
书号	ISBN 978-7-5643-5261-5
定价	49.80 元

课件咨询电话：028-87600533
图书如有印装质量问题　本社负责退换

第二版 前 言

市场营销学是一门建立在经济科学、管理科学和行为科学基础上的应用科学。《国家中长期教育改革和发展规划纲要》将能力培养作为高等学校教育改革的重要任务，提出："坚持能力为重，优化知识结构，丰富社会实践，强化能力培养。着力提高学生的学习能力、实践能力、创新能力，教育学生学会知识技能，学会动手动脑，学会生存生活，学会做人做事，促进学生主动适应社会，开创美好未来。"这不仅是国家宏观战略的需要，也是迅速发展的社会需求的迫切需要，更是实现高校对社会人才培养需求的无缝对接的需要。这一需要将改变高等学校的传统教学模式。传统的知识传授不再是教学重点，而知识传授转化为能力的培养将成为高等学校教学改革的主要内容。与之相适应，本教材侧重学生实践能力的培养。

市场营销学是一门实践性很强的课程，也是与社会需求结合得很紧密的课程。在变化的市场环境下，营销的要素组合在不断变化，从而演化出丰富多彩的营销世界，纯粹的营销知识的传授会让学生体会不到参与营销活动本身的斑斓色彩。营销是一门技术，可以复制和模仿，但只是基于个案的复制与模仿，则又有可能让我们步入歧途。剥开个案华丽的外衣，从市场营销的基础知识出发，探寻隐藏在个案与知识中的方法与技巧，形成多元化的思维模式，拓展学生的视野才是市场营销学课程教学改革的重点。

本书本着"好教、好学、好用"的原则，按照社会对经管类专业人才知识结构和能力结构的要求：在内容上，对市场营销学传统的知识架构进行取舍，并结合相关知识加入能力训练内容；在体例上，每章开头有"导入案例"，中间有"小案例""延伸阅读"，结尾有"思考题"和"实训题"。这样的安排有利于学生的学习和教师的教学。

本教材在编写过程中广泛汲取了中外营销学教材的精华，对市场营销学中成熟的理论进行了引用和保留，同时在系统阐述基本理论的基础上注重新知识的拓展和介绍，在教材中增加了延伸阅读部分，引用了学科的新成果、新资料，丰富了教材内容。

本书由杨继莲、王淑霞、高小玲担任主编。王淑霞负责第一章、第五章的编写；杨继莲负责第三章、第七章、第八章、第十章的编写；罗洪程负责第四章、第十一章的编写；高踞负责第六章、第十二章的编写；高小玲负责第二章、第九章的编写；李迅负责第十三章的编写。全书由杨继莲统筹审定。

本版在第一版的基础上加上了最近两年的营销案例，把第九章、第十章按教学实际进行了重新编排。在编写过程中，笔者广泛借鉴了国内外市场营销学专家最前沿的学术成果和企业界最新的营销经验，在此表示感谢！本书中未标明来源的案例为平时教学过程中的积累，大多来自网络下载后并进行了修改，在此统一对相关作者表示感谢！由于受作者水平和时间限制，书中难免存在不足之处，恳请专家和广大读者批评指正。

编　者

2016 年 11 月

第一版　前　言

《国家中长期教育改革和发展规划纲要（2010—2020 年）》将能力培养作为高等学校教育改革的重要任务，提出："坚持能力为重，优化知识结构，丰富社会实践，强化能力培养。着力提高学生的学习能力、实践能力、创新能力。教育学生学会知识技能，学会动手动脑，学会生存生活，学会做人做事，促进学生主动适应社会，开创美好未来。"这不仅是国家宏观战略的需要，也是迅速发展的社会需求的迫切需要，更是实现高校对社会人才培养需求的无缝对接的需要。这一需要将改变高等学校的传统教学模式。传统的知识传授不再是教学重点，而将知识传授转化为能力的培养将成为高等学校教学改革的主要内容。与之相适应，侧重能力培养的教材改革是摆在我们面前的艰巨任务。

市场营销学是一门实践性很强的课程，也是与社会需求结合得很紧密的课程。在变化的市场环境下，营销的要素组合在不断变化，从而演化出丰富多彩的营销世界，纯粹的营销知识的传授会让学生体会不到参与营销活动本身的斑斓色彩。营销是一门技术，可以复制和模仿。但只是基于个案的复制与模仿则又有可能让我们步入歧途。剥开个案华丽的外衣，从市场营销学的基础知识出发，探寻隐藏在个案与知识中的方法与技巧，形成多元化的思维模式，拓展学生的视野才是市场营销学课程教学改革的重点。

本书作为"21 世纪全国应用型本科财经管理系列规划教材"之一。本着"好教、好学、好用"的原则，按照社会对经管类专业人才知识结构和能力结构的要求：在内容上，对市场营销学传统的知识架构进行取舍，并结合相关知识加入能力训练内容：在体例上，每章开头有"导入案例"，中间有"小案例""延伸阅读"，结尾有"思考题"和"实训题"，这样的安排有利于学生的学习和教师的教学。

本教材在编写过程中广泛汲取了中外营销学教材的精华，对市场营销学中成熟的理论进行了引用和保留。同时在系统阐述基本理论的基础上注重新知识的拓展和介绍。在教材中增加了延伸阅读部分，引用了学科的新成果、新资料，丰富了教学内容。

本书由王淑霞任主编，杨继莲任副主编。王淑霞负责第一章、第五章编写；杨继莲负责第三章、第七章、第八章编写；罗洪程负责第四章、第十一章编写；高踞负责第六章、第十二章编写；高小玲负责第二章编写；余凤梅负责第九章、第十章编写；李迅负责第十三章编写。全书由王淑霞统筹审定。

在编写过程中，笔者广泛借鉴了国内外市场营销学专家、教授最前沿的学术成果和企业界最新的营销经验，在此表示感谢！由于受作者水平和时间限制，书中难免存在不足之处，恳请专家和广大读者批评指正。

编　者

2011 年 1 月

目 录

第一章 市场营销概述

【导入案例】

美国某商学院为学生设立了一个天才销售奖，要想获得这个奖项，就要把一个旧式的砍木头的斧子销售给现任的美国总统。

这是一件很难的事，因为克林顿总统没有这样的爱好。而等到布什总统上任后，一位学生经过精心策划，向他发出了一封信，信中这样写道："尊敬的布什总统，祝贺您成为美国的新一任总统。我非常热爱您，也很热爱您的家乡。我曾经到过您的家乡，参观过您的庄园，那里美丽的风景给我留下了难忘的印象。但是我发现庄园里的一些树上有很多粗大的枯树枝，我建议您把这些枯树枝砍掉，不要让它们影响庄园里美丽的风景。现在市场上所卖的那些斧子都是轻便型的，不太适合您，正好我有一把祖传的比较大的斧子，非常适合您使用，而我只收您 15 美元，希望它能够帮助您。"布什看到这封信以后，立刻让秘书给这位学生寄去 15 美元。于是一次几乎不可能的销售实现了，一个空置了许多年的天才销售奖项终于有了得主。

第一节 市场与市场营销

一、市场的概念

企业开展市场营销活动必须要研究市场，因此我们要研究市场营销学，首先要弄清市场的概念。

（一）构成市场的条件

市场是商品经济的产物，哪里有社会分工和商品生产，哪里就有市场。市场是一种以商品供求和商品交换为基本内容的经济联系形式，是商品经济中社会分工的表现，其基本经济活动是商品供求和商品买卖，因此市场的形成必须具备以下几个基本条件：

（1）存在可供交换的商品（包括有形商品和无形商品）；

（2）存在提供商品的卖方和具有购买欲望与购买能力的买方；

（3）商品的交易条件符合买卖双方的利益要求，能够同时被双方接受。

只有在这样一些条件下，才能实现商品的让渡，形成有意义的现实市场。而这些形成市场的现实条件，就构成了制约企业市场营销活动的基本因素。

（二）从不同角度理解市场的概念

市场的概念不是一成不变的，而是随着商品经济的发展而变化的，在不同的历史时期、不同的场合，具有不同的含义，因此应从多角度理解市场。

（1）从地理的角度出发，市场是商品交换的场所，亦即买卖双方发生联系和作用的地点或地区。这是从地理位置、形式而言的，它是具体的，指的是商品买与卖的地方，如某某市场、某某百货商场等。这是人们对市场的一般认识，也是市场最早出现的形态。我国《易经》中所讲的“日中为市，致天下之民，聚天下之货，交易而退，各得其所”，就是对这种古典市场及其活动的具体而生动的描述。

（2）从商品销售者的角度出发，市场是某一产品的所有现实和潜在买主需求的总和。这种观点认为，商品的销售者（卖方）构成行业，商品的购买者（买方）才构成市场。从这个角度来讲，顾客就是市场，这里指的市场并不是指交易场所的大小，而是指当地的消费者对某商品需求量的大小，即现实、潜在的购买者的多少。对于一切既定的商品来说，市场包含三个要素，即有某种需要的人、为满足这种需要的购买力和购买欲望，如果用公式来表示，就是：

市场＝人口×购买力×购买欲望

从上面的公式看，市场首先要有人，因为人是构成市场的主体，但仅有人还不能形成市场，还必须要具有购买商品的能力，同时还必须有购买的欲望，这样才能形成市场。就是说，市场的三个要素是相互影响和相互制约的统一体，缺少某一个要素，都不能形成一个现实的市场，只有三者结合起来才能构成现实的市场，才能决定市场的规模和容量。

（3）从商品供求关系的角度出发，市场是买主、卖主力量的集合，是商品供求双方的力量相互作用的总和。市场反映的是“供求强度”，买方市场、卖方市场反映了供求力量的相对强度，反映交易力量的不同状况。在买方市场，商品供应量大于需求量，需求力量占有利地位，商品价格趋于下降，顾客支配着销售关系；在卖方市场，商品的需求量大于供给量，卖方占据交易关系的主导地位，商品价格往往高于正常水平。判断市场供求力的相对强度和变化趋势，对企业进行营销决策具有重要意义。

（4）从“社会整体市场”的概念出发，市场是指商品的流通领域，反映的是商品流通的全局，是交换关系的总和。在现实经济生活中，任何一个商品生产经营者的买卖活动，总是与其他商品生产经营者的买卖活动紧密联系在一起的，由此就形成了商品流通全局，成为有机的整体市场。这就告诉我们，不仅任何一个企业都只能在整体市场上开展营销活动，而且必定会与市场保持着输入输出的交换关系。因此，市场是企业赖以生存、发展的空间和环境。

市场的不同概念对企业市场营销具有不同的现实意义。总体而言，前三种概念对于企业营销具有微观的意义，第四种对于企业营销具有宏观的意义。企业不仅要研究本企业产品的销售地点、目标市场、供求态势，而且必须面对整体市场，通观流通全局，理清本企业的营销活动与整体市场以至整个社会经济运行的内在联系，以开展正确有效的市场营销活动，促进企业经济效益的提高。但是，从企业营销的角度来研究市场，同行业供给者即其他销售者都是竞争者，而不是市场，中心问题是要研究买主的需要、欲望及其购买行为等，以利于开展市场营销活动，因此，市场营销学所研究的“市场”是上述第二种含义的市场，即指具有特定需要和欲望，而且愿意并能够通过交换来满足这种需要或欲望的全部现实及潜在顾客的总和。在这里，市场专指买方，而不包括卖方；专指需求，而不包括供给。卖方组成产业，买方组成市场。因此，在市场营销学的范畴里，“市场”往往等同于

"需求"，西方营销学著作中经常交替使用这两个概念。这就是营销学所理解的市场概念，营销学也正是在这个意义上来研究市场的。

二、市场营销的概念

不少市场学家曾对"市场营销"一词下过各种不同的定义，并力图使自己的定义能恰如其分地表达出市场营销的实际科学含义。但由于各人的观点和出发点不同，市场营销一词出现了各种各样的表述。

早期有一种代表性的认识，是把营销等同于销售或推销。然而，如果企业不能生产适应消费需求的产品，无论怎样推销，即使能够得益于一时也绝不能收效于长久。现代市场营销学认为：推销是市场营销活动的一个组成部分，但不是最重要的部分；如果企业搞好市场营销研究，调查了解消费者的需要，设计和生产适销对路的产品，同时合理定价、选择好销售渠道，将产品销售出去就不是困难的任务。美国市场学家菲利普·科特勒（Philip Kotler）说："销售不是市场营销的最重要部分，销售是'市场营销冰山'的尖端。销售是企业市场营销人员的职能之一，但不是其最重要的职能。"

美国市场营销协会 1960 年曾给市场营销下过这样一个定义："市场营销是引导货物和劳务从生产者流向消费者或用户的企业商务活动过程。"这一解释较之"营销 = 销售（推销）"的认识显然进了一步，但仍然失之偏颇，不能全面概括和准确表达现代企业营销活动的全过程。事实上，为了占领市场，扩大销售，实现企业的预期目标，企业不只是进行引导产品流向消费者或用户这一经济活动，还要进行市场调研、产品开发之类的产前活动，进行售后服务、收集反映之类的售后活动。这就是说，市场营销活动，既包括企业在流通领域内进行的销售活动，还包括属于生产过程的产前活动和流通过程结束后的售后活动。

菲利普·科特勒下的定义强调了营销的价值导向：市场营销是个人和集体通过创造并同他人交换产品和价值以满足需求和欲望的一种社会和管理过程。

菲利普·科特勒于 1984 年对市场营销又下了定义：市场营销是指企业的这种职能——认识目前未满足的需要和欲望，估量和确定需求量大小，选择和决定企业能最好地为其服务的目标市场，并决定适当的产品、劳务和计划（或方案），以便为目标市场服务。

麦卡锡（E. J. McCarthy）于 1960 年也对市场营销下了定义：市场营销是企业经营活动的职责，它将产品及劳务从生产者直接引向消费者或使用者以便满足顾客需求及实现公司利润，同时也是一种社会经济活动过程，其目的在于满足社会或人类需要，实现社会目标。这一定义比美国市场营销协会的定义前进了一步，指出了"满足顾客需求及实现企业赢利"作为公司的经营目标。但这两种定义都说明，市场营销活动是在产品生产活动结束时开始的，中间经过一系列经营销售活动，当商品转到用户手中就结束了，因而把企业营销活动仅局限于流通领域的狭窄范围，而不是视为企业整个经营销售的全过程，即包括市场营销调研、产品开发、定价、分销、广告、宣传报道、销售促进、人员推销、售后服务等。

而格隆·罗斯（Glen Ross）给的定义强调了营销的目的：营销是在一种利益之下，通过相互交换和承诺，建立、维持、巩固与消费者及其他参与者的关系，实现各方的目的。

由此，所谓市场营销，是企业占领市场、扩大销售、实现预期目标的商务活动过程。它以顾客为起点，也以顾客为终点，包括市场调研、选择目标市场、产品开发、产品定价、渠道选择、产品促销、产品储运、产品销售、售后服务等一系列与市场有关的业务经营活动。这一过程的质的规定性不是产品的生产而是实现产品的交换。由于市场营销总是在变化的市场环境中进行，因而，市场营销必定是企业适应不断变化的环境并对变化的环境做出反应的动态过程。

尽管以上有关市场营销的定义不尽相同，但从这些定义中可以归纳出以下几点：

（1）市场营销是一个综合的经营管理过程，贯穿于企业经营活动的全过程。

（2）市场营销以顾客为导向，以满足顾客需要为中心来组织企业经营活动，通过满足需要而达到企业获利和发展的目标。

（3）市场营销是一种管理技术，以整体性的经营手段来适应和影响需求。

综上所述，我们可以对市场营销做出这样的概括，市场营销是企业以顾客需要为出发点，有计划地组织各项经营活动，为顾客提供满意的商品和服务而实现企业目标的过程。

【延伸阅读】

菲利普·科特勒，现代营销学之父，具有麻省理工大学博士、哈佛大学博士后及苏黎世大学等其他八所大学的荣誉博士学位。

科特勒博士见证了美国40年经济的起伏坎坷、衰落跌宕和繁荣兴旺的历史，从而成就了完整的营销理论，培养了一代又一代美国大型公司的企业家。

他是许多美国和外国大公司在营销战略和计划、营销组织、整合营销上的顾问。这些企业包括：IBM、通用电气（General Electric）、AT&T、默克（Merck）、霍尼韦尔（Honeywell）、美洲银行（Bank of America）、北欧航空（SAS）、米其林（Michelin）、环球市场集团（GMC）等。此外，他还曾担任美国管理学院主席、美国营销协会董事长和项目主席以及彼得·杜拉克基金会顾问，同时他还是将近二十本著作的作者，为《哈佛商业评论》《加州管理杂志》《管理科学》等一流杂志撰写了100多篇论文。

他多次获得美国国家级勋章和褒奖，包括“保尔·D. 康弗斯奖”“斯图尔特·亨特森·布赖特奖”“杰出的营销学教育工作者奖”“营销卓越贡献奖”“查尔斯·库利奇奖”。他是美国营销协会（AMA）第一届“营销教育者奖”的获得者，也是唯一一位三次获得过《营销杂志》年度最佳论文奖——“阿尔法·卡帕·普西奖”（Alpha Kappa Psi Award）的得主。1995年，科特勒获得国际销售和营销管理者组织颁发的“营销教育者奖”。

科特勒博士一直致力于营销战略与规划、营销组织、国际市场营销及社会营销的研究，著作众多，《科特勒营销新论》《非营利机构营销学》《新竞争与高瞻远瞩》《国际营销》《营销典范》《营销原理》《社会营销》《旅游市场营销》《市场专业服务》《教育机构营销学》等被翻译为20多种语言，被58个国家的营销人士视为营销宝典。其中，《营销原理》一书更是被奉为营销学的圣经。他的最新研究领域包括：高科技市场营销，城市、地区及国家的竞争优势研究等。他创造的一些概念，如“反向营销”和“社会营销”等，被人们广泛应用于实践。

第二节　市场营销的核心概念

一、需要、欲望和需求

1. 需要

需要是指没有得到某些基本满足的感受状态。如人们为了生存，需要食物、衣服、房屋等生理需要及安全、归属感、尊重和自我实现等心理需要。市场营销者不能创造这种需要，而只能适应它。

2. 欲望

欲望是指想得到基本需要的具体满足物的愿望。在不同社会环境中，人们的欲望不同，如南方人饥饿时对大米饭的欲望，北方人饥饿时对面食的欲望。

3. 需求

需求是指有能力购买并且愿意购买某个具体产品的欲望。当有购买力支持时，欲望就变成了需求。因此，市场营销者不仅要了解有多少消费者对其产品有购买欲望，还要了解他们是否有能力购买。

二、产品及相关的效用和价值的满足

1. 产品

产品是指任何提供给市场能满足人们某种需要或欲望的东西。产品包括有形与无形的、可触摸与不可触摸的。有形产品是为顾客提供服务的载体。无形产品或服务是通过其他载体，诸如人、地、活动、组织和观念等来提供的。

2. 效用、价值和满足

效用是消费者对满足其需要的产品的全部效能的估价。产品全部效能（或理想产品）的标准如何确定？例如，某消费者到某地去的交通工具，可以是自行车、摩托车、汽车、飞机等。这些可供选择的产品构成了产品的选择组合。又假设某消费者要求满足不同的需求，即速度、安全、舒适及节约成本，这些构成了其需求组合。这样，每种产品有不同能力来满足其不同需要，如自行车省钱，但速度慢，欠安全；汽车速度快，但成本高。消费者要决定一项最能满足其需要的产品。为此，将最能满足其需求到最不能满足其需求的产品进行排列，从中选择出最接近理想的产品，它对顾客效用最大，如顾客到某目的地所选择理想产品的标准是安全、速度，他可能会选择汽车。顾客选择所需的产品除效用因素外，产品价格高低亦是因素之一。如果顾客追求效用最大化，他就不会简单地只看产品表面价格的高低，而会看每一元钱能产生的最大效用，如一部好汽车价格比自行车昂贵，但由于速度快、修理费少、相对于自行车更安全，其效用可能更大，从而更能满足顾客需求。

三、交换、交易和关系

1. 交换

交换是指以适当的代价从他人获得所要东西的过程。通常说的交换，是指人们在等价基础上的商品交换。交换作为生产与消费的中介，不仅取决于生产，同样也取决于消费。消费决定交换，交换对消费具有反作用。

2. 交易

交易是交换活动的基本单元，是由买卖双方之间的价值交换所构成的行为。达成协议即发生了交易行为。如果双方通过谈判并达成协议，交易便发生。交易是交换的基本组成部分。交易是指买卖双方价值的交换，它以货币为媒介，而交换不一定以货币为媒介，它可以是物物交换。交易涉及几个方面，即两件有价值的物品，双方同意的条件、时间、地点，还有来维护和迫使交易双方执行承诺的法律制度。

3. 关系

交易营销是关系营销观念中的一部分。精明能干的市场营销者都会重视同顾客、分销商等建立长期、信任和互利的关系。而这些关系要靠不断承诺及为对方提供高质量的产品、良好服务及公平价格来实现，靠双方加强经济、技术及社会联系来实现。关系营销可以减少交易费用和时间，最好的交易是使协商成为惯例，处理好企业同顾客关系的最终结果是建立起市场营销网络。市场营销网络是由企业同市场营销中介人建立起的牢固的业务关系。

四、价值与顾客满意

将产品的价值得以实现或使目标顾客满意，产品出售才是成功的。顾客购买过程是基于各种产品和服务价值的理解。顾客从企业得到一组利益包括产品价值、服务价值与形象价值；顾客购买产品所付出的成本包括货币成本、时间成本、精力成本。顾客怎样才会购买某企业的产品呢？必定是该企业提供给顾客的价值之和大于顾客购买的总成本，即让渡价值大于零。顾客购买了该产品是否会满意呢？这取决于顾客的期望值与从该产品中得到的体验价值的对比。当体验价值大于期望价值时，顾客就会满意，反之则会不满。

第三节　营销观念

营销观念，又称营销哲学、经营哲学、营销导向，是贯穿于企业市场营销活动的指导思想和行为准则，其核心问题是企业以什么为中心开展生产经营活动。随着生产力的不断提高，市场供求关系的变化，市场竞争的不断升级，企业的市场营销活动可以在不同的指导思想下进行，就是说企业在生产经营过程中存在着不同的营销观念。一般认为营销观念有传统营销观念和现代营销观念两种，其中传统营销观念包括生产观念、产品观念、推销观念。现代营销观念包括市场营销观念、社会营销观念。每一种营销观念是在不同的历史背景下产生的，在当时是适应企业发展的。后出现的营销观念是对前面观念的继承与发展。

所以营销观念没有好坏对错，只有是否能适应和指导营销实践。

一、生产观念

这是一种古老的营销思想。基本内容是：企业以改进、增加生产为中心，生产什么产品就销售什么产品，当消费者期望能够购得有用产品，而并不计较产品的具体特色或特性时，就会产生这种营销观。以这种观念为指导的企业认为，获得产品的基本效用是消费者的主要目的，企业的任务就是生产并向市场提供顾客所买得起的产品。提高生产的效率和降低生产的成本是经营者所关心的全部问题，企业主要以提高劳动生产率、扩大生产规模，并以此降低产品价格来吸引顾客，获得自己的市场地位，很少关注除此之外的其他市场因素，甚至不注意对产品的更新和改良。坚信只要有生产，必定有销路。显然，这种营销观念是在卖方市场这种市场态势下产生的，它的存在以产品供不应求、不愁无销路为条件，以大批量、少品种、低成本的生产更能适应消费需求为前提。

二、产品观念

这也是一种古老的营销思想。这种营销观认为，消费者或用户总是喜欢那些质量高、性能好、有特色、价格合理的产品，只要提高产品质量，做到物美价廉，就一定会顾客盈门，而无需花力气推销。如果说生产观念强调的是“以量取胜”，产品观念则是强调“以质取胜”“以廉取胜”。这种观念本质上还是生产什么就销售什么，但它比生产观念多了一层竞争色彩，并且考虑到顾客对产品质量、价格等方面的愿望。在产品供求趋于缓和的情况下，这种观念常常成为一些企业的经营指导思想。奉行产品观念应当谨防迷恋自己的产品，如果只是看到自己的产品质量优良、价格合理，以为这样就可以永远吸引顾客，而看不到市场需求的发展变化，就会导致产品开发趋于保守，最终使自己陷入困境。大量事实证明：经久耐用、货真价实的产品并不一定会永远畅销。

【小案例】

英国雷利自行车公司是成立于 1887 年的世界老字号自行车生产商，曾经红极一时。然而，由于该公司始终坚持“兼顾实用”的生产经营理念，到了 1982 年，雷利自行车公司深陷泥淖，无可奈何地被英国杜比投资公司收购，改产 Tl 兰铃自行车。雷利自行车易主后，仍无法摆脱困境，只得裁员。即便如此，仍然亏损，最终只有压缩生产规模。

为何会如此呢？雷利自行车公司自成立以来，由于生产的自行车质量好而享誉世界。但随着时间的推移，市场需求在慢慢发生变化，而此时的雷利公司仍固守原来的经营理念，没有什么创新。

自行车是作为一种方便灵活的交通工具流行起来的，但到了 20 世纪六七十年代，比自行车更理想的交通工具——轿车在一些发达国家开始普及。同时，消费者需求也刚好发生了变化。以往，16 岁以下的青少年购买雷利自行车的占英国国内自行车消费量的 70%。而现在，青少年更喜欢的是电子游戏，在欧美国家，即使免费送给青少年雷利自行车，也未必受欢迎。

面对变化了的市场，许多精明的企业家或进行多元化经营，分散经营风险；或根据市场的新情况开发新产品，增强企业的适应能力。然而，雷利公司却一直固守在把自行车作为交通工具这一传统观念上，没有及时改变自己的产品观念，最终使公司陷入困境。

三、推销观念

这一观念认为消费者通常表现出一种购买惰性或抗衡心理，如果不经过销售努力，消费者就不会大量购买。因此该观念强调企业努力推销什么产品，消费者就会更多地购买什么产品。在此观念指导下，企业千方百计地加强推销工作，力求赢得更多的顾客，以提高市场占有率，取得较为丰厚的利润。由于这种强调推销的经营观念是从既有产品出发的，因而本质上依然是生产什么就销售什么。

当市场刚刚进入供过于求的阶段时，推销观念确实产生过很强的实际效果。一些企业通过大量的广告宣传、人员推销，使产品的销量有明显的上升。20 世纪三四十年代，美国的不少企业就曾在包括中国在内的全世界各地市场组织大规模的推销活动，从而使不少在美国本地市场严重饱和的产品重新在世界各地打开市场。如美孚公司在中国推销煤油时，就曾组织了一批推销人员挨家挨户地送煤油灯，使普通的中国老百姓接受了美国人的“洋油”，从而打开了一个很大的市场。推销观念同生产观念和产品观念相比，具有明显的进步，其主要表现为企业经营者开始将眼光从生产领域转向了流通领域，不仅在产品的设计和开发而且在产品的销售促进上投入精力和资本。但是推销观念仍然是以企业为中心，没有把消费者放在企业经营的中心地位。再好的推销手段也不能使消费者真正接受他所不需要或不喜欢的产品，特别是当市场竞争变得日益激烈时，推销的效应就会逐渐递减。

四、市场营销观念

这是一种全然不同于上述经营观的现代经营思想。基本内容是：消费者或用户需要什么产品，企业就应当生产、销售什么产品。企业考虑问题的逻辑顺序不是从既有的生产出发，不是以现有的产品去吸引或寻找顾客，而是从反映在市场上的消费需求出发，按照目标顾客的需要与欲望去组织生产和销售。企业的主要目标不是追求销售量的短期增长，而是着眼于长久占领市场阵地。在此观念指导下，企业重视市场调研，重视根据新的消费需求进行产品开发，千方百计地去适应和满足这种需求，并在不断满足消费需求之中不断地扩大市场销售，长久地获取较为丰厚的利润。

五、社会营销观念

这种经营思想是对市场营销观念的重要补充和完善。基本内容是：企业提供产品，不仅要满足消费者的需要与欲望而且要符合消费者和社会的长远利益，企业要关心、增进社会福利。它强调要将企业利润、消费需要、社会福利三个方面统一起来。在西方，这种经营观出现于 20 世纪 70 年代，它的提出，主要是基于对广泛兴起的以保护消费者利益为宗旨的消费主义运动、以反污染保护生态环境为宗旨的保护环境运动的反思。

上述五种市场经营观可以归并为两大类：一类是传统经营观，包括生产观念、产品观念和推销观念；另一类是新型经营观，包括市场营销观念、社会营销观念。这两类经营观念在内容上存在着质的区别（见表 1.1）。

表 1.1　传统营销观念与现代营销观念的比较

观　念	出发点	重　点	方　法	目　的
传统营销观念	工厂	产品	推销和促销	通过销售获得利润
现代营销观念	目标市场	顾客需求	整体营销	通过顾客满意获得利润

前一类观念的出发点是产品，是以卖方（企业）的要求为中心，其目的是将产品销售出去以获取利润，这可以认为是一种“以生产者为导向”的经营观；后一类观念的出发点是消费需求，是以买方（顾客）的要求为中心，其目的是从顾客的满足之中获取利润，这可以认为是一种“以消费者（用户）为导向”或称“以市场为导向”的经营观。由此，两者实现目的的方法或途径也是有区别的：前者主要依靠增加生产或加强推销，企业重点考虑的是“我擅长生产什么”；后者则是组织以产品适销对路为轴心的整体市场营销活动，企业优先考虑的是“消费者（用户）需要什么”。

应当认为，上述两类、五种市场经营观的产生与存在各有必然性和合理性。尽管它们在历史上依次出现、递进演变，但并非是此生彼亡的关系。即使在市场经济发达的美国，奉行传统经营观念的企业也依然大量存在。不过，自从市场营销观念提出以来，由于其内涵先进而极富魅力，那些实际上奉行传统经营观念的企业，也不可能不受到新型经营观念的启迪和影响。

第四节　营销理念的新发展

一、大市场营销观念

所谓大市场营销，就是指企业为了成功地进入特定市场，并在那里从事经营活动，需在策略上协调地采用经济、心理、政治和公共关系等手段，以博得各方面合作的活动过程。

在目前的市场环境中，由于贸易保护主义回潮，政府干预加强，企业营销中所面临的问题，已不仅仅是如何满足现有目标市场的需求，企业面临的首要问题是如何进入壁垒森严的特定市场。因此，大市场营销观念认为，企业在市场营销中，首先是运用政治权力（political power）和公共关系（public relationship），设法取得具有影响力的政府官员、立法部门、企业高层决策者等方面的合作与支持，启发和引导特定市场的需求，通过在该市场的消费者中树立良好的企业信誉和产品形象，打开市场、进入市场。然后，运用传统的市场营销组合去满足该市场的需求，达到占领该目标市场的营销目的。

二、关系营销

（一）关系营销的含义

所谓关系营销，是把营销活动看成是一个企业与消费者、供应商、分销商、竞争者、政府机构及其他公众发生互动作用的过程。其核心是建立和发展企业内外关系。

1985 年，美国著名学者和营销学专家巴巴拉·本德·杰克逊提出了关系营销的概念，使人们对市场营销理论的研究又迈上了一个新的台阶。它是现代西方营销理论与实践在传统“交易型营销”基础上的一个发展和进步。

关系营销的本质是以服务为导向，协调营销系统中诸要素的关系，从而创造一个良好的市场营销环境，使企业达到占领市场并扩大市场份额的目的。在关系营销中，顾客处于中心位置，是营销的出发点和归宿。重视顾客，通过提供令顾客满意的服务，提高顾客忠诚度，与顾客建立长期稳定的关系，是关系营销的一大特色。

（二）关系营销的特点

关系营销的本质特征可以概括为以下几个方面：

（1）强调双向沟通：在关系营销中，沟通应该是双向而非单向的。只有广泛的信息交流和信息共享，才可能使企业赢得各个利益相关者的支持与合作。

（2）强调协同：关系营销的实质是在市场营销中与各关系方建立长期稳定的相互依存的营销关系，以求彼此协调发展。一般而言，只有合作才能实现协同，协同才能实现双赢。

（3）强调双赢：即通过合作做到相互满足关系方的经济利益，并通过在公平、公正、公开的条件下进行价值交换，使关系方都能得到实惠。

（4）重视情感交流：关系能否得到稳定和发展，情感因素也起着重要作用。因此关系营销不只是要实现物质利益的互惠，还必须让参与各方能从关系中获得情感上的满足。

（5）重视过程控制：关系营销要求建立专门的部门，用以跟踪顾客、分销商、供应商及营销系统中其他参与者的态度，由此了解关系的动态变化，及时采取措施消除关系中的不稳定因素和不利于关系各方利益共同增长的因素。

三、绿色营销

（一）绿色营销的含义

所谓绿色营销，就是指企业在营销过程中充分体现环保意识和社会意识，从产品的设计、生产、制造、废弃物的处理方式，直至产品消费过程中制定的有利于环境保护的市场营销组合策略。

英国威尔斯大学肯·毕提（Ken Peattie）教授曾在所著的《绿色营销——化危机为商机的经营趋势》一书中指出：“绿色营销是一种能辨识、预期及符合消费的社会需求，并且可带来利润及永续经营的管理过程。”绿色营销观念认为，企业在营销活动中，要顺应时代可持续发展战略的要求，注重地球生态环境保护，促进经济与生态环境协调发展，以实现企业利益、消费者利益、社会利益及生态环境利益的协调统一。从这些界定中可知，绿色营销是以满足消费者和经营者的共同利益为目的的社会绿色需求管理，以保护生态环境为宗旨的绿色市场营销模式。可以说，绿色营销是在人们追求健康、安全、环保的意识形态下所发展起来的新的营销方式和方法。

（二）绿色营销的特点

绿色营销与传统的营销方式相比，具有以下特点：

（1）绿色营销的前提是消费者“绿色意识”的觉醒。消费者对环境恶化与自身健康之间关系认识的加强，唤起了消费者对健康、安全和清洁环境的强烈需求，逐渐形成了绿色消费观念，从而产生了发展绿色产品、绿色产业和绿色营销的要求。

（2）绿色营销的目标是实现资源永续利用，保护与改善生态环境，即遵循可持续发展战略。

（3）绿色营销的基础在于绿色产品和绿色产业。

（4）绿色营销具有鲜明的绿色标记。

（5）对“绿色”的追求呈现世界无差别。

（6）绿色营销手段强调可再生资源的开发利用，减少资源浪费，防止环境污染；注重绿色消费需求的调查与引导。

绿色营销超越了传统营销所关注的范围，强调企业通过模仿自然界的协调机制，代表人类追求与自然界的融合发展。

（三）绿色营销管理的内容

1. 树立绿色营销观念

绿色营销观念是在绿色营销环境条件下企业生产经营的指导思想。与传统的社会营销观念相比，绿色营销观念注重的社会利益更明确定位于节能与环保，立足于可持续发展，放眼于社会经济的长远利益与全球利益。

2. 设计绿色产品

产品策略是市场营销的首要策略，企业实施绿色营销必须以绿色产品为载体，为社会和消费者提供满足绿色需求的绿色产品。所谓绿色产品是指对社会、对环境改善有利的产品，或称无公害产品。这种绿色产品既要能满足消费者的传统需要，符合相应的技术和质量标准，又要满足对社会、自然环境和人类身心健康有利的绿色需求，符合有关环保和安全卫生的标准。产品的实体部分应减少资源的消耗，尽可能地利用再生资源。产品实体中不应添加危害环境和人体健康的原料、辅料。在产品制造过程中应消除或减少“三废”对环境的污染。产品的包装应减少对资源的消耗，包装的废弃物和产品报废后的残余物应尽可能成为新的资源。

3. 制定绿色产品的价格

定价是市场营销的重要策略，实施绿色营销不能不研究绿色产品价格的制定。一般来说，绿色产品在市场的投入期，生产成本会高于同类传统产品，但是，产品价格的上升是暂时的，随着科学技术的发展和各种环保措施的完善，绿色产品的制造成本会逐步下降，趋向稳定。企业制定绿色产品价格，一方面当然应考虑上述因素；另一方面应注意到，随着人们环保意识的增强，消费者经济收入的增加，消费者对商品可接受的价格观念会逐步与消费观念相协调。所以，企业营销绿色产品不仅能使企业盈利，更能在同行竞争中取得优势。

4. 绿色营销的渠道策略

绿色营销渠道是绿色产品从生产者转移到消费者所经过的通道。企业实施绿色营销必须建立稳定的绿色营销渠道，启发和引导中间商的绿色意识，建立与中间商恰当的利益关系，不断发现和选择热心的营销伙伴，逐步建立稳定的营销网络；注重营销渠道有关环节的工作。为了真正实施绿色营销，从绿色交通工具的选择，绿色仓库的建立，到绿色装卸、运输、贮存、管理办法的制定与实施，认真做好绿色营销渠道的一系列基础工作；尽可能地建立短渠道、宽渠道，减少渠道资源消耗，降低渠道费用。

5. 搞好绿色营销的促销活动

绿色促销是通过绿色促销媒体，传递绿色信息，指导绿色消费，启发、引导消费者的绿色需求，最终促成购买行为。绿色促销的主要手段有绿色广告、绿色推广、绿色公关等。

【小案例】

在绿色营销方面，美国安利公司的做法颇受公众称道。该公司一向非常重视保护环境，生产的每一项日化产品都具有生物降解性能，不污染土壤和水源。公司的生产原料从1978年开始已停止使用破坏臭氧层的氯氟化合物。安利产品多采用浓缩包装，因而较其他同类产品减少了50%~70%的塑胶包装材料。安利公司自设种植园，专门为其生产的营养食品提供原料，在种植园里不使用农药和化学肥料。安利还全面停止利用动物进行实验。安利在世界各地积极宣传并践行环保意识和绿色营销观念，为此安利公司于1989年获得联合国环保组织颁发的“环境保护成就奖”。

四、网络营销

（一）网络营销的含义

网络营销是21世纪最有代表性的一种低成本、高效率的全新商业形式。关于网络营销的研究，国内外学者已经出版了不少的专著和发表了大量的文章，也有一些相关资料出现在互联网相关的网站上。但是，到目前为止，对网络营销仍没有一个公认的、完善的定义。不同的学者常常从不同的侧面去认识它，为了理解网络营销的全貌，我们从营销的角度出发，将网络营销定义为：凡是以互联网为主要手段进行的、为达到一定营销目标的营销活动，都可称之为网络营销（或称之为网上营销、网络行销、互联网营销等）。换言之，网络营销是企业整体营销战略的一个组成部分，是建立在互联网基础之上，借助于联机网络、电脑通信和数字交互式媒体的威力来实现营销目标的活动。具体而言，网络营销是目标营销、直接营销、分散营销、顾客导向营销、双向互动营销、远程或全球营销、虚拟营销、无纸化交易、顾客参与式营销的综合。

（二）网络营销的特点

1. 营销成本低

传统的营销方式往往要花大量的经费用于产品目录、说明书、包装、储存和运输，并设专人负责向顾客寄送各种相关数据。而运用网络营销后，企业只需将产品的信息输入计算机系统并上传至网上，就可让顾客自己查询，无需再设专人寄送数据，电子版本的产品目录、说明书等不必再进行印刷、包装、储存和运输。这样就极大地节约了营销费用，降低了营销成本。

2. 营销环节少

在网络营销中，营销数据不必再求助于出版商，企业可以直接在网上提供有关数据以便顾客查询，潜在的顾客也不必再等企业的营销人员打电话告诉他们所要查询的信息，他们自己可以在计算机上查找。网络营销的运用使企业的营销进程加快，信息传播更快，电子版本的产品目录、说明书等可以随时更新。网络营销可使商品信息发布、收款至售后服务一气呵成，大大减少了营销环节。对于软件、书籍、歌曲、影视节目等知识性产品来说，已经没有了海关和运输问题，人们可以直接从网上下载并采用电子方式交付货款。

3. 营销方式新

这是指在购买的同时，顾客可以自行控制购买过程。网络营销是一对一的、理性的、消费者主导的、非强迫性的、循序渐进的营销过程。现今顾客的需求多种多样，他们在购买产品时，希望能够掌握更多有关产品的信息，得到更好的售后服务。聪明的营销者运用多种媒体展示技术和虚拟现实技术，使顾客可以坐在家中了解最新产品和最新价格，选择各种商品，做出购买决策，自行决定运输方式，自行下订单，从而获得最大的消费满足。

4. 营销国际性

随着世界经济的发展，经济一体化和全球化是大趋势。网络营销有助于企业进军国际市场，在国际市场上占有一席之地。互联网络已经形成了一个全球体系，企业运用网络进行营销，能够超越时间和空间的限制，随时随地提供全球性的营销服务，使国外的顾客与本地企业在网上达成交易，实现全球营销。

5. 营销全天候性

网络营销可以一直进行，没有时间限制。企业的营销信息上网后，电子“信息服务员”就可以一直进行工作，全天候服务，从不间断。

【延伸阅读】

4C 营销理论

20 世纪 80 年代，美国北卡罗来纳州大学教授罗伯特·劳特朋针对 4P 营销理论存在的问题提出了 4C 营销理论。

所谓 4C 营销理论，就是企业在营销活动中，必须瞄准消费者需求，考虑消费者所愿意支付的成本以及消费者购买的便利性，与消费者进行充分沟通的一种营销理论。

（1）瞄准消费者需求（consumer）。首先要了解、研究、分析消费者的需要与欲求，企业要生产消费者所需要的产品，而不是先考虑企业能生产什么产品。

（2）消费者所愿意支付的成本（cost）。首先要研究消费者的收入状况、消费习惯以及同类产品的市场价位，了解消费者满足需要与欲求愿意付出多少钱（成本），而不是先给产品定价，即向消费者要多少钱。

（3）消费者的便利性（convenience）。首先考虑顾客购物等交易过程如何给顾客提供方便，而不是先考虑销售渠道的选择和策略。

（4）与消费者沟通（communication）。消费者不只是单纯的受众，本身也是新的传播者，以消费者为中心实施营销沟通是十分重要的，通过互动、沟通等方式，将企业内外营销不断进行整合，把顾客和企业双方的利益无形地整合在一起。

4R 营销理论

4R 营销理论是由美国整合营销传播理论的鼻祖唐·舒尔茨（Don E. Schuhz）在 4C 营销理论的基础上提出的新营销理论。4R 营销理论认为，随着市场的发展，企业需要从更高层次上以更有效的方式在企业与顾客之间建立起有别于传统的、新型的主动性关系。

（1）关联（relevancy），即认为企业与顾客是一个命运共同体。建立并发展与顾客之间的长期关系是企业经营的核心理念和最重要的内容。

（2）反应（reaction），在相互影响的市场中，对经营者来说最现实的问题不在于如何控制、制订和实施计划，而在于如何站在顾客的角度及时地倾听。

（3）关系（relationship），在企业与客户的关系发生了本质性变化的市场环境中，抢占市场的关键已转变为与顾客建立长期而稳固的关系。与此相适应产生了五个转向：从一次性交易转向强调建立长期友好合作关系；从着眼于短期利益转向重视长期利益；从顾客被动适应企业单一销售转向顾客主动参与到生产过程中来；从相互的利益冲突转向共同的和谐发展；从管理营销组合转向管理企业与顾客的互动关系。

（4）回报（reward），任何交易与合作关系的巩固和发展，都是经济利益问题。因此，一定的合理回报既是正确处理营销活动中各种矛盾的出发点，也是营销的落脚点。

【思考题】

1．如何理解市场营销的概念？
2．简要分析市场营销观念的产生与发展。
3．市场营销的核心概念都有哪些？
4．传统营销观念与现代营销观念的区别有哪些？
5．讨论营销与销售的关系。

【实训题】

福特的经营观念

美国汽车大王福特，在生产他那闻名世界的 T 型汽车时，步入了自我意识的陈旧观念泥潭，从而使福特汽车公司在 20 世纪 20 年代初期处于无所适从的十字路口。

1908 年，福特突然宣布，他的公司日后将只生产一种汽车，即 T 型汽车。T 型汽车在当时的确集中了先前所有各种型号汽车的最优良的特点，而且直到第一次世界大战临结束，T 型车的销售量逐年增加，而价格则逐年下降。对于这种汽车的赞扬声来自四面八方，甚至美国税务上税委员会也在 1928 年回顾说，T 型车“是一种很好的经济实惠的汽车，它的声誉极好，各阶层的人都使用它。它是市场上最便宜的汽车，而按它的价格来说，它的实用价值又超过任何别的汽车，T 型车市场的需求量比任何公司的汽车市场需求量都大”。

然而，对于在发生变化的汽车工业中的竞争条件，以及逐渐增长的城市居民的多样化消费需求心理，福特的适应能力则要差一点了。第一次世界大战后，经济繁荣了一阵子，到 1920—1921 年出现了大衰退，福特通过大幅度降低成本勉强渡过了这个难关。但是，20 年代初期的汽车市场竞争激烈，主要来自占市场销售额大约 20% 的通用汽车公司。通用公司希望继续扩大它的市场占有额，增加了产品系列，利用独立部门销售，以适应不同的市场；雪佛兰是低价车，接着是别克、奥尔兹和庞蒂别克，最后则是最为昂贵和豪华的凯迪拉克。

补锅匠出身的老福特认为，对付竞争的唯一办法，是遵循洛克菲勒和卡内基的先例，降低 T 型汽车的成本。这一方针的焦点是在底特律附近鲁日河边建立一个巨大的中心生产工厂，一年 365 天，天天都能以较低的成本生产出更多的汽车。然而，到 1923 年，情况已经很清楚，福特的低价政策并没有吸引买主，福特的个人统治为他带来的好处也不及通用公司权力分散的管理制度为扩大销售量带来的好处多。

通用公司扩展市场的策略集中于美国人买车的赊购方法以及更重要的生活习惯——每一两年改变一下汽车的式样。而在福特的生产和经营观念中，这是十足的邪门歪道，福特汽车公司的高级职员敦促福特改变他的基本方针，以便更好地对付竞争，甚至福特的夫人也劝告福特不要再固执己见，但是福特拒绝了，他争辩道："我们希望造出某种永远能用下去的机器，我们希望买了我们一件产品的人永远不需要再买另一件，我们绝不会做出使先前样式废弃不用的任何改进。"

他这样做的直接后果是，他的大多数助手纷纷离去以及销售量的大幅度下降，到 1927 年，他把所有 34 家工厂关闭 6 个月，以便重新安排生产，但是关闭以后整整有一年时间生产也没有全面展开。到 1936 年，在轿车销售量方面，它屈居第三，排在通用公司（占 34%）和克莱斯勒（占 25%）之后。

1927 年以后，通用汽车公司的实力表现在每年大张旗鼓地介绍新式汽车，研究及试制行驶性能更好地封闭汽车，以及精明老练地处理二手车的业务。而福特则喜欢取笑这些科学的管理制度，他把组织系统表比做一棵树，认为"结满累累的果实，每个果子上写了一个人或一个机构的名字，每个人都有头衔和一些职责，他们都严格受到果实大小的限制……"。一个下级职员要把信息传递给董事会主席或总裁大约需要六个星期，而到那个时候，他要报告的事很可能已成为历史。

亨利·福特不仅仅是补锅匠，还是处于农村和城市之间的美国的代表性人物。他的价值标准根植于农村，他所理解的城市大规模生产的价值，是越来越多人买得起这些产品（T 型车在 1925 年达到 290 美元的历史最低价），买卖中不做手脚，以及卖主和买主的长久关系，他提供服务也大体上符合农村的良好传统。然而，对于 T 型车而言，福特收到了最糟的宣传效果——不满意的顾客，因为有些城市的价值标准同农村的价值标准是掺和不起来的。

降低汽车价格是有限度的，这种限度却很少适用于西尔斯、彭尼、洛克菲勒和卡内基出售的低价商品。因为人们的价值观念，消费观念是变化的，而且是迅速变化的，到 20 世纪 20 年代，汽车已成为美国人个性的延伸。随着城市居民第一次超过农村居民，美国人发出了要求体现个性的呼声，而这些渴望自由呼吸的城市大街拥挤的人群都曾受到长期的压抑。

统一样式的T型汽车，用福特本人的说法就是："任何顾客都可以把它的车子漆上他喜欢的颜色，只要它是黑色的就行。"而通用汽车公司的口号则是："为不同经济能力的人和不同用途提供汽车。"在这样的口号下，通用汽车公司提供给顾客的是大家都买得起的形形色色的汽车。而福特公司在老福特的错误观念引导下，一直只生产一种型号的汽车，甚至只生产一种颜色——黑色的汽车，终于导致了它在当时激烈的市场竞争中败下阵来，直到1947年福特逝世以后，他的公司改变策略，才重新获得了它早期那种在经济上的领先地位。

讨论问题：

1．如果你是福特汽车公司的一名主管人员，设想有什么办法可以使固执的老福特改变主意？

2．请谈谈福特公司的经营观念。

第二章　市场营销环境分析

【导入案例】

本田妙案

本田汽车公司汽车大王——青木勤社长，别出心裁地出了一个为推销汽车而绿化街道的“本田妙案”。此方案一推出，即收到意想不到的效果。“本田妙案”是怎样产生的呢？青木勤社长在每天外出和上下班的途中发现，汽车在飞跑过程中排出的大量废气不但污染了城市的环境，而且造成街道两旁绿树的枯萎。青木勤社长看到自己的产品给环境带来的不利影响，心情非常沉重。他决心解决这个问题，恢复大自然的本来面目。于是青木勤社长亲自制定了“今后每卖一辆车，就要在街道两侧种一颗纪念树”的经营方针；同时本田公司又将卖车所得的利润一部分转为植树的费用，以减轻越来越多的汽车尾气对城市环境的污染。“本田妙案”实施后，一辆辆的汽车开出厂门，街上一棵棵的树木也被栽上，绿化带也一块块铺开，消费者心中自然产生了一种强烈的需求愿望：同样是买汽车，为什么不买绿化街道的本田汽车呢？既可买到需要的产品，还可以美化生活环境。这可真是“有心栽花花不开，无心插柳柳成荫”。这种别出心裁的“我为你植树”的营销策略，使本田汽车的营销量与“绿”俱增，在汽车行业激烈的市场竞争中，占据优势地位。

菲利普·科特勒指出：“市场营销环境就是影响公司的市场和营销活动的不可控制的参与者的影响力。”也就是说，营销环境，是指与企业营销活动有关的所有力量和影响因素的集合。营销环境对企业营销活动的影响主要表现在两个方面：一是为企业营销提供机会；二是对企业营销造成障碍和威胁。因此，企业应通过对营销环境深入持续的研究，自觉地识别和利用市场机会，规避环境威胁，充分发挥自身的优势，克服劣势，制定正确的营销决策，以实现营销目标。营销环境分为微观环境和宏观环境两大类。

第一节　微观环境要素

微观环境是指与企业关系密切、直接影响企业活动的各种因素，包括企业自身、供应者、营销中介、顾客、竞争者和公众等。这些环境因素往往与企业的营销活动有直接关系，又称直接营销环境。

一、企业自身

微观环境中的第一力量是企业内部的环境力量。良好的企业内部环境是企业营销工作得以顺利开展的重要条件。内部环境由企业内管理高层（董事会、厂长、经理）和企业内除营销部门以外的各种组织部门（财务、科研开发、采购、生产等）构成。

营销部门工作的成败与企业领导及其各部门的支持有很大关系。管理高层制定企业的目标、总战略和政策，营销部门则依据高层管理部门的规划来制定策略。营销部门必须与企业的其他部门密切合作：财务部门负责寻找和使用实施营销计划所需的资金，核算收入与成本，以便管理部门了解是否实现了预期目标；研发部门研制吸引消费者和满足消费者需要的产品；采购部门负责供给原材料；生产部门生产品质合格的产品。这些部门分工是否科学，协作是否和谐，能否目标一致，配合默契，都会直接影响企业的营销效率。

二、供应者

供应者是指向企业提供生产产品和服务所需资源的企业或个人，包括提供原材料、设备、能源、劳务、资金等供应内容。这种力量对企业的营销影响很大。一方面，供应商会通过试图提价或降低质量来形成对企业的竞争压力。企业如果选择较多的供应商会不利于所供应产品质量的稳定与价格的降低，但如果选择较少的供应商又会增加企业的供货风险。另一方面，市场营销部门必须关注供应商的供应能力——这有可能受到各种不确定性因素（如各种天灾人祸）的影响而导致供应延迟或短缺。这些因素短期内会影响销售，长期内会影响顾客的满意度和企业竞争力。

三、营销中介

营销中介是指在企业把产品送到最终购买者手中给予帮助的有关机构。他们包括中间商、物流机构、营销服务机构和金融机构等。

（1）中间商是协助企业寻找顾客或直接与顾客进行交易的商业组织和个人。中间商是联系生产者和消费者的桥梁，他们直接和消费者打交道，协调生产厂商与消费者之间所存在的数量、地点、时间、品种以及持有方式之间的矛盾。因此，他们的工作效率和服务质量直接影响企业产品的销售状况。如何选择中间商并与之合作这方面的内容将会在第九章进行详细论述。

（2）物流机构是帮助企业储存、运输产品的专业组织，包括仓储公司和运输公司。企业从成本、运送速度、安全性和方便性等因素选择合适的实体分配计划。物流机构的作用在于使市场营销渠道中的物流畅通无阻，为企业创造时间和空间效益。近年来，随着仓储和运输手段的现代化，物流机构的功能越发明显和重要。

（3）营销服务机构包括市场调研公司、财务公司、广告公司、各种广告媒体和营销咨询公司等，他们提供的专业服务是企业营销活动不可缺少的。尽管有些企业自己设有相关的部门或配备了专业人员，但大部分企业还是以合同委托的方式获得专业营销服务机构的服务。企业往往通过比较各服务机构的服务特色、质量和价格，来选择最适合自己的有效服务。

（4）金融机构包括银行、信贷公司、保险公司等对企业营销活动提供融资或保险服务的各种机构。在现代社会里，几乎每一个企业都与金融机构有一定的联系和业务往来。企业的信贷来源、银行的贷款利率和保险公司的保费变动无一不对企业市场营销活动产生直接影响。

四、顾客

顾客，即目标消费者。这是企业服务的对象，是企业产品的直接购买者或使用者，是企业的“上帝”。企业与市场营销渠道中的各种力量保持密切关系的目的就是为了有效地向其目标顾客提供产品和服务。顾客的需求正是企业营销努力的起点和核心。企业的目标顾客根据购买者和购买目的的不同进行分类，包括以下几种：

（1）消费者市场，由个人和家庭组成，它们主要为生活消费而购买商品和服务；

（2）生产者市场，购买商品和服务是为了进一步生产加工或使用；

（3）中间商市场，购买商品和服务是为了转卖，以获取利润；

（4）社会集团市场，指政府机关、社会团体等各种集团组织购买公共产品的市场；

（5）国际市场，由其他国家的消费者、生产商、中间商和政府组成的市场。

每种市场类型在消费需求和消费方式上都具有鲜明的特色。企业的目标顾客可以是以上五种市场中的一种或几种。也就是说，一个企业的营销对象不仅包括广大的消费者，也包括各类组织机构。企业必须分别了解不同类型目标市场的需求特点和购买行为，并按照顾客及其购买特点来细分目标市场。市场上顾客不断变化和不断进步的消费需求，要求企业以不断更新的产品来满足。

五、竞争者

市场的竞争者也是对企业的营销活动产生最直接影响作用的因素。竞争对手的存在对企业形成竞争威胁，它迫使企业要提供比竞争对手更能让顾客满意的产品和服务。也就是说，一个企业如果想成功就必须比它的竞争对手做得更好，让顾客更满意。竞争者按替代程度从弱到强可分为以下几种：

（1）愿望竞争者。愿望竞争者是指提供不同产品、满足不同消费欲望的竞争者。

（2）一般竞争者。一般竞争是指提供满足同一消费欲望的不同产品的竞争，是消费者在决定需要的类型之后出现的次一级竞争，也称平行竞争。

（3）产品形式竞争者。产品形式竞争者是指满足同一消费欲望的同类产品不同产品形式之间的竞争。消费者在决定了需要的属类产品之后，还必须决定购买何种产品。

（4）品牌竞争者。品牌竞争是指满足同一消费欲望的同种产品形式但不同品牌之间的竞争。

六、公众

公众是指对本组织实现其营销目标具有实际或潜在影响的群体。企业需要面对的公众的范围相当广泛，包括政府公众、媒介公众、金融公众、群众团体、社区公众、一般公众、企业内部公众等。

（1）政府公众，指有关政府部门。企业营销在制订发展计划时，必须考虑政府的发展政策，须符合政府政策导向。

（2）媒介公众，指报社、电台、电视台等大众传播媒介。这些团体对企业声誉的正反面宣传有着举足轻重的作用。

（3）金融公众，指关心并可能影响企业获得资金能力的银行、保险公司、投资公司、证券公司等。

（4）群众团体，如消费者协会、劳动权益保护组织等群众团体。他们是企业必须重视的力量，需要重视他们的社会影响力，关注并尊重他们的活动。

（5）社区公众，指企业所在地附近的居民和社区组织。企业在营销活动中要避免同周围的公众利益发生冲突，应指派专人负责处理社区部门关系，并努力为公益事业做出贡献。

（6）一般公众。企业形象即一个企业在一般公众心目中的形象，它对企业的经营发展至关重要。企业需要了解一般公众对它的产品和活动的态度，争取在公众心目中建立良好的企业形象。

企业的营销活动会影响公众的利益，也会影响企业在公众心目中的形象，公众对企业的印象反过来影响企业营销活动的效果。例如，一个对周边环境造成严重污染的企业，会引起当地公众的反感、媒体的批评、政府有关部门的制裁、金融机构的惜贷等一系列连锁反应。为了处理好与周围公众的关系，树立良好的企业形象，企业必须采取积极措施，如设立公共关系部门，开展公共关系工作，及时处理突发的公关问题，与公众保持良好的关系，塑造良好的企业形象，等等。

上述六种力量既构成了企业营销的微观环境，也是一个企业的市场经营系统。疏通、理顺这个系统，是企业非常重要的任务。

第二节　宏观环境要素

宏观环境是指那些间接地影响企业营销活动的广泛社会性因素，由能够对微观环境产生重要影响的几大社会力量形成，反映一个国家和社会发展变化状况，包括：人口、经济、自然、技术、政治法律、社会文化等环境。宏观环境通常间接地影响企业营销活动，又称间接营销环境。企业及其直接环境都受到以上社会力量的制约和影响。

一、人口环境

人口是构成市场的直接因素，人口的数量决定消费者的数量，消费者的数量在一定程度上决定市场容量的大小，因此人口环境对营销者而言是很重要的。人口环境包括人口数量、人口的地理分布及流动、人口年龄结构和性格结构等。

1. 人口数量

人口数量基本上反映了消费市场生活必需品的需求量。在其他经济和心理条件不变的情况下，总人口越多，市场容量就越大，企业的市场就越广阔。据联合国人口活动基金会发表的《2010 年世界人口状况报告》：目前，世界人口总数为 69.09 亿。到 2050 年世界人口将增至 91.5 亿，比目前增加 22.41 亿。其中，非洲地区人口将从现在的 10.33 亿增至 19.85 亿，增幅最大；亚洲地区的人口也将有较大幅度的增长，将从目前的 41.67 亿增至 52.32 亿；而欧洲人口将从目前的 7.33 亿减至 6.91 亿，将是唯一人口减少的大洲。世界人口仍在高速增长，但地区发展很不平衡，人口增长最快的地方恰恰是经济欠发达地区，而发达国家人口的增长20多年来一直保持较低水平。我国是世界人口最多的国家，达到13.54亿。尽管实行了计划生育，由于人口基数过大，每年仍净增1000万人以上。这种低出生率、高出生数量的特点表明我国人口在一定时期内仍将持续增长。

全球人口和我国人口的增长，一方面意味着市场的扩大；另一方面如果人口的增长超过了经济的增长，会影响人们的购买力，同时人口的增长已经形成了对资源的巨大压力，人均资源的短缺将制约经济的发展。如何节约各种资源，研制新能源和新材料代替传统能源和原材料将对企业构成巨大的挑战，同时也蕴藏了相当多的市场机会。

2. 人口的地理分布及流动

人口的地理分布不同，消费习惯和市场需求也不同。我国农村与城市、东部与西部、南方与北方、山区与平原等有着显著的区别，这就要求企业根据不同地域人们的消费差别，提供不同的产品和服务。

衡量人口地理分布的常用指标是人口密度。一般来说，人口密度越大，顾客越集中，企业营销成本就相对越低；相反营销成本就越高。在市场经济条件下，出现了地区间人口的大量流动，对营销者来说，这意味着一个流动的大市场。而人口流动的总趋势是从农村流向城市、从城市流向郊区、从非发达地区流向发达地区。这些趋势对企业的营销产生了重要的影响：城市人口的增加使城市市场成为各个企业营销的必争之地；城市人口向郊区流动使企业销售网络布局向郊区发展；流动人口的衣食住行等需求也带来了许多营销机会。

3. 人口年龄结构和性别结构

不同年龄层次的消费者，有着不同的消费需求、兴趣爱好和消费模式。例如，儿童喜欢玩具和糖果，青少年需要图书、流行音乐和时装，成年人关注日常用品和耐用消费品，老年人需要保健品和怀旧商品。分析一定时期内人口的年龄结构，有助于企业发现好的市场机会。在20世纪50年代，百事可乐公司发现美国13～19岁的人口占总人口的比重很大，决定将青少年市场作为主要市场，提出了“新一代的可乐”市场策略，获得了巨大成功。

当今世界人口发展趋势是人口老龄化。按照国际标准，60岁以上的人口占总人口的比例在10%以上，或者65岁以上人口达到或超过总人口数的7%时，即为老龄化社会。20世纪90年代，欧美一些国家先后进入老龄化社会。根据我国第六次人口普查的数据，截至2010年11月1日零时，全国60岁及以上人口占总人口的13.26%，其中65岁及以上人口占8.87%，中国也步入了老龄化社会。人口的老龄化对社会和企业的营销活动都将产生深刻的影响。老年人口的社会服务需求，如医疗保健用品、医疗护理、老年公寓、食品、服装、旅游、娱乐等需求迅速增加，构成了一个巨大的潜在市场。如何开发老年人市场，有效满足“银发市场”的需求，是值得营销者重视的问题。在我国，由于大力推行计划生育，人口出生率明显下降，儿童数量开始减少，这给儿童用品行业带来一些负面影响，但家庭用于儿童用品的消费支出比重在增加。据调查，不少家庭孩子的消费基本上决定了一个家庭的消费方向，80%的工薪家庭中，除去必要的储蓄外，一个孩子的月平均消费要超过一个大人，这又给相关企业带来很多商机。

人口的性别构成与市场需求密切相关。男性和女性在生理、心理和社会角色上的差异决定了他们不同的消费需求，而且两者的购买习惯和行为方式也不同。由于女性喜欢打扮，需要操持家务、抚育孩子，她们更多地会选择购买服装、化妆品、家庭日用品及儿童用品等。男性则更多地会选择购买烟、酒、汽车等。

【延伸阅读】

第六次全国人口普查主要数据发布

（2011年4月28日）

以2010年11月1日零时为标准时点的第六次全国人口普查，在党中央、国务院的正确领导下，在中央各部门和地方各级人民政府的大力支持下，在全国新闻媒体的积极配合下，经过近千万普查人员的奋力拼搏和十三亿各族人民的积极参与，人口普查顺利完成现场登记、复查和事后质量抽查等工作，现将快速汇总的主要数据予以公布。

一、人口总量

这次人口普查登记的全国总人口为1 339 724 852人，与2000年第五次全国人口普查相比，十年增加7390万人，增长5.84%，年平均增长0.57%，比1990年到2000年的年平均增长率1.07%下降0.5个百分点。数据表明，十年来我国人口增长处于低生育水平阶段。

二、家庭户规模

这次人口普查，31个省、自治区、直辖市共有家庭户40 152万户，家庭户人口124 461万人，平均每个家庭户的人口为3.10人，比2000年人口普查的3.44人减少0.34人。家庭户规模继续缩小，主要是由于我国生育水平不断下降、迁移流动人口增加、年轻人婚后独立居住等因素的影响。

三、性别构成

这次人口普查，男性人口占51.27%，女性人口占48.73%，总人口性别比由2000年人口普查的106.74下降为105.20（以女性人口为100.00）。

四、年龄构成

这次人口普查，0～14岁人口占16.60%，比2000年人口普查下降6.29个百分点；60岁及以上人口占13.26%，比2000年人口普查上升2.93个百分点，其中65岁及以上人口占8.87%，比2000年人口普查上升1.91个百分点。我国人口年龄结构的变化，说明随着我国经济社会快速发展，人民生活水平和医疗卫生保健事业的巨大改善，生育率持续保持较低水平，老龄化进程逐步加快。

资料来源：中华人民共和国政府网站，http://www.gov.cn/gzdt/2011-04/28/content_1854048.htm。

4. 家庭规模

家庭是社会的细胞，也是某些商品的基本消费单位，如住房、成套家具、厨房用品等商品的消费就和家庭数量密切相关。进入20世纪90年代中期，世界普遍呈现家庭规模缩小的趋势。家庭规模小型化，一方面导致家庭总户数的增加，进而引起对电视、冰箱、空调、家具等家庭用品的需求大幅度增加；另一方面则意味着家庭人数减少。这就要求营销人员注意这一变化趋势，开发和提供适合小型化家庭需要的商品和劳务，更好地为市场服务。

二、经济环境

这是影响市场营销的最活跃的因素，直接影响人们的购买力和当前的市场容量，也决定着企业的经营方式，因为市场是由购买者的数量、购买者的购买能力和购买者的购买动机三个因素所决定的。人口因素影响了购买者数量这个因素，而购买者的购买能力却是受经济因素影响的。影响消费者购买能力的经济因素主要有以下两大方面：

（一）社会总的经济发展水平与发展速度

社会经济的高速发展既给企业带来拓展市场的有利机会，也增加了消费者的收入，从而刺激了消费者的需求。改革开放以来，我国的经济取得了惊人的成绩，极大地提高了消费者的购买力。

【延伸阅读】

发展权：中国的理念、实践与贡献（节选）

（中华人民共和国国务院新闻办公室，2016 年 12 月）

三、有效实现经济发展

中国坚持以经济建设为中心，奠定保障发展权的坚实基础，同时又通过保障人民的发展权更好地促进经济发展。改革开放以来，中国经济快速增长，目前已成为世界第二大经济体，人民的生活总体上实现了从贫困到温饱再从温饱到小康的两次历史性飞跃。

——人民基本生活水准极大改善。城镇居民家庭和农村居民家庭恩格尔系数分别由 1978 年的 57.5%和 67.7%，下降到 2015 年的 29.7%和 33.0%。1978 年至 2015 年，中国城镇人均住宅建筑面积由 6.7 平方米增长到 33 平方米以上，农村人均住房面积由 8.1 平方米增长到 37 平方米以上。以公共租赁住房、经济适用住房等为主要形式的住房保障制度初步形成。2015 年，国家住宅投资达到 80 247.7 亿元，其中全国城镇保障性安居工程基本建成住房 772 万套，新开工 783 万套；中央投入农村危房改造补助资金 365 亿元，支持全国 432 万贫困农户改造危房。2011 年至 2015 年，全国城镇保障性安居工程累计新建住房 4013 万套，累计棚户区改造 2191 万户，一大批住房困难群众搬进楼房，实现“宜居”。2011 年至 2015 年，各级财政给予补贴，共对全国 67.5 万残疾人家庭进行无障碍改造，提高了残疾人的生活质量。人民出行条件极大改善。1978 年至 2015 年，公路通车里程由 89 万千米增长到 457.7 万千米，民航旅客吞吐量从 231.9 万人次增长到 9.15 亿人次。2015 年，全国高速公路通车里程 12.35 万千米，高速铁路营运里程 1.9 万千米，行政村公路通畅率达 94.5%，建制村通客车率达 94.28%。

——人民生活水平显著提高。1978 年至 2015 年，全年国内生产总值从 3679 亿元增长到 685 506 亿元，人均国内生产总值从 200 多美元增长到 8000 美元以上。1978 年，城镇居民家庭人均可支配收入只有 343.4 元，农村居民家庭人均纯收入只有 133.6 元。2015 年，全国居民人均可支配收入达到 21 966 元，其中，城镇居民人均可支配收入 31 195 元，农村居民人均可支配收入 11 422 元。截至 2015 年年底，全国电话用户总数达到 153 673 万户，其中移动电话用户 130 574 万户，普及率为 95.5 部/百人；固定互联网宽带接入用户 21 337 万户，移动宽带用户 78 533 万户。互联网上网人数 6.88 亿人，固定宽带家庭普及率达到 50.3%。2015 年，国内居民出境 12 786 万人次，其中因私出境 12 172 万人次。民用轿车保有量 9508 万辆，其中私人轿车 8793 万辆。

资料来源：http://www.gov.cn/zhengce/2016-12/01/content_5141177.htm。

（二）消费者收入水平及消费支出方式

1. 消费者收入水平

消费者的收入是消费者购买能力的源泉，包括消费者个人工资、奖金、津贴、股息、租金和红利等一切货币收入。消费者收入水平的高低制约了消费者支出的多少和支出模式的不同，从而影响了市场规模的大小和不同产品或服务市场的需求状况。

对消费者收入的分析绝非是一个简单问题，必须准确理解一系列相关概念。

（1）个人可支配收入和个人可任意支配的收入这一对重要概念。个人可支配收入指在个人总收入中扣除税金后，消费者真正可用于消费的部分，它是影响消费者购买力水平和消费支出结构的决定性因素。个人可任意支配收入是在个人可支配收入中减去消费者用于购买食品、支付房租及其他必需品的固定支出所剩下的那部分收入，一般还要扣除稳定的储蓄。非必需品的消费主要受它的限制。在这两种收入中，由于国家税收政策的稳定性，个人可支配收入变化趋势缓慢，而个人可任意支配收入变化较大，而且在商品消费中的投向不固定，成为市场供应者竞争的主要目标。

（2）货币收入和实际收入。它们的区别在于后者通过了物价因素的修正，而前者没有。货币收入只是一种名义收入，并不代表消费者可购买到的实际商品的价值。所以，货币收入的上涨并不意味着社会实际购买力的提高，而货币收入的不变也不一定就是社会购买力的不波动。只有考虑了物价因素的实际收入才反映实际社会购买力水平和变化。假设消费者货币收入不变，但物价下跌，则消费者的实际收入上升、购买能力提高；相反，如果物价上涨，消费者的实际收入则下降、购买能力降低。即使货币收入随着物价上涨而增长，如果通货膨胀率大于货币收入增长率，消费者的实际收入仍会减少，社会购买力也相应下降。

另外，消费者的储蓄额占总收入的比重和可获得的消费信贷也影响实际购买力。一般说来，储蓄意味着推迟了的购买力，储蓄额越大，当期购买力越低，而对以后的市场供给造成压力，有人以“笼子里的老虎”形象地比喻它对未来市场的冲击。与储蓄相反，消费信贷是一种预支的幸福能力，它使消费者能够凭信用取得商品使用权在先，按期归还贷款在后。消费信贷有短期赊销、分期付款和信用卡信贷等多种形式。发达的商业信贷使消费者将以后的消费提前了，所谓“寅吃卯粮”，对当前社会的购买力是一种刺激和扩大。

除了分析研究消费者的平均收入外，营销者还应了解不同社会阶层、不同地区、不同职业的收入和收入增长率的差别，深入认识各个细分市场的购买力分布。

2. 消费者支出模式

消费者支出模式指消费者各种消费支出的比例关系，也就是常说的消费结构。消费者个人收入则是单个消费者或家庭消费结构的决定性因素。对这个问题的分析要涉及“恩格尔定律”。德国经济学家和统计学家恩斯特·恩格尔（Ernest Engl）1857 年在对英国、法国、德国、比利时不同收入家庭的调查基础上，发现了关于家庭收入变化与各种支出之间比例关系的规律性，提出了著名的“恩格尔定律”并得到其追随者的不断补充修正。目前该定律已成为分析消费结构的重要工具。该定律指出：随着家庭收入的增加，用于购买食品的支出占家庭收入的比重就会下降；用于住房和家庭日常开支的费用比例保持不变；而用于服装、娱乐、保健和教育等其他方面及储蓄的支出比重会上升。其中，食品支出占家庭收入的比重被称作恩格尔系数。恩格尔系数是衡量一个国家、一个地区、一个城市、一个家庭的生活水平高低的标准。恩格尔系数越小表明生活越富裕，越大则生活水平越低。联合国粮农组织根据恩格尔系数对世界上许多国家居民生活水准进行了如下划分：用于购买食物的比重占全部收入的59%以上称为贫困状态，50% ~ 59%称为温饱状态，40% ~ 50%称为小康水平，20% ~ 40%称为比较富裕，20%以下称为绝对富裕。企业从恩格尔系数可以了解市场的消费水平和变化趋势。

消费者支出模式除了主要受消费者收入的影响外，家庭生命周期阶段和家庭所在地点的不同也会造成不同的消费结构。一个家庭的新婚阶段是家用电器、家具等耐用品的需求旺盛期；家庭中有了孩子，消费支出的重心便转移到孩子的需求上，家庭收入的很大比重都用于孩子的食品、服装、教育和文娱等方面；待到孩子长大成人、独立生活后，父母的消费多用于医疗、保健、旅游或储蓄。家庭由于所在地点不同开支也不一样，比较居住在城市中心和郊区的家庭会发现，各类家庭在交通、住房和食品等方面有不同的支出比例。

三、自然环境

企业营销的自然环境是指影响企业生产和经营的物质因素。任何企业的生产和经营都离不开自然环境，企业的生产需要原材料、能源和水等自然资源，企业的经营活动也对自然环境产生影响。自然环境的发展变化会给企业带来一些威胁，有时也会带来机会。企业营销活动不可忽视自然环境的影响，要注意分析自然环境的特点和变化趋势。目前企业须关注的自然环境状况主要包括以下两种：

1. 自然环境的短缺状况

地球上的自然资源大体上可以分为三大类：第一类是取之不尽的资源，如阳光、空气等；第二类是有限但可更新的资源，如各种生物资源、水等；第三类为不能更新的资源，如石油、煤、铁等各种矿产资源。目前第一类资源面临被污染的问题。第二类和第三类资源都面临着短缺，尤其是矿产、能源、粮食、木材和淡水资源。几十年后，人类将面临全面的资源危机，对市场营销来说，将面临两种选择：一是科学开采，综合利用，减少浪费；二是开发新的替代能源，如太阳能、核能及各种新材料。

2. 环境污染与环境保护的状况

工业污染日益成为全球性的严重问题，大气污染、水污染、垃圾污染和噪声等使人类的居住环境日益恶化，要求控制污染的呼声越来越高。一方面，对那些污染控制不力的企业是一种压力和外部威胁，它们得采取有效措施治理污染；另一方面，又给某些企业创造了新的市场机会，如研究开发不污染环境的产品、设备、包装及妥善处理污染物的技术等。由于自然环境被破坏，国家立法部门、社会组织等提出“保护环境”的要求。一些绿色产品被开发出来，营销学界也提出“绿色营销”的观念，以此来确定自己的营销方向及营销策略。这标志着企业营销活动正在向可持续发展方向转变。

四、技术环境

科学技术是社会生产力中最活跃的因素。作为营销环境的一部分，科技环境不仅直接影响企业内部生产和经营，还同时与其他环境因素互相依赖，相互作用。尤其是新技术革命给企业市场营销既造就了机会，又带来了威胁。企业的机会在于寻找和利用新技术，而它面临的威胁可能有两方面：新技术的突然出现，使企业的现有产品变得陈旧；新技术给企业带来巨大压力，如果企业不及时跟上新技术革命的发展，其产品很有可能被很快淘汰出局。正因为如此，西方“创新理论”的代表人物熊彼特认为“技术是一种创造性的毁灭”。

1. 新技术影响企业市场营销策略

新技术革命改变了企业经营的内部因素和外部环境，给企业带来巨大压力，给企业产品和目标市场的确定带来前所未有的困难，从而促使企业不断调整营销策略，以适应变化了的市场条件。

（1）产品策略变化。由于科学技术的迅速发展，新技术应用于新产品开发的周期大大缩短，产品的更新换代加快。开发新产品成为企业开拓新市场和赖以生存的根本条件，因此，要求企业营销人员不断寻找新市场、预测新技术，时刻注意新技术在产品开发中的作用，进而促使企业开发出给消费者带来更多效用的新产品。

（2）分销策略变化。由于新技术的不断应用，技术环境的变化使人们的工作及生活方式发生了重大变化。广大消费者的兴趣、思想等差异性很大，自我意识的观念增强，从而引起分销机构的不断变化。如超级市场、快餐服务、自助餐厅及网店等的出现都是现代企业不断适应消费者变化所做出的分销策略调整，与此同时也引起了分销实体的变化和运输实体的多样化，使现代企业的实体分配出发点由工厂变成了市场。

（3）价格策略变化。科学技术的发展及应用，一方面降低了产品成本，使价格下降；另一方面使企业能够通过信息技术加强信息反馈，正确应用价值规律、供求规律、竞争规律来制定和修改价格策略。

（4）促销策略变化。科学技术的应用引起促销手段的多样化，尤其是广告媒体的多样化和广告宣传形式的复杂化，如互联网成为全球范围内的信息沟通手段。如何利用新技术提高信息沟通的效率、提高促销组合的效果、降低促销成本，以及采用新的广告手段和方式，是促销研究的主要内容。

2. 新技术引起企业营销管理的进步

新技术革命是管理改革或管理革命的动力，它向管理提出了新的课题和新的要求，又为企业改善经营管理，提高管理水平提供了物质基础。现在，一场以微电子革命为中心的新技术革命正在兴起，特别是计算机和互联网的出现，标志着技术发展进入一个新的历史阶段。目前，许多商业企业的经营管理都使用了电脑和互联网，这对于改善企业经营管理，提高企业经营效益有很大的作用。

3. 新技术对零售商业和购物习惯产生重大影响

由于电视、电话、计算机系统的迅速发展，出现了“电话购物”“网上购物”等在家购物的购物方式。新技术革命使零售商业结构发生变化，古老传统的商业机构逐渐被新型的零售商业结构所代替，对买方来说，购物越来越不受时间地点的限制，给购买带来了极大的方便。

【延伸阅读】

2011 年有一款神秘的国产手机强势闯入我们的生活，短短不到两个月内，就成为万众瞩目、引爆舆论的现象级产品。这就是由著名企业家金山 CEO 雷军带领的小米科技所推出的小米手机。

小米手机使用了高通 Snapdragon S3 MSM8260 手机处理器，也是世界上首款双核 1.5GHz 的智能手机。并宣称其搭载的 Scorpion 双核引擎比其他单核 1 GHz 处理器手机的性能提升了 200%，与双核智能手机相比也提升了 25%。经过系统优化后还能提高 30%的性能。小米手机配备的 266MHz Adreno220 GPU 图形处理器搭配 1G RAM 的手机内存可以完美运行大型 3D 游戏以及播放 1080P 高清视频。

小米手机的销售记录：

至今小米公司，在线第一轮预定 30 万实际销售 20 万部。

第二轮 10 万部，3 小时售罄。

第三轮 50 万部，预定仅用 34 小时。

第四轮 15 万部在线预定，仅用半小时。

第五轮 10 万部全额支付，仅用 20 分钟。

第六轮 10 万部全额支付仅用 6 分钟 23 秒。

资料来源：http: //wenku.baidu.com/link? url=X5j8AAHc6vsUvB49FpyItQTOD29sW5woUn5rFaj22ReGqSMBMOyg353dvpf2P2。

五、政治法律环境

政治环境是国内与国际的政治环境。国内政治主要指党和政府的路线、方针、政策的制定和调整，国际政治是指两国关系、和平环境等。法律环境则包括国际和国内主管部门及各地区颁布的各项法规、法令、条例等。

一个国家的政府与政策对企业的市场营销活动产生着深刻的影响。每一个国家的政府都能够运用政策措施和政治权力对有关方面施加影响，从而达到其所要实现的政治与经济的目的。因此，企业要搞好营销，必须了解与营销业务有联系的国家政策。开展国际营销，还必须关注合作国家政府和政策的稳定程度。

目前，我国正处于大力发展社会主义市场经济的条件下，为了推进市场经济进程，我国政府不断推出新的改革措施和方针政策，其中不少政策对企业的营销活动有很大影响。如人口政策、财政金融政策、能源政策、产业政策、对外开放政策，都是对企业营销工作有普遍显著影响的政策。

市场经济是法制经济。我国政府非常重视法制建设，法令、法规、条例特别是有关经济的立法也不断出台。国家立法的目的不外乎以下三种：

（1）维护企业的合法权益，避免不正当竞争，保证良好的市场秩序。例如，《中华人民共和国公司法》《中华人民共和国反不正当竞争法》《中华人民共和国税收征收管理法》《中华人民共和国广告法》《中华人民共和国商标法》《中华人民共和国价格法》等，都为市场经济保持健康稳定的发展提供了可靠的保障。

（2）保护消费者的合法权益不受侵害。我国对消费者利益的保护立法非常重视，推出了从规定产品的品质、技术标准，到免受不法经营者欺骗等的一系列保障措施。1994 年 1 月 1 日我国施行的《中华人民共和国消费者权益保护法》，明确地指出国家保护消费者的合法权益不受侵害，保障消费者合法行使其知晓权、选择权、评价权、公平交易权、索赔权等合法权利。

（3）保护社会利益，防止环境污染。例如，从保护自然环境、防止公害的立场出发，通过《中华人民共和国环境保护法》及相关条例严格限制经济活动的外部性，协调人类与环境的共同发展。随着社会对可持续发展观的进一步认同，企业的经营活动越来越无法回避其应有的社会责任。

六、社会文化环境

社会文化是人类在创造物质财富过程中所积累的精神财富的总和，主要是指那些在一定的文明基础上存在于不同成员中的情感模式、思维模式和行为模式，包括人们的价值观念、信仰、态度、道德规范和民风民俗等。这些无形的文化因素构成了企业营销的文化环境，文化中的各种因素对营销均能产生影响。

1. 价值观

价值观是人们对事物的评价标准。由于价值观不同，人们对周围事物的评价不同，从而影响消费者对产品价值的判断和接受程度，导致了消费行为的差异。同一种款式的新商品，崇尚新奇冒险的消费者乐于接受，而注重传统的消费者可能很少问津。

2. 风俗习惯

风俗习惯是人们在特定的历史条件下长期形成的风尚、习俗、礼节等行为规范的总和，它体现在饮食、服饰、居住、婚丧、节庆及生活习惯等多方面。不同的文化具有不同的风俗习惯，对市场营销也带来不同营销影响。例如，欧美人喜欢自己磨咖啡、煮咖啡，而中国人长期饮茶的习惯迫使外国企业只能以速溶咖啡的形式占领中国市场。中国的农历春节、西方的圣诞节分别是各自最重要的节日，同时也成为企业商品销售的最好时机。

3. 审美观

审美观是文化的重要组成部分，通常指人们对事物的好坏、美丑和善恶的评价。不同的国家、民族、阶层和个人，往往有不同的审美观。企业营销者应注意人们审美观的差异，提供能满足人们对美的追求的产品和服务。比如，在房地产方面，美国人极力推崇摩天大楼，欧洲人则更欣赏田园别墅；时尚的少男少女追求标新立异的服饰、发式，其长辈在这些方面则比较传统。需注意的是，人们的审美观随着时代的发展而变化，牛仔服曾经是美国西部农场工人的工作服，今天却成为风靡全球的流行服装；在一些地方，过去“黑皮肤”被认为是干体力活的标志，遭人鄙视，现在“黑皮肤”成了健康的代名词，意味着有钱有闲，因为经常旅游、锻炼而把皮肤晒黑了。

4. 教育水平

教育水平的高低直接影响人们的消费行为和消费结构，因此企业所在地区的教育水平也在一定程度上制约着企业的营销活动。一般来说，受教育水平高的消费者对产品的内在质量、外观形象以及服务有着较高的要求。而教育水平低的消费者往往要求更多的实物样品和通俗易懂的产品介绍。教育水平较低的人群，购买产品的理性程度相对低，对新产品的接受能力比较弱；而教育水平较高的地区正好相反。

“运筹于帷幄之中，决胜于千里之外。”企业通过经常了解和深刻分析当前营销环境各方面不断变化的情况，根据自身的优势与劣势制定出正确的营销战略与策略，这是正确实施企业营销的首要任务。

第三节　市场营销环境分析

企业面临着复杂多变的营销环境，有些环境因素可能给企业带来新的市场机会，另一些因素则可能给企业造成严重的威胁。因此，处理好企业营销与营销环境的关系是营销者的重要工作。

一、环境威胁分析及对策

环境的发展变化给企业营销带来的影响大致可分为两大类，即环境威胁和市场机会。分析、研究营销环境，目的在于抓住和利用市场机会，避免环境威胁。

1. 环境威胁分析

环境威胁又称市场风险，是指营销环境中对企业营销不利的各种因素的总和。企业面对环境威胁，如果不果断采取措施，避免威胁，其不利影响势必伤害企业的市场地位，甚至使企业陷入困境。因此，营销者要善于分析营销环境，识别环境威胁或潜在的环境威胁，并正确评估威胁的可能性和严重性，以采取相应的对策措施。

营销者对环境威胁的分析主要从两个方面考虑（如图 2.1 所示）：

一是分析环境威胁对企业的潜在严重性；

二是分析环境威胁出现的概率。

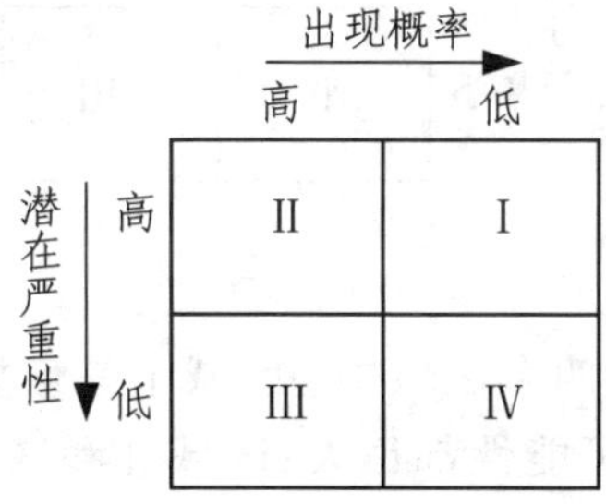

图 2.1　环境威胁矩阵

区域Ⅱ是企业的最大环境威胁，企业必须高度重视，因为它的潜在严重性大，出现的可能性也大，企业应严密监视并及早制定应对策略；区域Ⅰ和区域Ⅲ不是企业的主要威胁，但企业也不能忽视，因为区域Ⅰ出现的可能性较小，但其潜在严重性大，区域Ⅲ对企业影响不大，但出现的可能性很大；对区域Ⅳ的环境威胁也要加以留意，观察其发展变化。

2. 对策分析

营销者对环境威胁进行分析，目的在于采取对策、避免危害。企业面对环境威胁，可以采取以下三种对策：

（1）反抗策略，即企业利用各种不同手段影响环境的发展变化，限制不利环境对企业的威胁。企业通过政治外交斡旋和利用公共关系，开展大市场营销就是对环境威胁的一种反抗。

（2）减轻策略，即企业调整市场策略，加强对环境的适应，以减轻环境威胁的严重性和危害性。例如，针对国外的技术壁垒，中国企业改进产品技术，进入国际市场。

（3）转移策略。当营销环境已经严重地威胁到企业的营销活动时，企业可以转移到其他市场或进入其他行业开展经营活动。例如，由于劳动力成本很高，很多发达国家将劳动密集型产业转移到发展中国家。

二、市场机会分析及对策

1. 市场机会分析

所谓市场机会是指营销环境中对企业市场营销有利的各种因素的总和。企业市场营销的机会来自市场尚未满足或尚未完全满足的市场需求。企业只要密切注视营销环境的变化带来的市场机会，并结合企业自身的资源和能力，及时利用市场机会，就能扩大销售，提高企业产品的市场占有率。

评价市场机会主要有两个方面（如图 2.2 所示）：

一是考虑机会给企业带来的潜在利益；

二是考虑机会成功的概率。

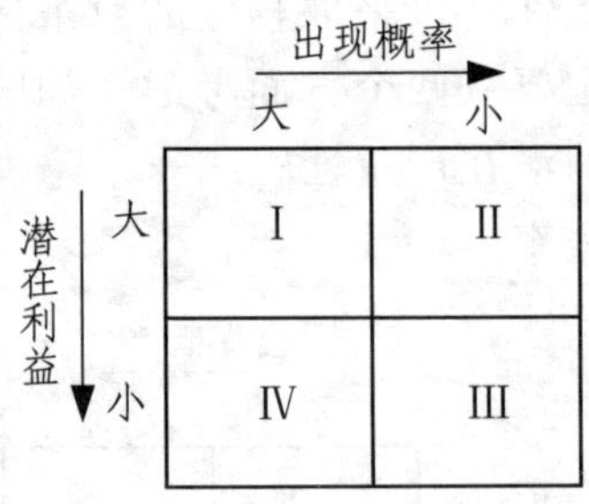

图 2.2　市场机会分析矩阵

市场机会分析矩阵图所示的四个区域中，区域Ⅰ是最好的市场机会，企业必须高度重视，因为它的潜在利益和出现的可能性都很大；区域Ⅱ和区域Ⅳ不是企业的主要市场机会，但也是企业不容忽视的，区域Ⅱ虽然出现可能性低，但其潜在利益很大，区域Ⅳ潜在利益小，但出现的可能性却很大，因此，企业必须注意区域Ⅱ和区域Ⅳ的特点，制定相应对策；

区域Ⅲ的市场机会、潜在利益和出现可能性都很小，但要留意它的发展变化。

2. 对策分析

对市场机会，企业可以采取以下对策：

第一，利用策略，即企业充分调动和运用自身资源和能力，利用市场机会开展营销活动，扩大销售，提高市场占有率。

第二，放弃策略，当市场机会的潜在利益和出现的可能性都很小时，企业可以放弃市场机会，以免造成企业资源的浪费。

三、综合环境分析

在企业实际面临的客观环境中，单纯的环境威胁和市场机会是很少的。一般情况下，营销环境都是机会与威胁并存的综合环境。根据综合环境中威胁水平和机会水平的大小不同，形成如图 2.3 所示的四种威胁水平矩阵。

（1）理想业务，表示企业面对理想环境，即机会大和威胁水平低，利益大于风险。这是企业遇到的最好综合环境，企业应充分利用环境中的市场机会。

（2）冒险业务，表示企业面对冒险环境，即机会大，环境威胁也大，机会和威胁同在，高风险和高收益共存。此时，要求企业必须进行全面分析，审慎决策，降低风险，争取利益。

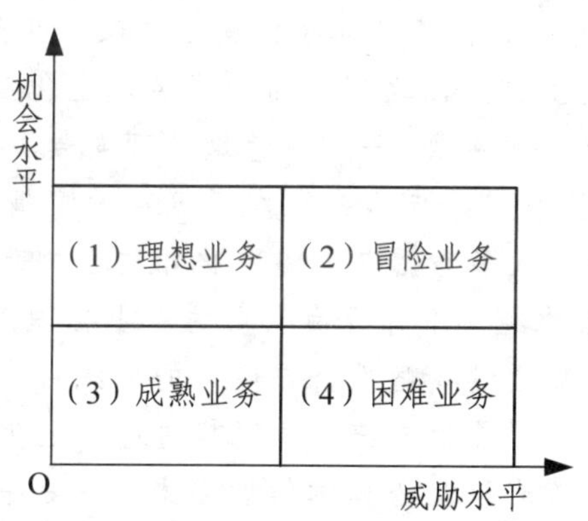

图 2.3　环境分析综合评价图

（3）成熟业务，表示企业面对成熟环境，即机会小，威胁水平也比较低，这是一种比较平稳的环境。在这种情况下，企业要按常规经营，规范管理，以维持正常运转。

（4）困难业务，表示企业面对困难环境，即风险大而机会小，这是企业遇到的最差综合环境。面对这样的环境，企业必须想办法扭转局面，否则必须果断决策，退出在该环境的经营。

【思考题】

1．什么是市场营销环境？试结合实例谈谈它对企业营销活动的影响。

2．简述企业微观环境的主要内容。

3．简述企业宏观环境的主要内容。

4．结合实例谈谈顾客对企业营销活动的影响。

5．竞争者分为哪几类？结合实例谈谈不同种类的竞争者对企业营销活动的影响。

6．随着自然环境的不断恶化，环保问题已逐渐成为举世瞩目的焦点问题。试论述在这种趋势下，企业所面临的环境威胁和市场机会。

【实训题】

资料一：麦当劳在华为什么比不过肯德基？

即使如麦当劳这样的“老大”，不设法迎合消费者也会付出重大代价。

2011 年麦当劳在华成功开设了 200 家新餐厅，缔造了其在中国年度开店的新纪录。由此，中国跃升为麦当劳全球第三大市场。至今在中国大陆开店总数已超过 1400 家，计划在 2012 年开设近 250 家新餐厅，但跟在华开店总数超过 3200 家的竞争对手肯德基相比还有很大差距。从全球的范围来说，麦当劳与肯德基不是一个级别的，无论是从连锁店数量还是销售额，麦当劳都远远高出肯德基许多。为何在中国恰恰相反？

在产品本土化层面，肯德基的工作做得好，进入中国前就开始熟悉和理解中国的文化底蕴，并选择与中国居民生活习惯等最为接近的新加坡作为试点，然后又在组织层面上做了很多部署工作，对中国的本土市场相当重视。2000 年开始肯德基便邀请 40 余位国家级食品营养专家，成立了“中国肯德基食品健康咨询委员会”，开发适合中国人口味的产品。从 2002 年推出“早餐粥”开始，肯德基陆续创新出豆浆、油条、烧饼、粥等一系列中餐，甚至中式主餐米饭也成为其主打产品之一。而麦当劳本土化产品却屈指可数，2011 年 11 月在全国餐厅推出两款非汉堡类主食——“五色嫩鸡菠菜卷”和“五色至牛菠菜卷”是距离 2004 年首推中国本土化主食“珍宝三角”之后 8 年的事情。麦当劳只想将自己的理念在其他国家得到延展，而不会太多考虑与当地文化相结合的事情。从麦当劳的一系列对外宣传也可以看出，它在中国的经营中并没有太多的本土化理念。

从经营模式上看，肯德基通过战略性特许经营的方式占得了先机，而麦当劳也曾尝试过特许经营，但是最终却一直未能做起来。肯德基通过本土化策略，仔细研究出符合谨小慎微的东方人投资心理、加盟者风险为零的特许方式。当受许人交了盟金后，假如达不到获利点，损失由肯德基承担。一旦加盟店经营良好，在运作两三年后，肯德基一般以一到两倍的价钱重新将加盟店买回来。这种方式极大地满足了中国本土投资者的需求，因此，肯德基的规模扩张与发展速度一度超越了麦当劳。而麦当劳从进入中国那天起，就对中国的投资经营者有着高要求，其出发点是万一出现经营不善的情况将危及自己在全球连锁餐饮业中“洋老大”的品牌形象，这是它所不能容忍的，也是它所惧怕的。因此，缩手缩脚的麦当劳选择了单一的直营连锁模式，但这种方式的弊端是加重麦当劳对自有资金的依靠，从而放慢了其在华扩张的步伐。当赛百味三明治连锁餐厅门店数量超过麦当劳，坐上了全球连锁餐厅老大的位置时，这个昔日的快餐业巨头再也按捺不住了。现在的麦当劳正在想尽各种办法实施赶超战略，预计 2012 年在华投资总额将比去年增长 50%。比如麦当劳开放了特许经营；通过汽车餐厅建立更健全的销售网络，以期获得更大的市场规模；而且认识到尽管门店数量上远远不及对手肯德基，但是麦当劳正试图通过延长工作时间如 24 小时餐厅及麦乐送等辅助手段来抢夺中国市场份额。

其实对此时的麦当劳来讲，发展速度及规模诚然重要，但放下“洋老大”的心态，开发符合本土消费者的产品、服务以及其迎合投资者的加盟创新方式更加重要。骨子里没有真正想过本土化，只是单纯地加大其扩张规模的方式注定失败。由此可见，那些即将远程出海的中国大型本土企业，也应该放弃昔日的“老大心态”，因为只有充分融入到对方的文化当中，创新符合当地消费者需求的产品，符合当地发展模式的经营方式，立足本土化战略，才能将自己立于不败之地。

资料来源：http：//news.winshang.com/html/011/2994.html。

讨论问题：

1．在中国大陆麦当劳为什么比不过肯德基？请分析原因。

2．肯德基有哪些本土化策略？这些策略对于肯德基在华经营有何影响？

资料二：万达集团涉足电影行业硬件条件的改善引发了消费者价值观的改变

在十多年前，影院给人的印象就是，一个能够容纳上千人的大礼堂，硬板座椅，冬无暖气、夏无凉风。而目前的影院，基本上都是多厅的，可以看电影，还可以喝咖啡、打电游、会朋友，与相关业态的结合越来越紧。位于美国洛杉矶的 Marina 影院，是一家餐饮和电影相结合的影院，一共有六个厅，452 个座位。该影院在每一个座位上，都安装了航空座椅式的餐台，观众可以边就餐边看电影。影院工作人员中，从事餐饮的占了大多数。2012 年该影院的餐饮收入占总收入的 70%，远远超过票房收入。目前，中国的大多数影院也越来越注重开发电影之外的收益。满洲里的万达影城，也是六个厅，1034 个座位，年收入中卖品收入占到了 30%，应该是行业当中做得比较好的。长远来看，影院就是一个平台，在这个平台上，可以卖饮料，可以带动购物，还可以做很多超出我们想象的业务。

人均 GDP 的增长带动了文化消费的增长

当人均 GDP 达到 3000 美元时，文化消费大幅度增长。在 2010 年的时候，我国人均 GDP 超过 4000 美元，而到了 2015 年，则超过 7800 美元。这或许是这几年电影消费快速增长的重要原因。

多元政策大力支持助推影视产业跨越式增长

2010 年 1 月，国务院办公厅针对电影产业发布更为具体的《关于促进电影产业繁荣发展的指导意见》，该意见进一步明确了大力繁荣发展电影产业的战略意义，使产业政策进一步完善。

2011 年 3 月 5 日，在十一届全国人民代表大会第四次会议上，国务院提出了“十二五”时期的主要目标和任务，要求大力发展文化产业，培育新型文化业态，推动文化产业成为国民经济支柱性产业。

2011 年 12 月 15 日，国务院法制办公室公开征求对《中华人民共和国电影产业促进法（征求意见稿）》的意见，将电影产业发展纳入国民经济和社会发展规划，以引导形成统一开放、竞争有序的电影市场。

电影产业相关政策有几个特点：

第一，部委之间的互助和协作增多，文化部、广电局出台的政策，得到国务院办公厅、财政部、中国人民银行等主管部门的配套支持和实施条件补给，有利于电影业的产业化经营和规模化发展；

第二，资金和资本条款是重点，电影立项基金、人才培养计划、金融产品设计等涉及资金和市场的手段更加多样；

第三，文化产业已经过渡到以质量谋求集团化发展的阶段，这不仅使文化产业与国民经济支柱性产业的国家规划相一致，也是企业增强产业竞争力和国际影响力的必经之路。

电影放映数字化趋势明显，数字 3D 和巨幕电影成为增长新动力

近年来，基于数字技术在质量保证和成本节约方面的有效性，我国电影放映数字化趋势明显。2004 年，原国家广电总局发布《数字化电影发展纲要》提出："实现数字影院规模化经营，满足社会不同层次需求，使数字电影院线进入中国电影放映市场的主流。"2009 年年末，为推动电影数字化放映，鼓励影院积极安装数字放映电影设备，加快胶片放映向数字放映转换，国家电影专项资金管委会对影院安装数字电影放映设备给予资金补贴。

伴随着数字技术在电影产业的渗透与普及，数字 3D 和巨幕电影成为数字电影发展的新动力。近年来，数字 3D 和巨幕电影的产出不断增加，不仅拉动了票房收入的增长，也使全国影院掀起投资建设 3D 和巨幕影厅的热潮。

"互联网+电影"更加突出

在 2015 年全国两会上，李克强总理提出"互联网+"行动计划，鼓励推动移动互联网、云计算、大数据等与各行业结合。在"互联网+"的发展浪潮中，2015 年社会新生力量对电影表现出更加强烈的参与热情，各种新型业态纷纷进入电影行业，《万万没想到》是一个很好的案例。百度、阿里巴巴、腾讯（BAT）等互联网领军企业直接参与电影创作生产，特别是腾讯影业和企鹅影业的成立，让业界看到互联网企业进军电影业的雄心。网络售票和在线选座成为市场主流，给广大观众提供了方便的票务服务，2015 年约有 54.8% 的观众通过网络购票。社交网站成为电影营销的新途径，为电影营造良好口碑发挥了重要作用。网络成为电影衍生品的重要销售渠道，同时也促进了更多电影后产品的开发，丰富了电影产业的结构层次。网络大数据越来越为电影产业发展提供重要支持，电影大数据应用成为行业的共识。

讨论问题：

1. 分析万达集团涉足电影行业的原因。
2. 试分析互联网的发展对电影行业带来的影响。

第三章　消费者购买行为分析

【导入案例】

只有一个顾客

圣诞节就要到了，大多数商店里都门庭若市，热闹非凡。但是位于美国曼哈顿第五大街的毕坚商店，重门深锁，偌大的店里只有一个顾客在选购——它一次只接待一位顾客。当顾客入店后，店门就对别的顾客关上。如此违背商规的做法，叫人不可思议。但是毕坚商店这么做自有它的精明之处。原来曼哈顿第五大街是世界上富贾巨商云集之地，毕坚商店的经营策略就是以这些富豪们为经营目标，以适应和满足这些世界富豪们的虚荣心。当然这里的商品也贵得令人咋舌，1500美元的香水，2200美元的衣服，一套床罩标价94 000美元。可想而知，它的利润也高得惊人，虽然它一次只接待一名顾客，但比别的商店接待几十、几百位顾客的获利还多。

事实证明，毕坚商店的经营策略是成功的。到目前为止，全世界有50多个国家和地区的富豪、王公贵人都来毕坚商店"潇洒"过，美国前总统克林顿、西班牙国王卡洛斯、约旦国王侯赛因和一些著名艺术家都来光顾过毕坚商店，他们一般不会空手离开这家象征着身份和地位的商店。

现代市场营销的基本理念是强调企业的经营活动必须以顾客需要的满足为导向。第二次世界大战以后，美国和欧洲的经济向全面的买方市场发展，消费者在市场交换活动中的主动地位越来越明显，主要从经济学的角度研究企业营销活动的早期市场营销理论已经很难解释当时市场中所出现的许多现象。这时从行为科学角度研究企业营销活动的购买者行为学派开始出现。社会学、心理学的研究方法开始用于市场营销的研究，从而使购买者行为的研究最终成为市场营销理论体系中的一个重要组成部分。购买者行为理论认为，企业在其营销活动中必须认真研究目标市场中消费者的购买行为规律及其特征。因为消费者的购买行为不仅受经济因素的影响，还会受到其他多种因素的影响，从而会产生很大的差异。即使具有同样类型需求的消费者，购买行为也会有所不同。所以，只有认真研究和分析消费者的购买行为特征，才能有效地开展企业的营销活动，真正理解消费的需求、满足消费的需求，顺利持续地实现同顾客之间的交换。

第一节　消费者市场的特点

在消费者市场上，消费者购买产品和服务的目的是满足自身及其家庭成员生活需要的最终消费，它是产品和服务流通的终点。

一、消费者市场与生产者市场的特点对比

（1）从购买者的数量和购买数量来看，消费者市场购买者众多，具有一定的分散性，相对而言，生产者市场购买者数量更少，但购买数量大且更集中。

（2）从需求性质来看，消费者市场需求是人类社会的原生需求，生产者市场需求是衍生需求或派生需求，即生产者对生产资料的需求来源于消费者对消费品的需求，或者说是由消费者对消费品的需求引发的。比如采购棉花，是因为消费者要购买服装或者床上用品等。如果消费者对这些消费品需求疲软，那么对所有用以生产这些消费品的产品需求也将下降。因此，生产者市场的营销者必须密切关注最终消费者的需求动向和影响他们需求的各种环境因素。

（3）从需求弹性来看，对于消费者市场存在需求弹性的产品而言，生产者市场需求相对缺乏弹性。生产资料的需求量主要取决于企业的产品结构、生产规模、工艺流程和技术水平等因素，受价格变化的影响不是很大。比如，布鞋制造商在棉布价格下降时，不会打算采购大量棉布；同样，当棉布价格上升时，他们也不会因此而大量减少对棉布的采购。需求在短期内特别无弹性，因为厂商不能对其生产方式进行根本调整。

（4）从购买的专业化水平来看，消费者市场里大多数消费者缺乏专门的商品知识，对消费品的性能、特点、使用、保养和维修等很少有专门的研究，对消费品的购买表现出较强的情感性和可诱导性。但在生产者市场里，就表现出很强的专业性，他们的采购通常由专业知识丰富、训练有素的专职人员来执行，对于复杂的采购可能还涉及企业内部很多部门。生产者市场里的决策过程极其规范，购买也非常理性。一般而言，生产者市场对其购买的产品质量、规格、性能、技术、交货保障和服务等方面有较高要求。

（5）从买卖双方的关系密切程度来看，虽然企业逐渐重视客户关系的管理，但相对于消费者市场而言，生产者市场供需关系更为密切。

二、中国消费者市场的特点

中国是世界上人口最多的国家，又是一个发展中国家，其市场潜力巨大，所以历来成为世界各国企业所关注的地方。然而，中国由于其资源、历史、体制、文化等方面的原因，市场也有着许多与众不同的特征。能否了解和掌握这些方面的特征，对于能否在中国市场上顺利地开展营销活动，取得良好的经营效益至关重要。我们可以分别从消费水平、消费结构、消费行为等方面去了解中国消费市场的一些主要特征。

1. 消费水平

收入水平在城乡之间、地区之间、行业之间以及人群之间的不平衡是目前中国市场的一个重要特点。2008 年中国城镇居民的人均收入是农村居民人均收入的 2.8 倍；城镇居民人均收入最高的地区是最低地区的 2.5 倍，东部地区的收入水平最高，中部地区较低，西部地区最低，从而使消费购买能力形成了明显的落差；收入最高行业的收入水平是收入最低行业的 2.6 倍。据有关部门抽样调查，城镇地区 20%最高收入户的人均收入水平是 20%

最低收入户的8倍，而且有扩大的趋势。收入水平的不均衡使中国消费市场的状况变得极为复杂，各地区、各人群的需求存在着很大的差异。由于中国农村居民的收入水平较低，农村人口又占了全国人口的60%以上，农村消费水平不高影响了中国消费市场的发展速度，所以启动农村市场成为开拓中国消费市场的关键问题。2004 年以来，农业税收政策的改革，加上外出务工农民工资的上调，农村市场的消费水平有所提高。

2. 消费结构

这两年中国市场的消费结构发生了重大的变化。首先，随着人们收入水平的不断增长，中国居民消费的恩格尔系数明显下降。其次，消费已由生存型需要的满足趋向于生活质量的提高，消费呈多元化发展的趋势。最后，中国居民的消费出现明显的周期性增长规律，即从20世纪60年代以自行车、缝纫机为代表的“家庭机械化”时期，到80年代以电视机、电冰箱、洗衣机为代表的“家庭电子化”前期，再到90年代以空调机、微波炉、淋浴器为代表的“家庭电子化”后期，直至目前电脑、住房、家庭轿车又开始成为新的消费热点。一个层次到一个层次的波浪式递进，呈现出明显的周期性规律。在各个阶段，中国居民的消费结构都进行了一定程度的升级换代。

3. 消费行为

受经济条件和文化传统的影响，中国消费者在消费行为中也表现出一些明显的特征，是在中国市场开展营销的企业所必须加以关注的。

（1）消费的滞后性。所谓消费的滞后性主要是指中国的大多数消费者都抱有“量入为出”，即先积累、后消费的意识和习惯。很少有人会倾囊而出地去满足除生存型需求之外的某一方面消费。只要有能力，一般都会储蓄一部分钱以防不测，大多数人都不愿进行借贷消费。“背债”被相当一部分人看作是不光彩的事情。所以中国消费者的实际消费水平往往比他们的消费能力要低得多。现在随着人们思想意识的初步转变，以及某些配套政策的出台，借贷消费的观念已经被一部分城市消费群体所接受，特别是在进行购买住房、汽车等大额消费时，借贷消费的比重正在不断增长。

（2）消费的趋同性。消费趋同的现象在中国消费市场中是很普遍的。我们经常可以看到，在某段时间内，大多数人集中争购某类商品的现象。这种现象主要是由于计划经济时期收入水平和消费水平的平均化所造成的，但也反映了中国“不患寡而患不均”的传统文化意识对其的影响。同时我们可以看到，这种消费趋同性的现象主要表现在对一些流行产品或耐用消费品的购买，在其他商品上表现得并不明显。因此，在中国市场营销活动中应当积极利用这种趋同性，寻找出对周边人能产生重大影响的“意见领袖”，重点开展营销，以期望通过他们去影响周边的消费者，达到事半功倍的效果。

（3）消费的节俭性。节俭历来被中国人认为是一种传统美德，至今仍对中国消费者的购买行为产生着重要的影响。具体表现为：价格仍是许多消费者选择商品的首要标准，不少人宁愿花很多时间去寻找相对便宜的商品，而不愿就近购买相对较贵的商品；人们对基本生活需要的满足要求很低，但却愿意把节省下来的钱去购买昂贵的耐用消费品；会把钱用于一些能显示自身价值的地方，而在不为人知的日常消费中却十分节俭。中国的居民消费率（居民消费总量占 GDP 的比重）只有 46.6%，远低于国外 60%左右的水平。

然而，必须看到中国新一代的年轻人消费观念已经有了很大的改变，八九十年代以后出生的青年人，其消费观念和消费行为已在很大程度上受到了国外，特别是西方发达国家的影响，超前性、个性化的消费特征比较明显，但传统文化对他们中间的大多数人仍然有着重要的影响。中西文化的交融成为这一代人消费行为的主要特征。

第二节　影响购买行为的主要因素

一、消费者购买行为模式

消费者购买行为模式是一个比较复杂的心理反应过程，对消费者购买行为规律进行研究的营销学家认为它主要回答以下一些问题：

形成购买群体的是哪些人？　　→购买者
他们要购买什么商品？　　→购买对象
他们为什么要购买这些商品？　　→购买目的
哪些人参与了购买决策过程？　　→购买组织
他们以什么方式购买？　　→购买方式
他们在什么时候购买？　　→购买时间
他们在哪里购买？　　→购买地点

消费者购买行为研究模式中比较有代表性的是“刺激—反映”模式，见图 3.1。市场营销因素和市场环境因素的刺激将会进入购买者的意识，购买者根据自己的特性处理这些信息，再经过一定的决策过程做出购买决定。

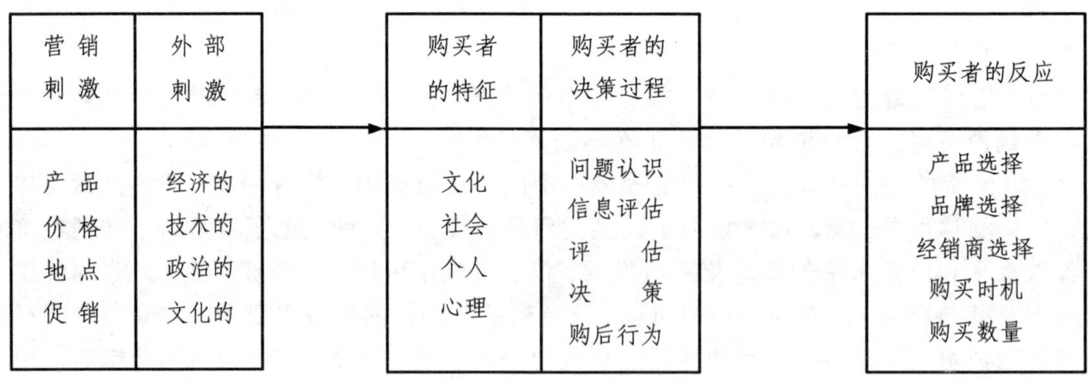

图 3.1　消费者购买行为模式

二、消费者行为的影响因素

研究发现，影响消费者购买行为的非经济因素主要有内外两个方面。从外部来看，主要有：消费者所处的文化环境，消费者所在的社会阶层，消费者所接触的各种社会团体（包括家庭），以及消费者在这些社会团体中的角色和地位等；内部因素则是指消费者的个人因素和心理因素。个人因素包括消费者的性别、年龄、职业、教育、个性、经历与生活方式等，心理因素包括购买动机、对外界刺激的反应方式、学习方式以及态度与信念等。这些因素从不同的角度影响消费者的购买行为模式。

（一）社会文化因素

1. 文化的概念

文化是一个广泛的概念。广义的文化与文明同义，它将社会的经济、政治、科技、法律包含在内；狭义的文化也非仅指人们的文字运用能力和对基本知识的掌握，而是包括语言、文学、艺术、信仰、态度、风俗习惯、教育方式以及社会组织等各方面。这里主要指狭义的文化。

2. 文化的特征

文化作为一种社会氛围和意识形态，无时无刻不在影响着人们的思想和行为，当然也必然影响人们对商品的选择与购买。文化对于人们行为的影响有以下特征：

（1）具有明显的区域属性。生活在不同地理区域的人们，文化特征会有较大的差异，这是由于文化本身也是一定的生产方式和生活方式的产物。同一区域的人们具有基本相同的生产和生活方式，能进行较为频繁的相互交流，故能形成基本相同的文化特征。而不同区域的人们由于生产与生活方式上的差异，交流的机会也比较少，文化特征的差异就比较大。如西方人由于注重个人创造能力发挥，比较崇尚个人的奋斗精神，注重个人自由权的保护；而东方人由于注重集体协作力量的利用，比较讲究团队精神，注重团体利益和领导权威性的保护。这种文化意识往往通过正规的教育和社会环境的潜移默化，自幼就在人们的心目中形成。然而，随着区域间人们交流频率的提高和交流范围的扩大，区域间的文化也会相互影响和相互交融，并可能对区域文化逐步地加以改变。如中国自 20 世纪 80 年代实行改革开放以来，已融入了相当多的西方文化，例如牛仔裤、迪斯科和肯德基快餐，都已成为中国当代文化不可忽略的组成部分。

（2）具有很强的传统属性。首先要注意，文化传统属性中的遗传性是不可忽视的。由于文化影响着教育、道德观念甚至法律等对人们的思想和行为发生深层次影响的社会因素，所以一定的文化特征能够在一定的区域范围内得到长期延续。我们在对某一市场的文化背景进行分析时，一定要重视对传统文化特征的分析和研究。此外，必须注意文化的传统性会引发两种不同的社会效应：一是怀旧复古效应，利用人们对传统文化的依恋，可创造出很多市场机会；二是追新求异效应，这里是指大多数年轻人所追求的效应。这提醒我们在研究文化特征时必须注意多元文化的影响，又可利用这一效应创造出新的市场。

（3）具有间接的影响作用。文化对人们的影响在大多数情况下是间接的，即所谓的“潜移默化”。其往往首先影响人们的生活和工作环境，进而影响人们的行为。如一个在农村长期生活的农民，在家乡时可放任不羁地大声说笑，随地吐痰，进城到某外资企业办事，马上会变得斯斯文文，彬彬有礼。这是由于外资企业的文化环境对其产生了影响。一些企业注意到这一点，会通过改变人们的生活环境来影响人们的消费习惯，这种做法往往十分有效。20 世纪 80 年代中，一些外国家电企业首先在中国举办“卡拉 OK”“家庭演唱大奖赛”之类的民间自娱自乐活动，形成了单位或家庭娱乐的文化氛围，进而在中国成功引进了组合音响、家庭影院等家电产品，这就是利用文化影响间接作用的典型范例。

3. 亚文化

亚文化是指存在于一个较大社会群体中的一些较小社会群体所具有的特色文化。所谓的“特色”表现为语言、信念、价值观、风俗习惯的不同。人类社会的亚文化群主要有三大类。

（1）国籍亚文化群。它是指来源于某个国家的社会群体。在一些移民组成的国家中，国籍亚文化现象尤为明显。例如，在美国等西方国家的大城市里都有“唐人街”，那里集中体现了中国的国籍文化。但是由于“唐人街”是在美国等国家，总体上受其所在国地域文化的影响，所以只能是一种亚文化。

（2）种族亚文化群。这是指由于民族信仰或生活方式不同而形成的特定文化群体。如中国是一个统一的多民族国家，除了占人口90%以上的汉族以外，还有50多个少数民族。由于自然环境和社会环境的差异，不同的少数民族形成不同的亚文化群。这些亚文化群在饮食、服饰、建筑、宗教信仰等方面表现出明显的不同。

（3）地域亚文化群。同一个民族，居住在不同的地区，由于各方面的环境背景不同，也会形成不同的地域亚文化。我国的汉族人口众多，地域辽阔，他们都讲汉语，但各地却有各自的方言。我国北方的语言比较统一，但到了南方，方言就十分复杂。江南人讲吴语，广东人讲粤语，闽南人讲闽南话。各地人在一起，不讲普通话而讲方言，也是无法沟通的。我国各地的饮食文化有着明显差异。西南和北方人喜欢吃辣，江南人偏爱甜味，广东人特别讲究食品新鲜。北方人以面食为主食，南方人则以米饭为主食。

对于亚文化现象的重视和研究能使企业对市场有更为深刻的认识，对于进一步细分市场，有的放矢地开展营销活动具有十分重要的意义。

4. 社会阶层

社会阶层也属于文化的范畴。其主要是由于人们在经济条件、教育程度、职业类型以及社交范围等方面的差异而形成的不同社会群体，并因其社会地位的不同而形成明显的等级差别。美国学者主要根据经济条件的差异对其社会阶层做了七个层次的分类（见表3.1）。

表3.1 美国各社会阶层的划分

社会阶层	主要成员	占人口百分比/%
上上层	老富翁	1
上下层	新富翁	2
中上层	经理专家	12
中中层	白领雇员	32
中下层	蓝领雇员	38
下上层	非熟练工	9
下下层	失业人员	6

这些不同的社会阶层具有明显不同的消费特征。老富翁追求英国贵族式的生活；新富翁喜欢购置豪华的住宅、汽车、汽艇以显示其富有；白领只求体面，不求华丽；蓝领则喜欢光顾折扣商店，二手汽车市场等。

中国在实行计划经济体制时，因经济条件而形成的社会层次并不明显，但社会职业和职务而形成的社会层次同样存在，如工人阶层、农民阶层、干部阶层以及知识分子阶层等。改革开放以后，中国开始走向市场经济，经济条件也逐渐成为形成社会阶层的重要因素。中国也有了百万富翁和亿万富翁，也出现了白领阶层和蓝领阶层。同时，以职业职务、教育程度划分的社会阶层也依然存在，从而使中国的社会阶层划分也变得越来越复杂。中国不同社会阶层的消费习惯与购买行为也有很大差异，其不仅体现在衣着打扮、饮食起居方面，甚至在家庭摆设和兴趣爱好方面也会有明显的不同。

社会阶层作为一种文化特征具有这样一些特点：一是处于同一阶层的人的行为比处于不同阶层的人的行为有更强的类似性；二是当人的社会阶层发生了变化（如工人考上了大学、个体户发展为私营企业家），其行为特征也会随之发生明显变化；三是社会阶层的行为特征受到经济、职业、职务、教育等多种因素的影响，所以根据不同的因素划分，构成的社会阶层会有所不同。因此个人社会阶层的稳定归属要依据对其最具有影响的因素来确定。

社会阶层对人们行为产生影响的心理基础在于人们的等级观和身份观，人们一般会实施同自己的等级、身份相吻合的行为。等级观和身份观又会转化为更具有行为指导意义的价值观、消费观和审美观，从而直接影响人们的消费特征与购买行为。

5. 参考团体

人生活在一定的社会群体之中，其思想和行为不可避免地要受到周围其他人的影响。从主动的意义上讲，人们会经常向周围的人征询决策的参考意见；从被动的意义上讲，人们所处的特定社会群体的行为方式会不知不觉地对其产生引导和同化作用。我们把对人们的行为经常发生影响的社会群体称作“参考团体”。

参考团体一般可以分为三种类型：

（1）成员参考团体。人们从事各种职业，具有不同的信仰和兴趣爱好，因此他们都分属于不同的社会团体。由于社会团体需要协同行为，作为团体的成员的行为就必须同团体的行为目标相一致。各种团体具有不同的性质，因此它们对其成员行为的影响程度也是不同的：军人必须穿着军装，严肃风纪，这是带有强制性的纪律；文艺工作者穿着打扮比较浪漫，比一般人更丰富多彩，其并不是文艺团体对其成员硬性规定的结果，而是一种职业特征的体现；国外有各种球迷协会，其成员佩带共同的标志，经常在某一个咖啡馆聚会，甚至购买某一种共同品牌的商品，这显然是出于自愿的行为。

（2）接触型参考团体。人们能够参加的团体数目是有限的，但是人们接触各种团体的机会却很多，人们都有自己的父母、兄弟、亲戚、朋友、同事、老师、邻居，这些人分属于各种社会团体，人们可以通过他们对各种团体有所接触。接触型参考团体对消费者行为同样会产生一定的影响，如父母从事文艺工作或教育工作，子女从小耳闻目睹爱好文艺，对商品选择具有一定的艺术鉴赏能力，或穿着注意仪表，酷爱读书；某人的亲戚、朋友是医生，受他们的影响，此人的生活也会比较讲究卫生，对食物更注重其所提供的营养；某人的邻居是一位体育工作者，他就有机会更多地了解国内体育市场的发展状况，观看各种体育比赛，甚至受邻居的影响而参加各种体育活动。

（3）向往型的参考团体。除了参与和接触之外，人们还可以通过各种大众媒介了解各种社会团体。所谓向往型团体是指那些与消费者没有任何联系，但对消费者又有很大吸引力的团体。人们通常会向往某一种业务，羡慕某一种生活方式，甚至崇拜某一方面团体的杰出人物。那些对未来充满理想憧憬的青年人，这种向往的心理就显得尤为明显。当这种向往不能成为现实的时候，人们往往会通过模仿来满足这种向往心理。女孩子会模仿歌星、影星；男孩子会模仿著名的运动员；成年人也会模仿某些有影响的人物的发型、服饰和生活环境。向往型团体对消费者的行为影响是间接的，但由于这种影响与消费者的内在渴望相一致，因此效果往往很明显。

6. 家庭

家庭是社会最基本的组织细胞，也是最典型的消费单位。家庭对购买行为的影响主要取决于家庭的规模、家庭的性质（主要指家庭生命周期），以及家庭的购买决策方式等几个方面。

不同规模的家庭有着不同的消费特征与购买方式。三代或四代同堂的大家庭消费的量大，但家庭设备与耐用消费品的数量却不会很多；两口之家或三口之家人虽然不多，但“麻雀虽小，五脏俱全”，对生活质量的要求更高；单身汉的消费方式则别具一格，对商品的要求有其独特之处。一段时期内，某一特定市场上不同规模家庭的比例直接影响产品需求的类型与结构。如中国城镇家庭从 20 世纪 90 年代起随着住房条件的改善，家庭规模出现小型化的发展趋势，进而导致家用电器等耐用消费品的销售量明显上升，而家庭厨房炊具等则出现小型化、精致化的需求。孩子一大群的家庭教育费用并不太多，而独生子女家庭的教育费用却与日俱增。可见，家庭规模的变化会对整个市场带来很大的影响。

【延伸阅读】

家庭的生命周期

家庭也有其发展的生命周期，处于不同周期阶段的家庭，由于家庭性质的差异，其消费与购买行为也有很大的不同。一般来说，家庭的生命周期可划分为八个主要阶段：

（1）单身阶段：已参加工作，独立生活，处于恋爱、择偶时期。处于这一阶段的年轻人几乎没有经济负担，大量的收入主要花费在食品、书籍、时装、社交和娱乐等消费上。

（2）备婚阶段：已确定未婚夫妻关系并积极筹备婚事，处于这一阶段的人们为构筑一个幸福的小家庭，购置成套家具。耐用消费品、高级时装和各种结婚用品、装修新房等成了他们除了工作以外的基本生活内容，从而使此阶段成为家庭生命周期中一个消费相对集中的阶段。应当指出的是，备婚阶段在中国等东方民族比较明显，而在西方国家却不太突出。因为西方人的习惯是婚后才逐步添置家庭生活用品，所以此阶段的消费并不十分集中。在西方营销学的著作中一般不将此单独列为一个阶段。

（3）新婚阶段：已经结婚，但孩子尚未降临人间。这一阶段家庭将继续添置一些应购未购的生活用品，如果经济条件允许，娱乐方面的花费可能增多。

（4）育婴阶段（满巢 1）：有 6 岁以下孩子的家庭。有孩子的家庭才是完整的家庭，故称“满巢”。孩子诞生后将成为家庭消费的重点，因此，此阶段家庭会在哺育婴儿的相关消费上做比较大的投资。

（5）育儿阶段（满巢 2）：有 6 至 18 岁孩子的家庭。孩子初步长大成人，但家庭的主要消费仍在孩子身上。所不同的是，此阶段孩子的教育费用将成为家庭消费的重要组成部分。除学费之外，各种课外的学习与娱乐的开支也会大大增加。

（6）未分阶段（满巢3）：有18岁以上尚未独立生活的子女的家庭。此时子女已经长大成人，但仍同父母住在一起。此阶段，家庭消费的主要特点使家庭的消费中心发生了变化。父母不再将全部消费放在子女身上，也开始注重本身的消费；而子女随着年龄的增大，在消费方面的自主权开始增加；有些子女参加了工作，有了一定的经济来源，消费的独立性会更为明显。

（7）空巢阶段：孩子相继成家，独立生活。这一时期的老年夫妇家庭，由于经济负担减轻，他们的消费数量将减少，消费质量将提高。保健、旅游将成为消费的重点，社交活动也会有所增加。但在中国，一些老人经常会毫不吝啬地将钱花在第三代身上。

（8）鳏寡阶段：夫妻一方先去世，家庭重新回到单人世界，这时最需要的消费是医疗保健、生活服务和老年社交活动。

对家庭生命周期的研究，主要涉及对一个地区或市场的家庭结构与性质的分析，其对于市场总体性质的研究具有十分重要的意义。家庭购买决策的方式对于购买行为的研究同样十分重要，其涉及对购买组织和营销对象的认识。因为各个家庭在进行购买决策时，决策方式会有较大差异。

（二）个人因素

除了文化和社会的差异之外，消费者的个人因素在其购买决策中也发挥着重要的作用。我们可以看到，在相同的社会和文化背景下，消费者的购买行为也存在着相当大的差异。生活在同一个家庭中的姐妹，有的喜欢看书，有的喜欢跳舞；在同一单位工作的同事，有的花钱大方，有的十分节俭。这说明除了文化与社会的因素之外，消费者的个人因素对于其购买行为起着更为明显的作用。个人因素中包含年龄与性别、职业与教育以及个性与生活方式等。

1. 年龄与性别

年龄与性别是消费者最为基本的个人因素，具有较大的共性特征。

如追求时髦的大都是年轻人，因为年轻人热情奔放，喜欢接触新事物；老年人一般比较稳健，不会轻易冲动，但相对也比较保守。

又如男女之间在购买内容和购买方式上的差异特别明显：购买大件耐用消费品及技术含量较高的商品往往由男士出面，而购买家庭日用消费品则多数是女士的专利。夫妇俩逛街时，女士爱看服装与化妆品，男士却关心家用电器设备。购买商品时，大多数男士不挑不选，拿了就走；而大多数女士则要反复挑选，甚至还要讨价还价。

了解不同年龄层次和不同性别消费者的购买特征，才能对于不同的商品和顾客制定准确的营销方案。

2. 职业与教育

职业与教育实际上是社会阶层因素在个人身上的集中反映。从事一定的职业以及受过不同程度教育的人会产生明显的消费行为差异，这主要是角色观念的作用。例如，一个大学生在学校期间喜欢穿运动衫，蹬旅游鞋，背登山包，骑山地自行车，这样显得青春焕发、朝气蓬勃；而毕业以后，进大公司当了白领，立刻就换上了西装革履，夹起了公文包，坐上了出租车，从衣着打扮到言谈举止都发生了很大的变化。这就是因为运动衫、登山包是大学生的身份象征，而西装革履和公文包则是公司白领的角色标志。这是在消费者购买行为中典型的职业与教育的影响。

3. 个性与生活方式

个性是指对人们的行为方式稳定持久地发挥作用的个人素质特征。人的个性在不同场合通过自己的行为表现出来，因此它是消费者行为研究的重要内容。消费者的个性可以从能力、气质、性格三方面进行分析。

（1）能力。消费者在购买商品时需要注意、记忆、分析、比较、检验、鉴别、决策等各种能力。由于个人素质、社会实践、文化教育等方面的不同，各人的能力也有很大差别。这种能力方面的差异，使有些消费者在购买活动上比较自信，能比较迅速地对商品做出评价，从而做出相应的决策；有些消费者则由于能力较差，缺乏主见，对购买犹豫不决，并往往要求助手和“参谋人员”。

（2）气质。心理学认为人们的气质有多血质、胆汁质、黏液质和忧郁质四种。属于多血质的人好动、灵敏，对某一事物的注意和兴趣容易产生，但也容易消失，他们一般喜欢新潮商品，且易受宣传影响；属于胆汁质的人直率、热情、精力充沛，购买商品时愿花时间选择比较；黏液质的消费者冷静、善于思考、自制力强，他们讲究实用，不易受宣传影响；忧郁质消费者多虑谨慎，对新兴商品反应迟钝，购买决策迟缓。

（3）性格。性格与气质既有区别又有共同之处。两者相比较，性格带有更多的社会因素，气质则带有更多的生理色彩，性格更能反映消费者的心理特征。

人们的性格大致可分为五种：① 外向型。具有这类性格的消费者愿意表达自己的要求，喜欢与售货员交谈。② 内向型。内向型消费者少言语，感情不外露，丰富的思想集中于内心。③ 理智型。这类消费者善于思考，做决策时要反复权衡。④ 意志型。这类消费者的特点是比较主观，购买目的明确，决策比较果断。⑤ 情绪型。情绪型的消费者容易冲动，购买商品往往带有浓厚的感情色彩。

人的个性对于人们的生活方式和消费方式会有很大影响，或者说，人的个性往往是通过其生活方式和消费方式而表现出来的。所以，企业往往可以通过对消费者生活方式的调查来了解目标市场消费者的个性特征。日本东京的 **R&D** 调查公司根据他们所做的调查，将人的个性分为四种不同的类型，并以此来分析人的生活欲望与生活方式，具有很强的借鉴意义（如表 3.2 所示）。

表 3.2 个性与生活方式的关系

个性特征	欲望特征	生活方式
活跃好动	改变现状 获得信息 积极创意	不断追求新的生活方式 渴望了解更多的知识和信息 总想做些事情来充实自己
喜欢分享	和睦相处 有归属感 广泛社交	愿与亲朋好友共度好时光 想同其他人一样生活 不放弃任何与他人交往的机会

续表

个性特征	欲望特征	生活方式
追求自由	自我中心 追求个性 甘于寂寞	按自己的意愿生活而不顾及他人 努力与他人有所区别 拥有自己的世界而不愿他人涉足
稳健保守	休闲消遣 注意安全 重视健康	喜欢轻松自在，不求刺激 重视既得利益的保护 注重健康投资

（三）心理因素

消费者的购买行为模式在很大程度上就是建立在其对外界刺激的心理反应基础之上的。我们可以发现，人们之间的心理状况很不相同。这是因为除了天生就有的无条件反射之外，人的绝大多数心理特征都是在其生活经历中逐步形成的。由于人们生活经历的千差万别，所以心理状况也就千变万化，各不相同。这是消费者购买行为十分复杂的重要原因。影响购买行为的心理因素主要包括：动机、认知、学习、态度和信念等几个方面。

1. 动机

动机是一种无法直观的内在力量，它是人们因为某种需要而产生的具有明确目标指向和即时实现愿望的欲求。动机是购买行为的原动力。需要是产生动机的基本原因，但需要并不等于动机，动机有其固有的表现形态。

亚伯拉罕·马斯洛著名的“需求层次理论”说明了需要和动机在不同环境条件下的侧重点是不同的。从基本的生理需要出发，人们首先会产生寻求食物充饥和获得衣物御寒等最基本的动机；而当饥寒问题解决了以后，安全又会成为人们所关心的问题，人们不再会不顾一切地去寻求食物等基本生活资料，即使敢冒风险，也绝不是出于生理的需要，而可能是为了更高层次需求的满足（如为了爱情或事业）；生活有了充分保障的人们又会把社交作为重要的追求，以满足其社会归属感；而有了一定社交圈的人又十分重视他人对自己的尊重，重视在社会上的身份和地位；追求自我价值的实现是最高层次的需要。

弗雷德利克·赫茨伯格的“双因素理论”对于需求动机的研究同样很重要。“双因素理论”认为人们“不满意”的对立面不是“满意”，而是“没有不满意”；同样，“满意”的对立面也不是“不满意”，而是“没有满意”。即“没有不满意”只是人们对所获得的商品和服务的基本要求，但并非其购买的原因和动机，如人们选择到某地旅游是由于该地的宜人景色令人满意，而服务是否周到并非人们选择该旅游点的主要原因。人们不会由于在服务上没有不满意而到一个不能满足其旅游欲望的地方去旅游。

从商业的角度思考，人们的购买动机又可分为两大类型：

一是本能动机。本能动机又称原始动机，它直接产生于本能需要，如“饥思食，渴思饮，困思眠，孤单思伴侣”等。本能动机是基本的，也是低层次的。

二是心理动机。心理动机是人们通过复杂的心理过程形成的动机。心理动机又可以分成三类：

（1）情感类心理动机，是指人们有高兴、愉快、好胜、好奇等情感和情绪，表现在购买动机上常有以下特征：求新——注重新颖，追求时尚；求美——注重造型，讲究格调，追求商品的艺术欣赏价值；求奇——追求出奇制胜，与众不同等。

（2）理智类心理动机，是指经过客观分析形成的心理动机，称为理智型动机。这种理智型购买动机在购买行为上表现为以下几个特点：求实——注重质量，讲究效用；求廉——注重商品的价格；求安全——希望商品使用顺利，有可靠的服务保障。

（3）惠顾类心理动机，是指消费者基于经验和情感，对特定的商品、品牌、商店产生特殊的信任和偏爱，从而引起重复购买的动机。

2. 认知

认知是人们的一种基本心理现象，是人们对外界刺激产生反应的首要过程。人们不会去注意其没有认知的事物，不可能去购买没有认知的商品。只有觉察和注意到某一商品存在，并与自身需要相联系，购买决策才有可能产生。

认知是人的一种内外因素共同作用的过程，取决于两个方面：一是外界的刺激，没有刺激，认知就没有兑现；二是人们的反应，没有反应，刺激就不能发挥作用。然而在实际生活中，真正能使两者完全结合的并不多，原因是人自身能力的局限，对外界刺激的接受只能是有选择的。这种选择性反映在三个方面，即选择性注意、选择性理解和选择性记忆。

（1）选择性注意：人们会倾向注意与当前需要有关的刺激物。

（2）选择性理解：人们对所接受的信息会按自己现有的思想形式和倾向去理解。

（3）选择性记忆：人们会倾向于保留那些能够支持自己态度和信念的信息。

上述认知的过程告诉企业营销者，必须精心设计他们的促销活动，才能突破消费者直觉选择性的壁垒。

3. 学习

消费者的大多数行为都是通过学习获得的，通过学习消费者获得了商品知识和购买经验，并用之于未来的购买行为。

消费者的学习方式大致有以下四种类型：

（1）行为学习。人们在日常生活中，不断学得许多有用的行为，包括干活、读书、与人交往等。作为一个消费者，他要不断学习各种消费行为。行为学习的方式就是模仿。通过模仿，人们学会吃饭、喝水、喝咖啡、听音乐、看电视、用洗衣机洗衣服、唱卡拉OK、跳舞等。模仿的对象是众多的。孩子模仿父母，学生模仿老师，观众模仿影视人物，还有人们之间的相互模仿等。

（2）符号学习。借助外界的宣传教育，人们了解各种符号，如语言、文字、造型、色彩、音乐等的含义，进而通过广告、商标、装潢、标语、招牌与生产商和制造商进行沟通。

（3）解决问题的学习。人们通过思考和见解的不断深化来完成对解决问题方式的学习。思考就是对各种消费行为和各种体现现实世界的符号进行分析，从而形成各种意义的结合。思考的结果便是见解，见解是对问题中各种关系的理解。消费者经常思考如何满足自身的需要，思考的结果常被用于指导消费者行为。

（4）情感的学习。消费者的购买行为带有明显的情感色彩，如偏爱某个公司、某家商店、某种商品或劳务、某个品牌等。偏爱来源于消费者的感受。这种感受包括消费者自身的实践体会和外界的鼓励、支持、劝阻、制裁等因素。消费者这种感受的积累和定型便是情感学习的过程。

4. 态度和信念

消费者的态度是消费者对有关事物的概括性评估,是以持续的赞成或不赞成的方法表现出来的对客观事物的倾向。态度带有浓厚的感情色彩,往往是思考和判断的结果。信念是在态度得到不断强化的基础上所产生的对客观事物的稳定认识和倾向性评价。在信念指导下的行为,往往不再需要进行认真的思考,而是一种惯性。

相对态度而言,信念更为稳定。使消费者建立对自身产品的积极信念应当是企业营销活动的主要目标。而消费者如果对竞争者的产品建立了信念,则会对企业构成很大威胁。从某种程度上讲,建立和改变消费者的信念就是对市场的直接争夺。

企业可采用以下两种策略来建立或改变消费者的态度和信念:

(1)适应策略。适应策略是通过适应消费者的需要来建立消费者的态度和信念,这种策略具体可以通过以下方法实现:① 不断提高产品质量,改进款式,完善售后服务,不间断地做广告,以不断增强现有消费者的积极态度;② 为现有消费者提供新产品、新牌子,以满足他们的要求,从而增加现有消费者对企业的好感;③ 强调现有产品的特点,吸引新顾客;④ 及时了解市场新动向,为新的消费者提供新的产品。

(2)改变策略。改变消费者的态度和信念远比适应消费者的态度和信念困难得多,这种策略的做法主要有:① 突出强调企业产品的优点;② 尽量冲淡产品较弱属性的影响,如可以告诉消费者产品的某些不足并不像他想象得那么严重,而且无伤大局;③ 采取一些必要的补偿措施,如降低价格、发放赠品等使消费者心理得到平衡。

第三节 购买决策过程

消费者的购买决策是一个极为复杂的过程,存在着众多的可变因素和随机因素,只有进行全面分析才有可能把握其中的规律。本节我们将从动态的角度去研究消费者购买决策的方式及其过程。

一、购买行为的类型

不同类型的消费者对于不同类型的商品,其购买决策行为也有很大的差异。如购买一台汽车或一把牙刷,其购买决策行为就会存在很大不同。前者可能要广泛搜集信息,反复比较选择,后者则可能不加思考,随时就可以购买。根据消费者对产品的熟悉程度(需要解决问题的多少)和购买决策的风险大小(很大程度上取决于产品价格的昂贵与否),我们可以将购买行为分成四种类型(见表 3.3)。

1. 复杂型购买行为

该行为主要是对于那些消费者认知度较低,价格昂贵,购买频率不高的大件耐用消费品。由于价格昂贵,购买决策的风险就比较大,购买决策必然比较谨慎;由于消费者对产品不够熟悉，需要搜集的信息比较多，进行选择的时间也比较长。

表 3.3　购买行为的类型

		熟悉程度	
		低	高
购买决策风险	高	复杂型购买行为	选择型购买行为
	低	简单型购买行为	习惯型购买行为

2. 选择型购买行为

该行为同样是对于价格比较昂贵的商品，有较大的购买决策风险，但是由于消费者对于此类商品比较熟悉，知道应当怎样进行选择。因此，在购买决策时无须再对商品的专业知识做进一步的了解，而只要对商品的价格、购买地点以及各种款式进行比较选择就可以了。

3. 简单型购买行为

这是对于某些消费者不太熟悉的新产品。由于价格比较低廉，购买频率也比较高，消费者不会花很大的精力去进行研究和决策，而常常会抱着“不妨买来试一试”的心态来进行购买，所以购买的决策过程相对比较简单。

4. 习惯型购买行为

对于那些消费者比较熟悉而价格比较低廉（通常产品的稳定性也比较好）的产品，消费者会采用习惯性的购买行为，即不加思考地购买自己习惯用的品种、品牌和型号。若无新的强有力的外部吸引力，消费者一般不会轻易改变其固有的购买方式。

了解购买行为的不同类型，有助于企业根据不同的产品和消费者情况去设计和安排其营销计划，知道哪些是应当重点予以推广和宣传的，哪些只需做一般的介绍，以使企业的营销资源得到合理的分配和使用。

二、购买决策的阶段

消费者的购买决策是一个动态发展的过程，复杂性的购买行为一般可将其分为五个阶段（见图 3.2）：确认问题，收集信息，评价方案，做出决策，购买后的感觉和行为，这是一种典型的购买决策过程。其他的购买类型是在此基础上的简化。

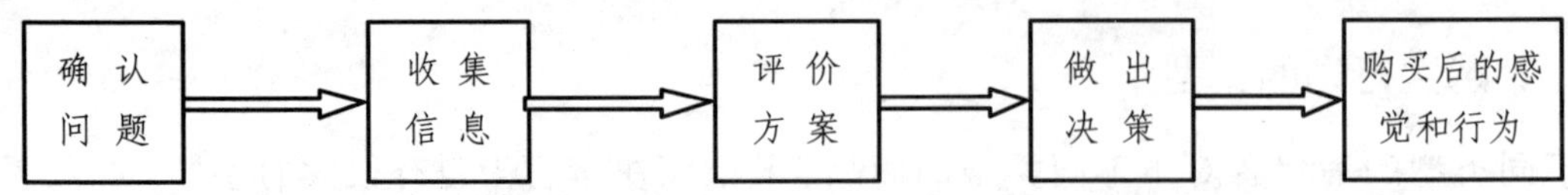

图 3.2　消费者购买决策过程五阶段模式

（一）确认问题

这里的“问题”是指消费者所追求的某种需要的满足。因为需要尚未得到满足，就形成了需要解决的问题。满足的需要到底是什么？希望用什么样的方式来进行满足？想满足到什么程度？这些就是希望解决的问题。确认问题是购买决策的初始阶段，因为消费者只有意识到其有待满足的需要到底是什么，才会发生一系列的购买行为。

需要的满足根据其性质的不同可分为几种不同的类型，如按照问题的紧迫性和可预见性两个指标可将需求满足的问题划分为以下四种类型：

1. 日常问题

日常问题属预料之中但需要立即解决的问题。事实上消费者经常面临大量的日常问题，如主副食品、牙刷牙膏、毛巾肥皂等天天要消费，经常要购买的问题。在解决日常问题时，消费者的购买决策一般都比较简单，而且容易形成品牌忠诚性和习惯性的购买。但是，如果消费者感到前一次购买的商品不能令人满意，或发现了更好的替代品，他也会改变购买商品的品牌或品种。

2. 紧急问题

紧急问题是突发性的，而且必须立即解决。如自行车轮胎爆破，眼镜镜片失手打碎，钢笔遗失等。紧急问题若不立即解决，正常生活次序将被打乱。紧急问题一般难以从容解决。这时消费者首先考虑的是如何尽快买到所适用的商品，而对商品的品牌，销售的商店，甚至商品的价格都不会进行认真的选择和提出很高的要求。

3. 计划解决的问题

预期中要发生，但不必立即解决的问题便是计划解决的问题。计划解决的问题大多数发生在对价值较高的耐用消费品的购买，如一对开始筹备婚事的恋人准备年内购买一套家具，一个已有黑白电视机的家庭准备一年后购买一台彩电等。对于计划解决的问题，消费者从认识到实际解决的时间比较长，因而对于这种类型的购买活动，消费者一般都考虑得比较周密，收集信息和比较方案的过程都比较完善。

4. 逐步解决的问题

逐步解决的问题指的是既非预期之中，也无需立即解决的问题。它实际是消费者潜在的有待满足的需求。例如，一种新面料的服装出现在市场上，大部分消费者不必立即购买它，当然也无需计划过多长时间去购买它。然而随着时间推移，这种面料的服装的优点日益显示出来，这时购买者便会逐渐增多。一旦该种面料的服装得到社会的充分肯定，原先逐步解决的问题很可能就演变成日常问题或计划解决的问题。

（二）收集信息

消费者一旦对所需要解决的需要满足问题进行了确认，便会着手进行有关信息的收集。所谓收集信息通俗地讲就是寻找和分析与满足需要有关的商品和服务的资料。

消费者一般会通过以下几种途径去获取其所需要的信息：一是个人来源，主要是家庭、朋友、邻居、熟人；二是商业来源，主要是广告、推销员、经销商、包装、展览；三是公共来源，主要是大众传播媒体、消费者评价机构；四是经验来源，主要是自己对产品的检查、比较和使用。

消费者所要收集的信息主要有以下三方面内容：

（1）恰当的评估标准。例如，某消费者欲购买一块手表，他首先要确定自己所要购买的手表应具有哪些特征。这些特征便是评估的标准。消费者一般先根据自己的经验判断一块理想的手表应具备哪些特征。一旦他感到自己经验有限，就会向朋友打听、查阅报纸杂志或向销售人员征询。

（2）已经存在的各种解决问题的方法。如目前有多少种手表在市场上出售。

（3）各种解决问题的方法所具备的特征。如目前市场上各种手表的款式、功能、厂牌信誉、价格等方面情况。

消费者所面临的可解决其需要满足问题的信息众多，他们一般会对各种信息进行逐步筛选，直至从中找到最为适宜的解决问题的方法。消费者一般不可能收集到有关产品的全部信息，他们只能在其知晓的范围内进行选择；而对于其所知晓的信息进行比较筛选后，会挑出其中一部分进行认真的选择；最终又会在它们中间选出两三个进行最后的抉择，直至做出购买决策。在这个逐步筛选的过程中，每进入一个新的阶段都需要进一步收集有关产品更为详细的资料和信息。如果某一产品在这一选择过程中被首先淘汰，除其不适应消费者的需要之外，很大程度上是由于所提供的信息资料不够充分。因此，积极向消费者提供产品和服务的有关资料在消费者收集信息阶段十分重要。

（三）评价方案

消费者在充分收集了各种相关信息之后，就会进入购买方案的选择和评价阶段。该阶段，消费者需要对所收集到的各种信息进行整理，形成不同的购买方案，然后按照一定的评估标准进行评价和选择。

根据消费者进行评价和选择的标准和方法的不同，评价方案的阶段会有以下四种情况：

1. 单因素独立评价

单因素独立评价原则就是消费者只用一个评估标准为依据挑选商品（或品牌）。例如，某些消费者选择某一商品时可能会以价格作为唯一的评估标准，在所有同类商品中购买最便宜的一种。实际上商品成千上万，消费者个性及环境差异也很大，因此在具体进行单因素独立评价的过程中，形式是多种多样的。不同的消费者对同种商品会采用不同的评估标准，同一个消费者对不同的消费品也会采用不同的评估标准。单因素独立评价是一种绝对的形式，实践中并不多见。

2. 多因素联合评价

多因素联合评价原则就是指消费者在购买商品时同时考虑该商品各方面的特征，并规定各个特征所具备的最低标准。例如，消费者购买耐用消费品时要考虑它的价格、款式、功能、操作方式、售后服务；购买和租赁房屋时要考虑房屋的价格、结构、地段、层次、朝向、内部设备等。

3. 排除式评价

排除式评价原则就是消费者在选择商品时逐步排除那些不具备最低要求的品牌。例如，消费者购买服装首先考虑知名度高的商品，杂牌的服装不在考虑之列；其次预定价格的大致范围，超出这一范围不予考虑；再次是款式；最后是色彩，等等，依此类推。消费者会不断地把不符合其基本指标的商品一一排除，直到满意为止。但采用这种评价方法的消费者往往会发现，最后没有一件商品能使其满意，于是放弃购买，或是修改标准，重新选择。

4. 互补式评价

互补式评价原则与上述四种原则完全不同。它不是根据几个因素决定取舍，也不是按照最低标准决定取舍，它是纵观商品的各种特性，取长补短，综合利用，在考虑信息集或选择信息集中挑选一个最满意的商品。如果可以给各个商品的各个评估标准分别打分的话，互补式评价可以总分最高作为购买方案选择的原则。

（四）做出决策

1. 实施购买前的决策

消费者在进行了评价和选择之后，就形成了购买意图，最终进入做出购买决策和实施购买的阶段。但是，在形成购买意图和做出购买决策之间，仍有一些不确定的因素存在，会使消费者临时改变其购买决策。这些因素主要来自两方面：一是他人的态度；二是意料之外的变故。

（1）其他人如果在消费者准备进行购买时提出反对意见或提出了更有吸引力的建议，有可能使消费者推迟购买或放弃购买。他人态度影响力的大小主要取决于两点：反对的强烈程度以及其在消费者心目中的地位。反对得越强烈，或其在消费者心目中的地位越重要，其对消费者购买决策的影响力也就越大；反之，就比较小。

（2）在消费者准备进行购买时所出现的一些意外变故也可能使消费者改变或放弃购买决策。如消费者家中突然有人生重病，需要大量治疗费用；消费者突然失去工作或稳定的收入来源等，都是一些可能改变消费者购买决策的突变因素。

影响消费者进行最终购买决策的根本问题是消费者对购买风险的预期，如果消费者认为购买之后会给其带来某些不利的影响，而且难以挽回，消费者改变或推迟购买的可能性就比较大。所以，企业必须设法降低消费者的预期购买风险，这样就可能促使消费者做出最终的购买决策。

2. 实施购买时的决策

在消费者决定进行购买以后，他还会在实施购买的问题上进行一些决策，大体上包括五个方面：

（1）商店决策：到哪里去购买。

（2）数量决策：要购买多少。

（3）时间决策：什么时候去购买。

（4）品种决策：购买哪种款式、颜色和规格。

（5）支付方式决策：现金、支票或分期付款。

（五）购买后的感觉和行为

消费者购买了商品并不意味着购买行为过程的结束，因为其对于所购买的商品是否满意，以及会采取怎样的行为对于企业目前和以后的经营活动都会产生很大的影响，所以收集消费者买后的感觉和行为并采取相应的营销策略同样是很重要的。

满意还是不满意是消费者购买商品之后最主要的感觉，其买后的所有行为都是基于这两种不同的感觉。而满意还是不满意一方面取决于其所购买的商品是否同其预期的欲望（理想产品）相一致，若符合或接近其预期欲望，消费者就比较满意，否则就会感到不满意；另一方面则取决于他人对其购买商品的评价，若周围的人对其购买的商品持肯定意见的多，消费者就会感到比较满意，持否定意见的多，即使他原来认为比较满意的，也可能转为不满意。

感到满意的消费者在行为方面会有两种情况：一种是向他人进行宣传和推荐；另一种是不进行宣传。当然，消费者能够对企业的产品进行积极的宣传是最为理想的，企业要设法促使消费者去这样做。

感到不满意的消费者行为比较复杂，有采取行动和不采取行动之分。一般而言，若不满意的程度较低或商品的价值不大，消费者有可能不采取任何行动，但是如果不满意的程度较高或商品的价值较大，消费者一般都会采取相应的行动。

不满意的消费者所采取的一种可能的做法是采取个人行为，如到商店要求对商品进行退换，将不满意的情况告诉亲戚朋友，以后再也不购买此种品牌或此家企业的商品等。消费者的个人行为虽然对企业有影响，但是影响的程度相对小一些。消费者另一种可能的做法就是将其不满意的情况诉诸公众，如向消费者协会投诉，向新闻媒体披露，甚至告上法庭。这样的行为就会给企业造成较大的损失，企业应当尽可能避免这样的情况出现。

事实上，即使出现消费者不满意的情况，企业若能妥善处理，也能够使消费者转怒为喜。如妥善处理好退换商品的工作，耐心听取消费者的意见并诚恳道歉，公开采取积极的改进措施，在必要的情况下，主动对消费者进行赔偿等。

现代营销观念认为，稳定的市场份额比高额的利润更为重要，所以认真对待消费者买后的态度和行为是企业营销活动中间的重要一环。

【思考题】

1. 为什么说购买者行为模式从根本上讲是一种“认识—刺激—反应”模式？

2. 影响消费者购买行为的主要因素有哪些？举例说明这些因素对购买决策行为的影响。

3. 购买决策一般要经过哪几个主要阶段？为什么说“银货两讫”后购买行为过程并没有结束？

【实训题】

资料一：几则广告语

1. 雀巢咖啡，味道好极了

中国人喝不惯咖啡，味道好的咖啡象征的是西方的生活方式。雀巢电视广告编织着新生活的蓝图：现代化的小家庭，丈夫事业成功，妻子温柔可人，如细雨般滋润着经历了“文化大革命”人们干涸的心灵。后来，这句广告语被无数次地引用过，有时调侃，有时赞美，简直成了一种象征。广告要打动消费者，先要了解他们。雀巢没有简单地打广告“世界销量第一”（当时可能也很有效），而是深入研究中国本地社会文化背景，创造了中国广告史上的经典。

2. 让我们做得更好（飞利浦）

飞利浦的产品从灯泡到彩电，从熨斗到手机，无所不包。他们需要良好的公司形象来提升产品。“让我们做得更好。”这是飞利浦公司全球推行的广告口号，中国人同样被深深打动，甚至已经超越公司和产品，成为一条人生的准则。

3. 人类失去联想，世界将会怎样

印象中企业形象广告中的好广告语都出自国外大企业，只有这一次，中国 IT 业巨头“联想”拿出了绝对原创而又气势不凡的广告语。“人类失去联想，世界将会怎样”是个双关语，说明想象力对人的重要性，在一个工业化时代可谓切中时弊；暗说联想集团的重要性——中国 IT 界、中国企业界不能没有联想，气势之大令人肃然起敬。

4. 喝了娃哈哈，吃饭就是香（娃哈哈）

最精彩的是“就是”这两个字，有一种孩子气的武断和执著，于是很多小孩都学会了，整天在父母耳边念叨，娃哈哈还能不畅销吗？

5. JUST DO IT（耐克）

没有中文，只有英文，耐克的消费者——那些中国年轻人都背得出这句话，都明白这是什么意思。“尽管去做”，成为全球新一代年轻人共同的文化。世界各地的文化有差异，也有趋同，广告不能拘泥于地域性、民族性。耐克，成功地塑造了全球年轻人共同的品牌。

讨论问题：试分析上述几则广告语是怎样抓住消费者心理并影响消费者行为的。

资料二：“丽卡娃娃”的营销术

“丽卡娃娃，本名香山丽卡。5 月 3 日生，血型 O；小学五年级女生。成绩中上，喜欢上语文课和音乐课，母亲从事服装设计，父亲是法国人，经常去国外旅行演出……”其实所谓“丽卡娃娃”，并非真人，而是日本宝物玩具公司 1967 年推出的一种新型玩具娃娃。经营者别出心裁地给她编了上述身世，就使这个玩具有了生命，如同真人一般。

20 世纪 60 年代中期，日本宝物玩具公司推出了“丽卡娃娃”。这种玩具娃娃有一点极为与众不同——由于该公司考虑到顾客不可能连续买多个“丽卡娃娃”，于是他们杜撰出了不同的“丽卡”简历，分别配套推出了每个娃娃的“父母”和“朋友”，为每一个娃娃塑造出一种生动的家庭背景和气氛。同时，他们还开展了替换服装的配套服务，并为小朋友安排了一系列免费参观和游艺活动。由此，宝物公司紧紧抓住了一批又一批小朋友的心，使“丽卡娃娃”30 年来在日本玩具销售中一直雄居榜首。

讨论问题：试分析“丽卡娃娃”长期销售不衰的原因。

第四章 组织市场及其购买行为分析

【导入案例】

对生产者市场推销失败的原因

推销员李×销售一种安装在发电设备上的仪表，工作非常努力，不辞劳苦地四处奔波，但是收效甚微。您能从他的推销过程找出原因吗？

（1）李×得悉某发电厂需要仪表，就找到该厂的采购部人员详细介绍产品，经常请他们共同进餐和娱乐，双方关系相当融洽，采购人员也答应购买，却总是一拖再拖，始终不见付诸行动。李×很灰心，却不知原因何在。

（2）在一次推销中，李×向发电厂的技术人员介绍说，这是一种新发明的先进仪表。技术人员请他提供详细技术资料并与现有同类产品做一个对比。可是他所带资料不全，只是根据记忆做了大致介绍，对现有同类产品和竞争者的情况也不太清楚。

（3）李×向发电厂的采购部经理介绍现有的各种仪表，采购部经理认为都不太适合本厂使用，说如果能在性能方面做些小的改进就有可能购买。但是李×反复强调本厂的仪表性能优异，认为对方提出的问题无关紧要，劝说对方立刻购买。

（4）某发电厂是李×所在公司的长期客户，需购仪表时就直接发传真通知送货。该电厂原先由别的推销员负责销售业务，后来转由李×负责。李×接手后采用许多方法与该公司的采购人员和技术人员建立了密切关系。一次，发电厂的技术人员反映有一台新购的仪表有质量问题，要求给予调换。李×当时正在忙着同另一个重要的客户洽谈业务，拖了几天才处理这件事情，认为凭着双方的密切关系，发电厂的技术人员不会介意。可是那家发电厂以后购买仪表时，又转向其他供应商。

（5）李×去一家小型发电厂推销一种受到较多用户欢迎的优质高价仪表，可是说破了嘴皮，对方依然不为所动。

（6）某发电厂同时购买了李×公司的仪表和另一品牌的仪表，技术人员、采购人员和使用人员在使用两年以后对两种品牌进行绩效评价，列举事实说明李×公司的仪表耐用性不如那个竞争性品牌。李×听后认为事实如此，无话可说，听凭该电厂终止了同本公司的生意关系而转向竞争者购买。

第一节 组织市场的类型与特点

组织市场，就是指各类企业、各级政府部门和各类社会团体为生产经营或机构消费而购买商品和服务的市场。从购买目的看，消费者市场注重的是个人与家庭生活需要的满足，组织消费者注重的是自身的盈利或组织绩效；从购买的主体看，消费者市场是个人与家庭，而组织市场是企业、单位和政府；从购买力看，消费者市场的购买力远不如组织市场。从身份看，消费者市场的购买者是纯粹的消费者，而组织市场的购买者既是消费者，又是生产者或供应者。基于此，组织市场与消费者市场必然存在着很多不同之处。作为组织营销商，只有深入了解组织购买者的购买决策与影响组织市场购买行为的主要因素，才能更好地满足这部分市场的需要。

一、组织市场的类型

1. 产业市场

产业市场又叫生产者市场或企业市场，是指购买产品和服务用于制造其他产品或向社会提供其他服务的组织和个人，主要由各种营利性的工业、农业和服务业买主构成，包括农业、林业、水产业、制造业、通信业、金融业等。

2. 中间商市场

中间商市场是由各种批发商、零售商和代理商组成，它们购买产品和服务是为了将其再转卖或租赁出去以获取利润，故也称转卖者市场。中间商为其顾客充当采购代理人的角色，购买各种产品转售给顾客。

3. 非营利市场

非营利市场是由各级政府、军队、监狱、学校、医院、图书馆等各类机构组成，它们购买产品和服务是为了满足社会公共需要或在某方面的需求，实现全社会的稳定和进步。非营利性市场又可以分为政府市场、社会团体市场等。政府市场包括各级政府及所属机构和政府给予一定财政补贴的各事业单位等。社会团体市场，主要是指各种非营利性的协会组织、基金会等。组织市场是由产业市场、中间商市场及以政府为代表的非营利性组织市场共同组成。

二、组织市场的特点

1. 需求具有派生性

组织需求是一种派生需求。组织机构购买产品是为了满足其组织机构自身对产品的需要，归根结底是从消费者对消费品的需求中派生出来的。也就是说，组织市场的需求是基于原始的消费需求而派生出来的。组织市场的需求品种、数量、时间最终由消费者市场需求的品种、数量、时间决定。

2. 购买专业性强，采取直接购买

组织机构在购买那些单价高、技术要求复杂的设备及大批量连续供货的零部件等商品时对技术要求、维修服务、零配件供应、专业人员等方面要求较高，专业性较强，购买量大，用户相对集中，生产者通常向其生产厂家直接订货，而不通过中间商进行采购。

3. 订单规模较大

尽管组织市场购买者的数量有限，但每张订单的规模都会较大，通常少数几家厂商的购买量就占了市场份额的大部分。有时一张订单就能让一个企业生产几个月甚至更长的时

间。这方面，原料或零部件等生产企业表现得更加突出。

4. 买卖关系密切

由于购买者数量较少，而订单较大，所以供应商必须密切注意与其顾客之间的配合，甚至会按照顾客的特定需要来提供产品与服务。因此，在组织市场中，供应商与顾客间的买卖关系通常是较密切的。一旦双方确定合作关系，就会形成一个相对稳定的局面。

5. 需求弹性较小

组织市场对许多产品和服务的需求受价格变动的影响较小，短期需求更是如此，呈现出明显的“刚性”。因为对某个行业来说，社会对其所生产产品的需求具有相对稳定性，当该产业所需的设备、零部件或原材料的价格发生变化时，社会对该产业的需求一般不会随之变化，除非价格发生较大变动，进而影响到最终消费需求。

第二节　生产者市场的购买行为

一、生产者的购买类型

根据购买情况的复杂程度，生产者的购买类型主要有三类：全新采购、修正再购和直接再购。这三种购买类型的特征如表 4.1 所示。

表 4.1　生产者的购买类型

特　征	全新采购	修正再购	直接再购
决策参与者	多	较多	少
决策过程	复杂	中等	简单
决策内容	多	较少	少
决策时间	长	中等	短
信息需求量	大	较大	较小
信任度	低	较高	高
风险	高	较低	低
频率	低	中等	高

1. 全新采购

全新采购是指生产者用户初次购买某种产品或服务。这是最复杂的购买类型。这类购买通常出现在新企业、新项目的初始采购阶段。全新采购有的涉及资金较多（如办公大楼、大型生产设备或计算机系统等），有的对后续采购会产生较大影响，因此，生产者都会非常慎重。一般情况下，全新采购的决策参与者人数多，需要了解、掌握的各种相关信息多，决策内容多（如产品的规格、购买数量、价格范围等），决策过程最为复杂，花费的时间最长。

2. 修正再购

修正再购是指产业购买者的采购部门为更好地完成采购任务，就产品规格、价格、发货条件及其他方面进行适当调整。用户会与原先的供应商协商新的供货协议甚至更换供应商。与全新采购相比，修正再购涉及较少的决策参与者，决策难度较小，决策过程较短。

3. 直接再购

直接再购指生产者用户的采购部门按照过去的订货目录和基本要求继续向原先的供应商购买产品。这是最简单的购买类型。直接再购的产品主要是原材料、零配件和劳保用品等，当库存量低于规定水平时，就要续购。采购部门对以往的所有供应商加以评估，选择感到满意的作为直接再购的供应商。

入选直接再购名单的供应商应尽力保持产品质量和服务质量，提高采购者的满意程度。落选的供应商应尝试提供新产品和满意的服务，以便促使采购者修正再购计划。

在上述购买行为类型中，全新采购最为复杂，通常要对供应商的实力和信誉进行判断，对产品规格、价格幅度、交货条件和时间、服务条件、支付条件、订购数量等进行决策，才能完成新购这种购买行为。修正再购次之，根据修正原因，考虑各种因素做出购买决策。直接再购最简单，只要根据使用效果的反馈和评价做出决策就可以了。生产者在全新采购和不断修正再购的基础上总结经验，会逐步趋于直接再购。

【小案例】

重型汽车用户购买行为类型

按用户购买动机和个性特点，可以将用户的购买行为区分为如下四类：

1. 理智型购买行为

这是指经过冷静思考，而非凭感情所采取的购买行动。它是从产品长期使用的角度出发，经过一系列深思熟虑之后才做出的购买决定。一般来说，用户在做出此种购买决定前，通常都仔细考虑下列问题：

（1）价格是否合适。感情型的购买用户对价格的高低不甚考虑，理智型的购买用户则很重视价格。这些用户虽然急需购买重型汽车或觉得某重型汽车很实用，但往往要进行一定的质价比较，或期望降价后再购买。

（2）使用成本高低。购买者不仅要考虑购买车辆本身所付出的代价，而且还要考虑这些车辆在使用中的开支是否合算。如汽车的节油省油性、维修成本、配件价格等。

（3）车辆可靠性、故障率及维修服务成本。购买者对可靠性的判断：一是看新车型还是老车型，是名牌还是杂牌；二看新产品质量是否过关，老产品或名牌是否口碑下降。对于损坏或故障频率：一看产品本身，是否容易损坏，是否会经常出现故障；二看不同品牌，如名牌故障就少，杂牌故障就多。此外，维修服务价格也很受关注，如果买得起而修不起，消费者也就不买了。

2. 感情型购买行为

这是指出于感情上的理由，即基于感情动机而产生的购买行动。引起感情购买动机的主要因素是感觉上的感染力，这是指汽车商品能在人们的感官上产生魅力，从而使购买者产生购买念头。如精美的驾驶室外形、时尚的造型、具有视觉冲击力的色彩都会为商品的销售产生影响。

3. 习惯型购买行为

这是指有的用户，对某些重型汽车产品往往只偏爱其中一种或数种品牌，购买时，多数习惯于选取自己熟知的品牌。因此，作为企业，就应针对这一类型的消费者，努力提高产品质量，加强广告宣传，创名牌、保名牌，在消费者心中树立良好的企业形象，使其成为消费者偏爱习惯购买的对象。

4. 经济型购买行为

经济型购买行为从模式上看与理智型购买行为相类似，其实完全不同。理智型的购买，虽然价格高低也是一种决定因素，却是经过性价比等比较，看是否值得买。而经济型的购买行为，则特别重视价格，专选廉价的买。针对这种情况，企业应适应市场的需要，生产或经营一定的经济实惠车型，以满足这些人的需求。

二、影响生产者购买决策的主要因素

一般而言，影响组织购买决策的因素可分为四大类，包括环境因素、组织因素、人际因素和个人因素。

1. 环境因素

环境因素是影响产业购买行为的重要外部因素，包括各种宏观营销环境。环境的变化常会带来新的购买机会或形成威胁。通常情况下，经济环境对生产者的影响最为直接。生产者的购买行为在很大程度上受到当前经济环境和预期经济环境的影响，如社会的平均需求水平、经济发展前景等。经济萧条时，整个社会的投资普遍减少，生产者会暂停对厂房、设备的新投资，并降低库存，常导致营销人员的销售很难实现。除经济因素外，生产者市场还会受到资源供应、技术进步、政策法规、竞争环境、文化习俗以及生态环境的影响。例如，一些污染严重的生产者被动购买污染处理设施，或者被动搬迁，或是关停并转。营销人员应随时注意这些环境因素的变动，把握时机，顺应环境变化，及时调整策略，将问题或威胁转变为机会。

2. 组织因素

除外部环境因素外，组织内部的因素也在一定程度上影响着生产者的购买行为。每一个生产者都有自己的目标、政策、程序、结构，营销人员必须尽可能多地掌握这些相关情况，从而了解和确定购买决策参与人员的组成、组织对采购人员的政策和限制等。这些组织因素对组织的购买决策常有很大的影响力，营销人员应尽可能地去了解这些组织因素，做到有的放矢。

此外，组织制度的变化、组织结构的调整等都会影响生产者的购买，如在设有多个事业部的产业组织里，可以由各事业部分别行使采购权，也可以由总部统一集中采购，上述两种不同情况对产业营销人员的营销策略产生直接影响。

3. 人际因素

人际因素是指采购中心成员间的关系。购买组织通常有多位成员，他们的地位、权威和彼此间的关系各不相同，互相影响，营销人员应尽可能地去了解组织购买过程中所产生的群体结构。在很多情况下，并非地位最高的购买中心成员最具决策影响力。某些成员拥有较大影响力的原因可能是因为他们拥有奖赏权或惩罚权，或因为他们较讨人喜欢，或因为他们对购买决策有关的事项拥有专业知识，或因为和公司的高层经理有“裙带”关系。这种人际关系因素非常微妙，营销人员了解得越深入，把握得越准确，对营销越有帮助。

4. 个人因素

个人因素是指购买组织成员的个人特征，包括年龄、收入、教育水准、工作职位和人格等。个人因素对产业购买的影响也不可低估，尽管产业购买相对于消费者购买更为专业与理性，但由于购买组织由多个感性的人组成，个人的情感因素将不可避免地体现在购买决策和购买行为中。不同的采购人员常有不同的采购风格，例如某些年纪轻、教育水准较高的采购者，通常在选择供应商之前会做较多深入的分析；有些采购人员喜欢让供应商互相杀价；有些采购人员则只因供应商品质下降或无法准时交货，就断然采取惩罚行动。营销人员如能了解这些个人因素的影响，根据不同购买人员的特征和偏好，采取不同的做法，就可在组织市场中争取有利的竞争地位。在多个供应商的情况接近时，采购人员的个人情感因素对产业购买的影响尤为显著。

综上所述，影响产业购买者的因素复杂多样，在上述因素中，经济因素的影响最为重要，其次是个人情感因素。营销人员必须了解和掌握环境的变化及其对生产者的购买行为可能产生的影响，并结合产业顾客的组织状况、人际状况和购买参与者的个人特点，及时调整自己的营销方案。

三、生产者购买决策过程

购买行为本身其实很简单，买者出资，卖者供货，钱货两清，购买结束。购买决策却要经历复杂的过程，为什么要买？购买什么？购买谁的？购买多少？何时购买？如何购买？如何结算？买得值吗？在解决上述问题的过程中，生产者要明确其对产品的需求，寻找可能的供货来源，筛选品牌与供应商，最后完成购买。

全新购买类型购买步骤最为完整，主要经历以下几个阶段：

1. 发现需要

这是生产者用户购买决策的起点，即生产者意识到对某种产品或服务的需求。产生这种需求的原因来源于两方面：一是企业内部，如拓展新业务所需，生产新产品所需，技术改造设备所需，库存下降所需等；二是企业外部，如广告、展销会中出现新的所需产品介绍，客户提出新的要求，竞争对手推出新产品等。营销人员可利用广告、拜访潜在客户等方式来引发这种需要。

2. 确认需要

这是指在发现需求后进一步明确所需产品的数量及各项性能。相对而言，标准化产品的需求较易确定，涉及复杂产品的购买时，采购人员应与技术人员和实际使用者共同研究确定产品的一般特征。他们将设定可靠度、耐用性、价格及其他产品属性的重要性。营销人员可以在此阶段协助购买者，为购买者提供各种参考准则。

3. 说明需求

这是指通过技术说明书对所需产品进行详细描述，其工作主要是确定产品的技术规格，一般需要专家小组进行价值分析。价值分析方法是指通过产品属性的审慎研究来决定是否能重新设计、标准化或以较便宜的生产方法来制造。目的是耗费最少的资源成本取得最大的功能，以提高经营效益。在价值分析的基础上，由专家小组负责撰写所需产品的技术说明书，确定所需产品的最佳技术特征，以此作为采购人员参考的标准。

4. 物色供应商

这是指采购人员根据产品技术说明书的要求寻找合适的供应商。寻找供应商的途径多种多样，如计算机查询、电话查询、商业目录查询等，在此基础上，列出一份合格供应商的名单。随着计算机技术的发展和网络的普及，越来越多的产业购买者通过国际互联网来寻找供应商。如果购买者的购买项目复杂或技术含量高，寻找供应商所花的时间就较多。如果是供应商，最好把公司名字列在尽可能多的商业目录上，争取更多的被查询机会。同时，还可以充分利用网络优势，建立商业网站，利用电子商务在线销售。

5. 筛选供应商

这是指购买者对供应商进行比较选优的阶段。产业购买者会先进行初选，请合格的供应商提供具体的产品目录和价目表，并描述其产品在质量、性能、规格、技术、销售、服务等方面的详细情况，技术复杂且价格昂贵的产品还要求提交内容详尽的书面材料。然后，对比较满意的供应商，通过列表在产品质量、技术服务、交货及时性、价格竞争性、企业信誉等方面进一步地评估，在做出最终选择之前，购买中心还可能与选中的供应商就价格或其他条款进行谈判。

6. 签订合约

在选定供应商后，供求双方要正式签订合同或订单，并在其中详细规定交货数量、技术规格、交货时间、付款（退款）保证、付款方式等具体细节。现在，越来越多的产业购买者更愿意签订保证长期合作的一揽子合同。采购方的计算机会在购买者缺货时自动向卖方发出订货信息，供应商则根据事先约定，按照采购企业的要求，以双方商定的价格随时重复供货。这种供货方式是互利的，对采购方来说，最大的好处是可以减少库存，节约成本。对供应方来说，只要保证产品的质量、价格和服务，就可以保证稳定的销售额。

7. 实施购买

采购人员按照合同实际进行采购，验收入库。

8. 购后评价

产品购进使用后，采购部门将与使用部门保持联系，了解该产品使用情况满意与否，并考察比较各供应商的履约情况，决定对供应商的取舍。修正再购或直接再购并不需要如此完整的步骤，尤其是直接再购时，购买者往往只需调整购买时间和数量，其余步骤均可简化。总之，产业市场的购买过程比消费者市场要复杂得多，企业营销人员对买方企业内采购工作流程有详细的了解后才能有的放矢。

第三节　中间商市场的购买行为

一、中间商市场的特点

中间商市场是指为批发商和零售商销售提供转卖之用的商品和服务的市场，也称再卖者市场、转卖者市场和转售市场，是组织市场的一个重要组成部分。同其他市场相比，中间商市场具有如下特点：

（1）购买者数目较多，供应范围比较广泛。批发商和零售商组成中间商市场，其数目多于生产者、少于消费者，地理分布也较消费者市场集中、较生产者市场分散。

（2）中间商对商品的需求属于引发需求。中间商对商品的需求是由消费者对商品的需求引发而来的，所购商品的品种、花色、规格、数量、价格等要受到消费者需求的影响和制约。

（3）购买商品讲究组合配置。中间商进货时，要求品种齐全、花色丰富，以满足消费者的多样化需求，提高他们的购买效益。

（4）对交货期、信贷条件等要求较高。中间商购买商品的目的是再销售并从中获利，为了抓住有利的销售时机，减少商品滞销积压的风险，加快资金周转，对交货期限和信贷条件等要求较严。

二、影响中间商购买行为的主要因素

中间商作为组织购买者之一，其购买行为也要受到环境因素、组织因素、集团因素和个人因素的影响。但是，中间商的营销目标、营销活动内容、购买决策及购买行为又有自己的特点，在制定购买决策、采取购买行为时，还要受到以下因素的制约：

（1）购买者需求。为他人购买是中间商的一个显著特点，因此，中间商购买什么、购买多少、以什么价格购买，都必须考虑其购买者——消费者个人及家庭、生产企业的需求和愿望，按照他们的需求和愿望制定购买决策。

（2）存货管理。储存是中间商的基本职能之一，储存什么、储存多少是影响中间商购买行为的一个重要因素。

（3）供应商的策略。中间商购买商品是为转售他人，供应商的策略、供货条件、价格折让、运费折让、促销津贴等与其商品转售有直接关系，因而影响中间商的购买决策。

三、中间商的购买决策

中间商的购买决策主要有以下几项：

1. 选择购买的商品并编配组合

中间商的商品编配组合，既是其营销特色的集中体现，又是吸引顾客的最主要内容，因此，对企业经销的商品进行合理的编配，是中间商最基本、最重要的购买决策。

一般而言，中间商可采取的商品编配组合有以下四种：

（1）独家编配，即中间商只经销某一家厂商的产品。

（2）深度编配，即中间商同时经销多家厂商生产的多种不同规格型号、花色款式的同类产品。

（3）广度编配，即中间商同时经销多家厂商生产的多种类产品，经营范围广泛。

（4）综合编配，即中间商同时经销多家厂商生产的互不相关的多种类、多规格的产品，如百货商店、超级市场、仓储式商店等都属于综合编配。

2. 选择供应商

相对于消费者而言，中间商的购买活动具有较强的计划性和理智性，对供应商的选择比较慎重。品牌、声誉、商品质量、品种规格、供货能力、供货时间与条件及合作的诚意等是中间商甄选供应商时需考虑的主要因素。

3. 选择购买的时间和数量

中间商购买商品的时间和数量往往有相当苛刻的要求，总希望既能及时、适时、按量地满足市场需求，又能最大限度地减少库存，加速资金周转，提高资金的利用效率。

4. 选择购买条件

购买条件的优劣直接关系到中间商的经销效益，市场瞬息万变造成的风险压力也迫使中间商尽可能从供应商那里获得尽量多的优惠购买条件，如价格折扣、促销津贴、广告折让、运费折让等。由于中间商的购买价格是决定其商品的进货成本和销售价格的基础，销售价格又是影响消费者购买行为的一个最重要的因素，因此，供应商价格的高低和价格折扣的多少是中间商购买条件中极其重要的条件，是中间商购买决策的中心内容。

第四节　非营利性组织的购买行为

非营利性组织泛指一切不从事营利性活动，即不以创造利润为根本目的的组织、机构和团体。不同的非营利性组织，有其不同的工作目标和任务。不同类型的非营利性组织在购买特点、购买方式等方面也存在一定的差异。

一、非营利性组织的类型

非营利性组织按照不同的职能可以分为三类：

（1）政府及其相关组织，指以实现社会秩序正常和社会稳定、安全为目标的相关组织，包括各级政府和下属各部门，保障国家安全和社会公共安全的军队、警察和监狱等。

（2）事业组织，指为社会进步和人民生活质量提供必要保障和特殊服务的非营利性组织，包括学校、医院、红十字会、卫生保健组织、图书馆、博物馆、文艺团体、基金会、福利和慈善机构等。

（3）民间和宗教组织，指以满足某些公众的特定需要为目标的非营利组织，包括各种职业团体、业余团体、宗教组织、专业学会和行业协会等。

二、非营利性组织的购买特点

1. 资金总额有限

非营利性组织的采购经费总额是既定的，不能随意突破。比如，政府采购经费的来源主要是财政拨款，拨款不增加，采购经费就不可能增加。

2. 要求质优价廉

非营利性组织由于受经费总额的限制，在采购中要求商品或服务质优价廉。在“少花钱、多办事、办好事”的指导原则下，认真核算，既要保证自身职能的顺利实现，又要保证用好纳税人或捐资人的钱。

3. 程序多、控制严

为了实现少花钱、多办事、办好事，非营利性组织的采购缺乏自主性，购买过程受许多规章制度约束，只能按照规定的条件购买，审批环节多，程序复杂。比如，政府采购要经过许多部门签字盖章，有的还要反复论证。

【延伸阅读】

政府市场的特点

政府市场是为满足各级政府部门的日常工作及公共消费需要而销售产品和服务的市场。各级行政机关是组成市场的主体。

政府是社会组织一个极重要的组成部分，为了有效地行使其职能，有较为庞大的开支，因而形成了一个独特的、规模较大的集团消费市场，且具有如下特点：

（1）需求受到较强的政策制约。一国的经济政策对政府集团消费的影响较大，财政开支紧缩时，需求减少；反之则相应增加，

（2）需求的计划性较强。一国政府开支要列入财政预算，各级政府部门购买什么、购买多少都要受到财政预算的限制，且要制订购买计划，还要经过预算、审批等过程。

（3）购买方式多样。政府市场购买方式明显区别于消费者市场、生产者市场和中间商市场。对日用办公用品购买，往往先选定供应商，然后采取连续再购买的形式定期购买；对价格昂贵的大宗商品，如飞机、汽车等，则采用公开招标的方式竞购；对公共福利品，则容易受到推销商的影响等。

（4）购买须受到社会公众的监督。各级政府机构的开支来自财政拨款，财政拨款来自于社会公众的税收。因此，社会公众有权以各种形式对政府机构的购买活动加以监督，要求政府富有效率，公正、廉洁，能以最低标准的购物数量实现政府的各项职能。

（5）购买目标的多重性。由政府部门独特的社会职能决定，各级政府在购买商品时除了考虑质量、性能、价格等经济性因素外，还要追求其他政治性、军事性、社会性目标。

三、非营利性组织的主要购买方式

1. 公开招标竞购

公开招标竞购指非营利性组织以向社会公开招标的方式择优购买商品和服务。一般的程序是先由非营利性组织的采购机构通过传播媒体发布广告或发出信函，说明拟采购商品

的名称、规格、数量和有关要求，邀请供应商在规定的期限内投标。有意争取这笔业务的企业要在规定时间内填写标书，密封后送交负责部门。最后由招标单位的采购机构在规定的日期开标，选择报价最低又符合要求的供应商成交。

【延伸阅读】

供应商是否能够中标，主要取决于以下因素：

(1) 产品是否符合招标单位的要求。这是中标与否的基本条件。

(2)能否满足招标单位的特殊要求。比如提供较长时期的售后服务，承担维修费用等，这些内容经常会以附加条件的形式出现。

(3)是否有强烈的中标欲望。如果企业的市场机会很少，迫切地需要赢得这笔生意以维持经营，就要降低标价；如果还有其他更好的机会，则可以适当提高标价。

2. 议价合约选购

这种方式是同时和若干供应商就某一采购项目的价格和有关交易条件展开谈判，最后与符合要求的供应商签订合同，达成交易。一般而言，当非营利性组织采购业务的计划复杂、费用高、风险较大、竞争性较小时，比较适合于采用这种购买方式。

3. 例行选购

非营利性组织对维持日常政务正常运转所需的办公用品、易耗物品和福利性用品，多为经常性、常规性连续购买，这类采购金额较少，一般是即期付款，即期交货。由于购买的花色、品种、规格、价格、付款方式等都相对稳定，非营利性组织大多向熟悉的和有固定业务联系的供应商购买。

【思考题】

1. 消费者市场与组织市场购买行为的特点有哪些不同?
2. 产业市场购买行为的购买类型有哪些?
3. 影响生产者购买决策的主要因素有哪些?
4. 生产者购买决策过程怎样?

【实训题】

资料一：戴尔怎样采购?

戴尔采购工作最主要的任务是寻找合适的供应商，并保证产品的产量、品质及价格方面在满足订单时，有利于戴尔公司。采购经理的位置很重要。戴尔的采购部门有很多职位设计是制订采购计划，预测采购需求，联络潜在的符合戴尔需要的供应商。因此，采购部门安排了较多的人。采购计划职位的作用是什么呢？就是尽量使问题在前端就解决。戴尔采购部门的主要工作是管理和整合零配件供应商，而不是把自己变成零配件的专家。戴尔有一些采购人员在做预测，确保需求与供应的平衡，在所有的问题从前端完成之后，戴尔在工厂这一阶段很少有供应问题，只是按照订单计划生产高质量的产品就可以了。所以，戴尔通过完整的结构设置，来实现高效率的采购，完成用低库存来满足供应的连续性。戴尔认为，低库存并不等于供应会有问题，但它确实意味着运作的效率必须提高。

精确预测是保持较低库存水平的关键，既要保证充分的供应，又不能使库存太多，这在戴尔内部被称为“没有剩余的货底”。在IT行业，技术日新月异，产品更新换代非常快，厂商最基本的要求是要保证精确的产品过渡，不能有剩余的货底留下来。

戴尔要求采购部门做好精确预测，并把采购预测上升为购买层次进行考核，这是一个比较困难的事情，但必须精细化，准确落实。

“戴尔公司可以给你提供精确的订货信息、正确的订货信息及稳定的订单”，一位戴尔客户经理说，“条件是，你必须改变观念，要按戴尔的需求送货；要按订货量决定你的库存量；要用批量小，但频率高的方式送货；要能够做到随要随送，这样你和戴尔才有合作的基础”。事实上，在部件供应方面，戴尔利用自己的强势地位，通过互联网与全球各地优秀供应商保持着紧密的联系。这种“虚拟整合”的关系使供应商们可以从网上获取戴尔对零部件的需求信息，戴尔也能实时了解合作伙伴的供货和报价信息，并对生产进行调整，从而最大限度地实现供需平衡。

给戴尔做配套，或者作为戴尔零部件的供应商，都要接受戴尔的严格考核。

戴尔的考核要点如下：

其一，供应商计分卡。在卡片明确定出标准，如瑕疵率、市场表现、生产线表现、运送表现以及做生意的容易度，戴尔要的是结果和表现，据此进行打分。（瑕疵品容忍度：戴尔考核供应商的瑕疵率不是以每 100 件为样本，而是以每 100 万件为样本，早期是每 100 万件的瑕疵率低于 1000 件，后来质量标准升级为 6-Sigma 标准。）

其二，综合评估。戴尔经常会评估供应商的成本、运输、科技含量、库存周转速度、对戴尔的全球支持度以及网络的利用状况等。

其三，适应性指标。戴尔要求供应商应支持自己所有的重要目标，主要是策略和战略方面的。戴尔通过确定量化指标，让供应商了解自己的期望；戴尔给供应商提供定期的进度报告，让供应商了解自己的表现。

其四，品质管理指标。戴尔对供应商有品质方面的综合考核，要求供应商“屡创品质、效率、物流、优质的新高”。

其五，每三天出一个计划。戴尔的库存之所以比较少，主要在于其执行了强有力的规划措施，每三天出一个计划，这就保证了戴尔对市场反应的速度和准确度。供应链管理第一个动作是做什么呢？就是做计划。预测是龙头，企业的销售计划决定利润计划和库存计划，俗话说，“龙头变，龙尾跟着变”。这也就是所谓的“长鞭效应”。

迈克尔说过，供应商迟一点，就意味着太迟了。这说明了戴尔对供应商供货准确、准时的考核非常严格。为了达到戴尔的送货标准，大多数供应商每天要向戴尔工厂送几次货。漏送一次就会让这个工厂停工。因此，如果供应商感到疲倦和迷茫，半途而废，其后果是戴尔无法承受的，任何供应商打个嗝就可能使戴尔的供应链体系遭受重创。然而，戴尔的强势订单凝聚能力又使任何与之合作的供应商尽一切可能按规定的要求来送货，按需求变化的策略来调整自己的生产。

在物料库存方面，戴尔比较理想的情况是维持 4 天的库存水平，这是业界最低的库存记录。戴尔是如何实现库存管理运作效率的呢？

第一，拥有直接模式的信用优势，合作的供应商相信戴尔的实力；

第二，具有强大的订单凝聚能力，大订单可以驱使供应商按照戴尔的要求去主动保障供应；

第三，供应商在戴尔工厂附近租赁或者自建仓库，能够确保及时送货。

戴尔可以形成相当于对手9个星期的库存领先优势，并使之转化为成本领先优势。在IT行业，技术日新月异，原材料的成本和价值在每个星期都是下降的。根据过去5年的历史平均值计算，每个星期原材料成本下降的幅度在0.3%~0.9%。如果取得一个中间值的0.6%，然后乘上9个星期的库存优势，戴尔就可以得到5.5%的优势，这就是戴尔运作效率的来源。

戴尔很重视与供应商建立密切的关系。"必须与供应商无私地分享公司的策略和目标。"迈克尔说。通过结盟打造与供应商的合作关系，也是戴尔公司非常重视的基本方面。在每个季度，戴尔总要对供应商进行一次标准的评估。事实上，戴尔让供应商降低库存，他们彼此之间的忠诚度很高。从2001年到2004年，戴尔遍及全球的400多家供应商名单里，最大的供应商只变动了两三家。

戴尔也存在供应商管理问题，并已练就出良好的供应链管理沟通技巧，在有问题出现时，可以迅速地化解。当客户需求增长时，戴尔会向长期合作的供应商确认对方是否可能增加下一次发货数量。如果问题涉及硬盘之类的通用部件，而签约供应商难以解决，就转而与后备供应商商量，所有的一切，都会在几个小时内完成。一旦穷尽了所有供应渠道也依然无法解决问题，那么就要与销售和营销人员进行磋商，立即回复客户，这样的需求无法满足。

"我们不愿意用其他人的方式来作业，因为他们的方法在我们的公司行不通。"迈克尔说。戴尔通过自行创造需求的方法，取得了供应商的认同，同时取得了很好的成绩。戴尔要求供应商不光要提供配件，还要负责后面的即时配送。对一般的供应商来看，这个要求是"太高了"，或者是"太过分了"。但是，戴尔一年200亿美元的采购订单，足以使所有的供应商心动。一些供应商尽管起初不是很愿意，但最后还是满足了戴尔的即时配送要求。戴尔的业务做得越大，对供应商的影响就越大，供应商在与戴尔合作中能够提出的要求会更少。戴尔公司需要的大量硬件、软件与周边设备，都是采取随时需要，随时由供应商提供送货服务。

供应商要按戴尔的订单要求，把自己的原材料转移到第三方仓库，这时这个原材料的物权还属于供应商。戴尔根据自己的订单确定生产计划，并将数据传递给本地供应商，让其根据戴尔的生产要求把零配件提出来放在戴尔工厂附近的仓库，做好送货的前期准备。戴尔根据具体的订单需要，通知第三方物流仓库，通知本地的供应商，让他把原材料送到戴尔的工厂，戴尔工厂在8小时之内把产品生产出来，然后送到客户手中。整个物料流动的速度是非常快的。

讨论问题：

1．戴尔的采购从哪些方面反映了产业购买者的共同行为特征？

2．作为产业购买者，戴尔的购买行为有哪些时代特点？

3．假设你所在的公司是一家生产液晶显示器的大型企业，现在打算将戴尔由潜在客户变为现实客户，请你为自己的公司提出一套能够实现这一目标的方案。

资料二：北京现代，挺进政府用车及出租车市场

2002 年 10 月 16 日，由北京汽车投资有限公司和韩国现代自动车株式会社共同出资设立的北京现代汽车有限公司正式成立，它是一个由国务院批准的“不限投资额度、不限生产车型”的合资汽车生产企业。时至 2004 年，中国汽车市场在不断的降价声中前行，上海通用、广州本田等各大公司各显神通，抢占市场，但整体销量仍不尽如人意。据相关数据显示，今年前 10 个月我国轿车销量同比增长为 15%，与近两年中国车市超过 100%的年增长幅度相比，已不可同日而语。然而以北京现代为首的市场强者却给我们展现了亮丽的色彩。今年前十个月，北京现代销量达到 11.09 万辆，同比增长 162%，轿车销售排名已经超过上海通用和广州本田，排在一汽大众和上海大众之后，位列第三，进入中国汽车企业的第一梯队。

在市场大环境不尽如人意的情况下，是什么让北京现代有如此的业绩呢？除了充分利用其新产品优势外，清晰的市场定位同样功不可没。清晰、灵活的市场策略使北京现代可以在灵活应对纷繁多变的中国车市的同时，集中兵力，在每一个目标市场上，占据领先。

作为一种流行的汽车消费模式，汽车批量采购多年来被政府机关、出租车公司、大型企业等所采用，以前批量采购的品牌仅局限于红旗、奥迪、桑塔纳等品牌，但现在北京现代的索纳塔等中高档型轿车不但在家庭购车领域风光无限，在批量采购领域也受到政府部门和出租行业的热捧，在国内市场中的竞争地位日益提升，市场份额逐步扩大。

我们知道，政府公务车虽不局限于某个品牌，但也有着一些严格的限制和具体的规定。相关部门统计表明，价格在 25 万元以内、排量在 2.0 左右的中档轿车占政府采购车辆总数的 95% 以上。不仅如此，政府用车在性能、外观、内饰、安全等方面的要求也十分严格。一直以来，在公务车市场中，奥迪、红旗等中高档 2.0 升轿车都有良好的表现。要从政府采购这一市场分一杯羹也不容易。

北京现代自其成立之初，就根据中国的市场情况，结合韩国现代“产品技术全球同步”的产品策略，推出了全球畅销的成功车型——索纳塔。这种车型是在韩国现代索纳塔第六代基础上改造而来，是目前世界上流行的车型之一，这相对一些欧美品牌将本土上要淘汰的车型引入中国市场的做法，北京现代可谓把韩国车的精髓奉献给了中国消费者。同时，更从消费者实际需求出发，结合中国实际路况等具体情况，对引进产品进行改进、完善工艺、提高品质、强化服务，努力创造精品和用户满意的品牌价值，而绝不是照抄照搬，或者追大求全，投放多种品牌的车型。在外观上，其独特超前的边缘设计，巧妙地融合了多种鲜明的设计元素，赋予索纳塔一种稳重、大气的感觉，体现公务用车身份者的尊贵，同时也代表了充满创新精神、与时俱进的新时代的政府和企业形象；在内饰上，索纳塔精雕细刻每一个细节，满足显赫和华贵的渴望；在空间上，依据唯美主义和人体工程学原理，给驾乘者提供一个舒适的空间，后备箱容积 398 升的超大容量足以傲视同侪；在要求苛刻的制动技术和安全方面，索纳塔更是非同凡响。如前后部内置防撞区，加固了顶、底、门、内外侧的防撞杠等，更侧重对驾乘者全方位的安全保护。这些极具人性化的设计，完全满足了政府公务用车的需求。

与此同时，北京现代利用在北京的优势，运用关系营销、体育营销等方式，积极同政府等工作单位联系，并积极参与中国的各项公益事业。投巨资赞助了北京国安足球俱乐部，成立了北京现代足球队，赞助“女足世界杯”、中超联赛、“迷你”足球世界杯、亚洲杯足球锦标赛，投资与相关部门联合主办了“携手北京现代，共创绿色未来—2004北京现代-大学生绿色环保夏令营”活动等，进一步提升了北京现代的品牌知名度与美誉度。这些活动也得到了回报，早在2002年12月新车投产之际，政府采购就开始看好北京现代索纳塔。当时共接受订单5000多份，其中首批交付的政府采购约700辆，此后有部分政府机关的采购计划因为索纳塔的缺货而一度搁浅；2003年1月，河北省公安交通管理局采购索纳塔手动挡轿车16辆；2003年7月，索纳塔仅在四川绵阳市政府采购中就一举中标20辆……此外，在要求严格的公安领域，索纳塔也表现出色。北京现代索纳塔中标了2003年北京市公安局等警用车采购项目。2004年5月，在北京—新疆红云杯中国（首都）警察越野追击技术演练赛活动中，北京现代的5部索纳塔轿车为参赛车辆担当开道和新闻采访车，与参赛近80部越野车辆共同经历了13 000多千米的考验，再次印证了这款车型作为首都警用车主力的优秀品质，也因此引起了全国的公安系统多家单位的广泛关注。据有关资料，北京市政府用车中索纳塔数量已达2000多辆。今年又有河北、安徽等一些地方政府把汽车采购目标锁定在索纳塔轿车身上，汽车采购招标邀请书不断投向北京现代。经过近两年时间的考验，索纳塔轿车凭借强劲的动力、良好的加速性能以及舒适的驾乘感受，受到了公务人员和公安干警的广泛赞誉，大大营建了北京现代品牌在政府采购领域的良好形象。

在出租车行业市场上，目前运营的主力军一直是奥拓、普桑、捷达、夏利等普通车型，但出于城市发展、树立良好的城市形象的需要，各地出租汽车的更新换代步伐已逐步加快。一般来说，出租车车型至少要符合以下要求：形象好、性能好、要舒适、要时尚，同时必须经济、环保、安全可靠。北京现代公司在发展公务车和私家车的基础上，也一直对出租车市场保持高度的关注和研究。

为了打入出租车市场，他们不断改良索塔纳车型，作为出租汽车行业量身定做的液化石油气（LPG）作燃料的专用索纳塔车型，不仅维持了其外观时尚、内部空间大的特点，还突出了人文环保意识，尾气排放指标大大低于普通出租车，达到了我国地方环保要求，也降低了燃料使用成本。与此同时，在使用与维护成本方面，索纳塔也有明显的优势。索纳塔的配件价格较之同级产品低20%以上。据调查，索纳塔出租车一般百公里耗油与其他品牌相比要节约5元，按每班300千米计算，每班可节省油费15元，一天可省30元，全年就可省一万多元。同时，配件及维修也相对便宜。

当年年初，北京现代推出了“零距离”售后服务，免费为索纳塔车提供多达5大项20小项的汽车检查和工时等方面的优惠。同时，北京现代还推出了一年4次的免费检测活动，于每季交替的时候进行，并且长年执行。这些优惠活动，就为车主们节省了一大笔费用。据有关媒体对市场上的帕萨特、新雅阁、君威、索纳塔、蒙迪欧以及马自达6等6款同级别的中高档轿车使用成本的调查报告显示，对比5万千米内的保养、燃油、易损件和事故件成本，按从低到高的顺序，索纳塔排在第二。报告认为索纳塔的确是一款性价比非常高的车。

按照行业要求和技术标准，索纳塔迅速进入出租车市场。2003年年初，北京现代索纳塔刚下线2个月，北汽集团就购置了300辆新车，首都出租汽车公司也购进150辆，并在全国两会期间作代表专用车和警务车使用。两会结束后，这些索纳塔被全部投放北京出租车市场。在杭州、义乌、宁波、南京等地的出租车市场上，北京现代索纳塔受到空前热烈的欢迎：杭州已经有超过 1500 辆索纳塔出租车投入运营，而义乌市在出租车更新换代的工作中全部选定了索纳塔作为他们的换代车型。目前，已经有超过 3000 辆索纳塔出租车活跃在全国各地的大街小巷。

据了解，北京市政府出租车换型初步方案中，索纳塔车型将成为第一批幸运儿。北京现有 6.6 万辆出租车中接近 50%将被替换，索塔纳车型将占 1/3 以上，低调奢华的索纳塔已经成为出租车领域的旗舰车型。

北京现代公司通过认真的分析市场需求，清晰的市场定位赢得了市场，赢得了广大消费者的信任，因此有如此的成绩是必然的。

讨论问题：

1. 北京政府用车市场和北京出租车市场具有哪些市场需求特点？北京现代公司采取了哪些有针对性的营销策略？

2. 如何开展针对组织市场的营销工作？你有何启示？

第五章　市场竞争分析

【导入案例】

大约 10 年前，美国微软公司正处于鼎盛时期，媒体采访比尔·盖茨时问道："你觉得你的对手在哪里？"比尔·盖茨没有列出诸如 Sun Microsystems、Oracle、AOL 等当时与其存在竞争关系的公司，而回答："我还不知道它的名字，可能是那些在车库里埋头创业的企业吧。"果如其言，当时谷歌公司刚刚起步，可以说比尔·盖茨捕捉到了竞争对手的本质。

微软虽然在软件世界处于霸主地位，但是进入互联网却很晚，在其将 Lotus 与 Novell 作为竞争对手时，网景、雅虎等正在以非常快的速度成长。雅虎虽然操纵了门户网站，但没有意识到搜索引擎的重要性，于是被谷歌占了先机，但谷歌后来也受到了 Facebook 等社交网站的冲击。

第一节　识别企业的竞争者

一、市场竞争的主要形式

1. 价格竞争

价格竞争是生产经营同种商品的企业为获取超额利润而进行的行业竞争。价格竞争作为市场竞争的基本形式，是企业竞争常用的手段。价格竞争也可能引发企业所不愿意得到的结果，形成企业间循环降价的价格战。恶性价格战争可能造成企业几败俱伤，甚至连正常的生产经营都难以为继。为了避免恶性竞争的价格战可能带来的负面作用，越来越多的企业寻求通过非价格竞争的手段进行市场竞争。

2. 非价格竞争

非价格竞争，即价值竞争，就是通过了解消费者需求的变化，不断按照消费者潜在的和现实的需求改进产品，改进营销策略，以丰富多彩的竞争手段和形式为顾客提供更好、更有特色，或者更能适合各自需求的产品和服务的一种竞争。

非价格竞争是比价格竞争更高层次的一种竞争方式。因为价格竞争主要是生产成本的竞争，即在尽可能减少生产成本条件下的竞争。而非价格竞争所涉及的方面更为广泛，层次更为深入，对生产者的技术、知识、信息及其管理水平方面都提出了更高的要求。随着时代的进步，对市场营销者来说，产品的制造将不是一个最主要的问题。因此，非价格竞争是一种能够适应商品经济不断发展的要求，并代表着市场营销竞争大趋势的竞争方式。

二、竞争者的分类

1. 从行业的角度分类

从行业的角度来看，企业的竞争者有如下三类：

（1）现有厂商，指本行业内现有的与企业生产同样产品的其他厂家，这些厂家是企业的直接竞争者。

（2）潜在加入者。当某一行业前景乐观、有利可图时，会引来新的竞争企业，使该行业新的生产能力增加，并要求重新瓜分市场份额和主要资源。另外，某些多元化经营的大型企业还经常利用其资源优势从一个行业侵入另一个行业。新企业的加入，将可能导致产品价格下降，利润减少。

（3）替代品厂商。与某一产品具有相同功能、能满足同一需求的不同性质的其他产品，属于替代品。随着科学技术的发展，替代品将越来越多，某一行业的所有企业都将面临着与生产替代品的其他行业的企业进行竞争。

2. 从市场的角度分类

从市场方面看，企业的竞争者有如下四类：

（1）欲望竞争，即消费者想要满足的各种愿望之间的可替代性。当一个消费者休息时可能想看书、进行体育运动或吃东西，每一种愿望都可能意味着消费者将在某个行业进行消费，表现为“相同顾客，不同愿望”。

（2）类别竞争，即满足消费者某种愿望的产品类别之间的可替代性。假设前面那个消费者吃东西的愿望占了上风，他可以选择的食品很多：水果、冰淇淋、饮料、糖果或其他，表现为“相同愿望，不同类别”。

（3）产品形式竞争，即在满足消费者某种愿望的特定产品类别中仍有不同的产品形式可以选择。假设消费者选中了糖果，则有巧克力、奶糖、水果糖等多种产品形式可满足他吃糖的欲望，表现为“相同类别，不同产品形式”。

（4）品牌竞争，即在满足消费者某种愿望的同种产品中不同品牌之间的竞争。或许那个消费者对巧克力感兴趣，并特别偏爱 M&M 牌，于是，该品牌的产品在竞争中赢得了最后的胜利，表现为“相同产品形式，不同品牌”。

品牌竞争是这四个层次的竞争中最常见和最浅显的，其他层次的竞争则比较隐蔽和深刻。有远见的企业并不仅仅满足于品牌层次的竞争，而会关注市场发展趋势，在恰当的时候积极维护和扩大基本需求。

3. 从企业所处的竞争地位分类

从企业所处的竞争地位来看，竞争者的类型有如下四类：

（1）市场领导者，指在某一行业的产品市场上占有最大市场份额的企业。如柯达公司是摄影市场的领导者，宝洁公司是日化用品市场的领导者，可口可乐公司是软饮料市场的领导者等。市场领导者通常在产品开发、价格变动、分销渠道、促销力量等方面处于主宰地位。市场领导者的地位是在竞争中形成的，但不是固定不变的。

（2）市场挑战者，指在行业中处于次要地位（第二、第三甚至更低地位）的企业。如富士是摄影产品市场的挑战者，高露洁是日化用品市场的挑战者，百事可乐是软饮料市场的挑战者等。市场挑战者往往试图通过主动竞争扩大市场份额，提高市场地位。

（3）市场追随者，指在行业中居于次要地位，并安于次要地位，在战略上追随市场领导者的企业。在现实市场中存在大量的追随者。市场追随者的最主要特点是跟随。在技术方面，它不做新技术的开拓者和率先使用者，而是做学习者和改进者。在营销方面，不做市场培育的开路者，而是搭便车，以减少风险和降低成本。市场追随者通过观察、学习、借鉴、模仿市场领导者的行为，不断提高自身技能，不断发展壮大。

（4）市场补缺者，多是行业中相对较弱小的一些中小企业，它们专注于市场上被大企业忽略的某些细小部分，在这些小市场上通过专业化经营来获取最大的收益，在大企业的夹缝中求得生存和发展。市场补缺者通过生产和提供某种具有特色的产品和服务，赢得发展的空间，甚至可能发展成为“小市场中的巨人”。

三、竞争对手分析

（一）竞争对手目标分析

竞争对手的假设影响其目标选择和确定。竞争对手的目标可能有很多种，包括盈利增长、市场份额增长、分散风险以及技术领先等。竞争对手的目标直接影响竞争对手的行动。因此，分析竞争对手的目标可帮助预测竞争对手的行动。比如，假如竞争对手认为其投资回报率过低，为此制定了提高投资回报率的目标。根据竞争对手的这一目标，企业可以预测竞争对手可能采取增加销售、降低成本或减少投资基数等方面的行动。又如，如果竞争对手的财务目标是要在短期内实现（完成）很好的业绩，那么我们可以预测，竞争对手可能不愿意花很多的资源同别的公司打价格战，他们可能更愿意花钱在别人不容易进攻的产品上。而如果竞争对手没有短期的利润目标，则更可能发起破坏性的价格战，让大家都得不到利润。

除了公司的总目标，公司不同的职能领域还有不同的具体目标。在营销领域，最基本的产品目标有三种：增长、维持和收获。“增长”目标意味着提高产品的销售量和市场份额，在这种情况下，利润水平是第二位的。“维持”目标也可以称为“巩固”目标，这是对正在失去市场份额的产品的目标，重点是阻止市场下滑。最后，“收获”目标也称为“挤奶”目标，指的是以获取利润为主，获得市场份额为辅的目标。

不同的目标决定竞争对手可能采取不同的行动。如果竞争对手的目标是以短期利润为代价改善它的市场地位，他就可能采取以下行动：降低价格、提高广告费用、增加对顾客和销售商的促销费用，或者提高销售支出。以收获为目标的竞争对手则会以另一种方式竞争。他们可能提高产品价格、削减营销预算，甚至打算从这类市场退出，虽然可能只是暂时的。

（二）竞争对手的战略分析

战略是公司达到其目标的手段。按波特的分析，竞争者采取的基本战略有如下三种：

1. 总成本领先战略

总成本领先战略指企业尽可能降低自己的生产和经营成本，在同行业中取得最低的生产成本和营销成本的做法。降低总成本能加强企业同竞争者的抗衡。因为降低成本可比竞争者获取相对多的利益，增加对付买方讨价还价的能力；可为新竞争者的进入设置巨大障碍，有利于对付竞争者的替代品等。

企业可通过简化产品、改进设计、节约材料、降低人工费用、生产创新及自动化等途径实现成本领先。

采用成本领先战略的收益在于：① 抵挡住现有竞争对手的对抗；② 增强抵御购买商讨价还价的能力；③ 更灵活地处理供应商的提价行为；④ 形成进入障碍；⑤ 树立与替代

品的竞争优势。

采用成本领先战略的风险主要包括：① 降价过度引起利润率降低；② 新加入者可能后来居上；③ 丧失对市场变化的预见能力；④ 技术变化降低企业资源的效用；⑤ 容易受外部环境的影响。

2. 差异竞争战略

差异竞争战略是指企业提供差别化的产品或服务，以便取得差异化的优势和独特的市场地位。使产品或服务差异化的途径很多，如实施产品款式或品牌形象、产品技术、产品特点、客户服务、零售网及其他方面的差异性的措施。

差异竞争战略是企业对付竞争者强有力的武器，是当前在市场营销活动中占主流的竞争做法。其竞争特点为：① 产品差异化造成了竞争者进入的障碍；② 有效地抵御其他竞争对手的攻击；③ 削弱购买者讨价还价的能力；④ 产品的差异化还使企业有获取超额利润的可能。

差异化战略需要的一般条件为：① 要求企业有相应的技能和财力，诸如很强的市场营销能力；② 有很强的基础研究能力；③ 有高质量及高技术的声誉；④ 有独特的具有明显优势的产品工艺设计和产品加工技术；⑤ 有善于吸收其他技能的独特组合方式；⑥ 有很强的分销渠道的合作等。

实施差异化战略的意义在于：① 建立起顾客对企业的忠诚，这使替代品无法在性能上与之竞争；② 形成强有力的产业进入障碍；③ 增强了企业对供应商讨价还价的能力，这主要是由于差异化战略提高了企业的边际收益；④ 削弱购买商讨价还价的能力。企业通过差异化战略，使购买商缺乏与之可比较的产品选择，降低了购买商对价格的敏感度。同时，通过产品差异化使购买商具有较高的转换成本，使其依赖于企业。

差异化战略也包含一系列风险：① 可能丧失部分客户；② 用户所需的产品差异的因素下降；③ 大量的模仿缩小了顾客感觉得到的差异；④ 可能导致过度差异化。

3. 集中化战略

集中化战略也称为聚焦战略，是指企业或事业部的经营活动集中于某一特定的购买者集团、产品线的某一部分或某一地域市场上的一种战略。这种战略的核心是瞄准某个特定的用户群体，某种细分的产品线或某个细分市场。具体来说，集中化战略可以分为产品线集中化战略、顾客集中化战略、地区集中化战略、低占有率集中化战略。

采用集中化战略的适宜条件包括：具有完全不同的用户群，这些用户或有不同的需求，或以不同的方式使用产品；在相同的目标细分市场中，其他竞争对手不打算实行重点集中战略；企业的资源不允许其追求广泛的细分市场；行业中各细分部门在规模、成长率、获利能力方面存在很大差异，致使某些细分部门比其他部门更有吸引力。

集中化战略的意义主要表现在：集中化战略便于集中使用整个企业的力量和资源，更好地服务于某一特定的目标；将目标集中于特定的部分市场，企业可以更好地调查研究与产品有关的技术、市场、顾客以及竞争对手等各方面的情况，做到“知彼”；战略目标集中明确，经济效果易于评价，战略管理过程也容易控制，从而带来管理上的简便。

集中化战略的风险主要表现在：由于企业全部力量和资源都投入到一种产品或服务或

一个特定的市场，当顾客偏好发生变化、技术出现创新或有新的替代品出现时，就会发现这部分市场对产品或服务需求下降，企业就会受到很大的冲击；竞争者打入了企业选定的目标市场，并且采取了优于企业的更集中化的战略；产品销量可能变小，产品要求不断更新，造成生产费用的增加，使采取集中化战略的企业成本优势被削弱。

3. 竞争对手的能力分析

了解竞争对手的目标和战略有利于预测竞争对手对企业行动的反应，但决定竞争对手能否有效行动的因素则是其能力。分析竞争对手的能力可以从以下五个方面入手：

（1）创意和设计的能力，这一指标衡量的是竞争对手开发新产品的速度和质量水平。显然，新产品开发能力强的公司是对自己的长期威胁。

（2）生产能力，包括生产产品的能力和提供服务的能力。如果竞争对手目前的生产能力已经达到最大化，而增加新的生产能力还需要很长时间，那么在短期里该对手就不大可能大幅度提高销售量或市场份额。如果竞争对手还有较大的生产能力闲置，那么它在提高销售量或市场份额方面则很容易对企业构成威胁。生产能力包含质量、生产效率、关键零件和服务的供应商的承诺水平。

（3）营销能力，包括进行产品营销时公司的进取性如何？创造性如何？他们是否能进入销售渠道？虽然竞争对手可能具有很强的产品开发能力和闲置生产能力，但如果其营销能力不行，那它对自己公司的威胁则不会很大。海尔进入美国市场已多年，但其营销能力的欠缺使其始终没能进入美国主流家电渠道，因此对美国的重要家电厂商并没有构成真正的威胁。

（4）融资能力，融资能力有限会妨碍有效的竞争。财务比率固然是重要信息，而竞争对手在各产品间分配资源的方式也很重要。

（5）管理能力，在我国，企业的管理水平一直处于一种较低的层次上。随着中国市场经济的发展，国外的资本更多地参与到了国内的市场竞争中。在这样激烈竞争的市场环境下，企业只有不断地提高自身的管理水平，进行管理的创新，才能不被激烈的市场竞争所淘汰。

【延伸阅读】

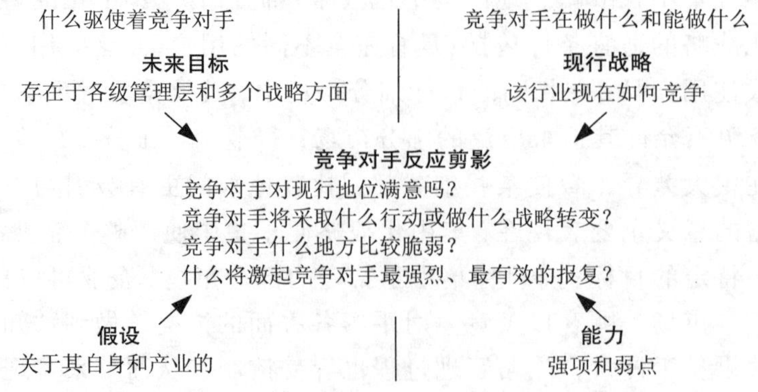

资料来源：Michael E. Porter. *Competitive Strategy*. New York：Free Press，1980：49.

第二节　企业竞争地位的确立与竞争策略

如前所述，根据在市场中的竞争地位，企业可以分为四种不同类型：市场领导者、市场挑战者、市场追随者和市场补缺者。一般以市场占有率来判定企业的市场竞争地位，市场领导者的市场占有率为40%、市场挑战者的市场占有率为30%、市场追随者的市场占有率为20%、市场补缺者的市场占有率为10%，每一类型的企业都有适合于自己的竞争战略。下面根据竞争地位的四种类型，逐一进行分析。

一、市场领导者战略

市场领导者通常是市场的权威、市场的龙头、市场的先行者。市场领导者对该市场中各企业有着广泛的影响并处于主导地位。例如，美国通用、微软公司、可口可乐公司等，它们都是各自行业的巨头。市场领导者拥有较高的顾客忠诚度，具备较高的市场运营能力，能够满足目标市场消费者的需求，市场美誉度最高。

市场领导者的战略选择主要有以下三种：

1. 扩大消费者需求

消费者需求增多，市场规模提高，市场容量扩大，对于市场占有率最高的企业来讲，是一个绝佳的再发展基础。因为市场占有率是一个比值，一旦市场需求增大，加之绝大多数消费者是市场领导者的忠诚客户群，企业的销量就会大幅度提高。因此，处于主导地位的企业应当千方百计地刺激消费者的购买欲望，为消费者开辟便利的购买渠道。扩大市场需求最直接的办法就是开发产品的新用途。新的用途就可以满足新的需求，也会吸引新的消费者进行购买，从而扩大市场需求。同时，企业还要努力寻找潜在的消费者群，通过各种营销手段，拉动消费。企业要研究这些消费者的购买行为，了解以前他们没有进入目标客户群的原因，以便有效地刺激新的消费需求。当然，企业还要重视对现有的客户的需求潜力的挖掘以及他们的意见带头人作用和口碑宣传作用，不仅自己多消费，同时还能够影响和带动周围的消费者购买。

2. 保持市场占有率

不论企业采取什么样的竞争战略，都要保证自己的市场占有率最高。不进则退是一条颠扑不破的真理。一个安于现状的市场领导者只能面临其他有实力的、不断进取的竞争对手的赶超，失去有利的市场地位。为了保持市场占有率，市场领导者往往采用以下六种防御策略：

（1）阵地防御。防御的最基本概念是沿着领土四周构筑坚不可摧的防御工事。法国政府曾在和平时期建造马其诺防线，保护其领土，防范未来德国可能的侵略。但是，这道防线如同所有静态的防御工事一样都惨遭失败。单纯防守现有的阵地或产品，这是一种市场“营销近视病”。亨利·福特汽车公司在其T型车的发展战略上就患了这种“营销近视病”，导致这家在鼎盛时期拥有10亿美元现金储备的强大汽车王国一度濒临破产。事实上，即便是像可口可乐那样曾被业界誉为“不朽的品牌”的产品，也不能被其公司当作未来发展和赢利的永久性主要来源。尽管可口可乐的产量几乎占世界软饮料的一半，但是可口可乐公司仍然在积极地开发饮料类市场，还收购了几家果汁饮料公司，并把资金分散经营用于海水淡化设备和塑料的生产。显然，阵地防守的目的是在防守中求发展。

（2）侧翼防御。市场领导者不仅应守卫自己的领土，还要建立一些侧翼或前沿阵地，作为保护空虚战线的防御阵地，必要时可将其作为反击基地。

（3）以攻为守。一种更积极的防御战术是在敌方对自己发动进攻之前先发制人，争取主动，在遭到敌方攻击之前，抢先将其削弱或扼杀在摇篮中，防患于未然。

（4）反攻防御。如果一个市场领导者虽然采取了侧翼防御、先发制人的攻击战略，但是仍然受到了攻击，他就必须向对手实行反击。面对竞争者的降价行为、闪电战式的促销和产品革新，领导者不能甘于被动挨打，可选择迎击对方的正面进攻、迂回攻击对方的侧翼，或发动钳式进攻，切断来自敌方根据地的主力部队等策略。

（5）机动防御。机动防御要求领导者不但要积极防守现有领土，还要将其领土扩展到可作为未来防御和进攻中心的新领域。

（6）撤退防御。有时，即便是那些属于市场领导者的大公司，也承认无力防守所有领土。它们的兵力过于分散，而竞争者正在蚕食其部分市场。这时，最好的行动似乎是有计划的撤退，也称为战略撤退。有计划的撤退不是放弃市场，而是放弃薄弱的领域，集中优质资源于有较强发展潜力的领域。有计划的撤退可以巩固和加强市场竞争力，在关键阵地上集中优势兵力打歼灭战。

3. *扩大市场占有率*

企业扩大市场占有率的方法较多，可以从产品、价格、渠道等多方面思考：从产品来讲可以通过改进产品质量、增加新产品、增加产品特色等方式吸引更多的消费者；从价格上可以考虑适当的降价策略，以吸引对价格敏感的客户购买；从渠道上可以考虑开拓新市场等。

二、市场挑战者战略

由于市场挑战者的市场占有率较高，它们对市场领导者构成较大的威胁。市场挑战者的主要攻击对象就是市场领导者，尽管为了攻击领导者需要付出较高的代价，但是迫于市场领导者地位的巨大吸引力，市场挑战者仍然坚韧不拔地与市场领导者抗衡。挑战者的工作要点是发现领导者的弱势所在，从薄弱环节出发去攻克市场领导者。它们必须对市场足够敏感，从市场领导者的点滴失误中向其发动进攻，这也正是市场领导者采取侧翼防御策略的原因。向市场领导者挑战是高风险策略，但也可能是高收益策略。处于市场挑战者地位的企业，值得为争夺市场霸主地位铤而走险。当然，这不是简单的冒险，它应该是建立在对竞争对手充分了解的基础之上。

除了直接挑战市场领导者，挑战企业还要善于“以强凌弱”，通过战胜与本企业实力相当或较弱的企业，减少对本企业构成较大威胁的挑战者的数量，逐渐壮大本企业的实力，扫清通向市场领导者道路上的各种障碍。

市场挑战者可以采取的竞争战略主要有正面进攻、侧翼进攻、围攻和迂回进攻这四种。

正面进攻是企业集中优势兵力直面竞争对手的优势市场发起进攻，如百事可乐对可口可乐的竞争策略就是正面进攻的实例。侧翼进攻是利用自身企业优势向对方弱势发起进攻。围攻是一种全方位、大规模、孤注一掷的进攻战略。没有对竞争对手实力的准确信息，应慎用该战略。迂回战略的特点是采用间接的方式进攻对手。该战略的特点是避免与竞争者正面冲突，企业表面上与竞争对手和平共处，甘当行业老二，同时借助行业老大的市场地位和市场价位，使本企业从不知名企业升至知名企业的行列，或是采取产品或市场的多元化，以及产品或市场创新寻求发展。

三、市场追随者战略

市场追随者的生存原则是和平共处，他们模仿市场主导者的战略，基本不发动进攻，不发起挑战，眼光放得比较长远，不追求短期的市场占有率，与市场其他企业，尤其是市场领导者和挑战企业保持关系平衡发展。但是市场追随者也有自己的目标客户，据此选择自己的营销组合策略。例如，通过降低成本，构建独特的企业文化，实现长远发展。市场领导者对于力从其手中争夺主要顾客的竞争者不会掉以轻心，听之任之。如果市场追随者以低价、完善的服务或其他的产品或服务手段冲击市场时，领导者便会迅速吸取他人之长甚至发扬光大与之抗衡。除非追随者或挑战者能够先发制人，通过实现产品重大革新或营销实现重大突破；否则，他们通常宁愿追随领导者，做本企业力所能及的事情。

产品或服务模仿战略是市场追随者的主要战略。在企业刚刚起步阶段或尚不强大的时候，企业通过对市场领导者的产品或服务模仿，可以大大节省昂贵的研发投入，实现企业的原始积累，在短期内迅速发展起来。

依据市场追随者对市场领导者的产品或服务的模仿程度又可将其分为三种：

（1）紧密追随，即市场追随企业在不侵犯市场领导者根本市场利益的前提下，几乎采取全面的“克隆战略”去模仿市场领导者。市场追随者有时叫作“市场寄生虫”，这是因为他们几乎不刺激竞争对手，只是借助“大树”好乘凉。

（2）距离追随，即市场追随者采取既追随模仿又体现自身企业的经营特征，与市场主导者总是保持一定的距离。它们主要在营销组合策略上追随领导者。这种追随者很容易被领导者接受，因为它们几乎不去干扰市场领导者的市场计划。距离追随者可以通过兼并同行业中的较小企业发展壮大。

（3）选择追随，即市场追随者只是模仿市场领导者那些特别行之有效的市场策略，它们有自己独特的市场竞争优势和核心竞争力、选择追随的目的是取长补短。那些企业市场挑战者的前身往往是这一类市场追随者，有朝一日它们具备了较强的实力，就会成为市场挑战者，向市场领导者发起进攻。

四、市场补缺者战略

市场补缺者是那些善于捕捉有利的市场空隙，并利用自身专业优势在夹缝中实现生存发展的企业。这种有利的市场空隙叫作补缺市场，有时又被称为利基市场。市场补缺者利用市场中被其他企业忽略的市场机会，发挥企业自身的专业化优势，获得较高的市场回报。它们往往采用差异化战略参与市场竞争。

市场补缺者的核心任务是发现补缺市场、扩大补缺市场和创造补缺市场。它们应避免与市场主导者和市场挑战者发生正面冲突，而是走差异化路线，寻找那些没有被满足的、不被大企业重视的消费者市场，通过提供专业化、细致化服务，拾遗补缺，努力发展成为市场缝隙中的局域领导者。因此，提供专业化的市场营销服务、满足特殊客户群的特殊消费要求是市场补缺者的工作重点。

发现补缺市场的前提是了解补缺市场的基本特征。一个有发展潜力的补缺市场应该具备以下五个特征：

（1）市场规模和购买力水平足以使企业实现赢利；

（2）市场有发展潜力；

（3）强大的竞争者对该市场没有兴趣；

（4）公司具备有效的为该市场服务所必需的能力和资源；

（5）公司已在顾客中建立良好的信誉，能借此抵御同类竞争者的攻击。

总之，企业竞争战略的重点在于明确企业的竞争地位，充分利用市场契机，发挥自身独特的竞争优势去参与市场竞争，只有这样才有可能做到“知己知彼，百战不殆”。

【思考题】

1. 市场竞争的主要形式有哪些？

2. 市场竞争的战略有哪些？

3. 市场领导者战略是怎样的？

4. 市场追随者战略是怎样的？

【实训题】

资料一：“比萨饼屋”的失误

位于美国德克萨斯州达拉斯城的“比萨饼屋”公司，是美国比萨饼行业的老大，有着40年比萨饼生产历史，占有美国22%的比萨饼市场，拥有7132家连锁店，多年来保持高速发展，这在美国是个奇迹。可是自1993年以来，“比萨饼屋”却步步退却，市场份额正在逐步被“约翰爸爸”吞噬。“约翰爸爸”仅有14年的比萨饼生产历史，在美国比萨饼业排行老四，这个后起之秀却以迅雷不及掩耳之势，将其业务拓展到全国各地。1998年其连锁店已达到6000家，在很短的时间就夺得了1/5的市场份额，对“比萨饼屋”构成了巨大的威胁，与“比萨饼屋”展开了激烈的直接对抗，导致“比萨饼屋”节节败退。

“比萨饼屋”最大的失误是其经营策略，他们确信，“姜是老的辣”，陶醉于行业“老大”的地位。而在“约翰爸爸”推出“更好的调料，更好的比萨饼”的战略决策之后，“比萨饼屋”的决策者们几乎失去了理智，达到近似疯狂的地步。他们出巨资聘请所谓的“厨房科学家”、调料师和口味专家，在用料上不惜血本，将每年的1.5亿美元的广告费削减，一改过去多元发展的战略决策，开拓单一口味的比萨饼，声称“要让每一位美国人尝到无与伦比、鲜美异常的比萨饼”。他们甚至忘掉了什么时候为销售淡季，什么时候为销售旺季。结果，“比萨饼屋”失误的策略使“约翰爸爸”乘虚而入，越来越多的消费者把眼光投向了“约翰爸爸”多格局、多品种的比萨产品。“约翰爸爸”大有取代“比萨饼屋”之势。

"约翰爸爸"不像"比萨饼屋"那样一味地追求口味，而是色、香、味、形并举，其经营策略成为人们传颂的佳话。因为在"约翰爸爸"的公司章程里意味深长地写着："约翰爸爸"起源于1492年哥伦布寻找新大陆出航的地方，其下属所有雇员都是哥伦布航船上的船员，都必须穿船员服。在这里供职的所有雇员不会被看作战斗中的普通战士，而是被看作武士。任何人，只要进入约翰爸爸公司就只能进不能退。正如总裁契纳特所说："再过五年，我们将成为世界一流品牌，再过十年我们将引导世界潮流。"在1993年前，"约翰爸爸"还是一家名不经传的小公司，而到了1998年其连锁店已达到6000家，公司股票在5年内从每股5美元上升为现在31美元。如今，契纳特本人的资产已达两亿美元，是美国少有的暴发户。

资料来源：魏道培,《"约翰爸爸"大战"比萨饼屋"》,《智囊》1999年第5期。

讨论问题：

1."比萨饼屋"在经营策略上最大的失误是什么？

2."比萨饼屋"能否重新回到行业老大的位置？

3.你认为"比萨饼屋"今后该如何调整自己的经营战略？

资料二：位置：移互时代上演三国杀

在移动定位技术和通信技术迅猛发展的双重推动下，LBS（Location Based Service，基于位置服务)作为移动互联网时代的基础服务,已成为人们日常生活中不可或缺的部分，已经成为移动互联网应用的标配功能。

而随着商家消费数据的全面集合，LBS在移动互联网的入口效应日益加强，用户价值与商业价值有了全面链接，LBS行业的"白银时代"正朝我们昂首阔步走来。

LBS全面爆发

我国的LBS商业应用始于2001年中国移动首次开通的移动梦网品牌下的位置服务。2003年，中国联通又推出了"定位之星"业务。用户在使用这项服务时，只要在手机上输入出发地和目的地，就可以查到开车路线；如果用语音导航，还能得到实时提示，该项业务还能够实现5～50 m的连续、精确定位，等等。

2006年，互联网地图的出现加速了我国LBS产业的发展。众多地图厂商、软件厂商相继开发了一系列在线的LBS终端软件产品。此后，伴随着无线技术和硬件设施得到完善，国内LBS行业迎来一个爆发增长期。

据艾媒研究数据显示，过去几年，中国LBS个人应用市场规模保持快速增长的态势。2008年，整个市场规模达3.35亿元，2009年突增为6.44亿元，到2013年，中国LBS个人应用市场总体规模就突破70亿元，5年平均增幅超过100%，2015年市场规模已突破百亿元。同时，在Web2.0浪潮的冲击下，受Foursquare模式的启发，国内也涌现出诸多新兴的LBS服务提供商。

LBS的发展非常迅速，其发展过程主要有以下四个特点

（1）从被动式到主动式。早期的LBS可称为被动式，即终端用户发起一个服务请求，

服务提供商再向用户传送服务结果。这种模式是基于快照查询，简单但不灵活。主动式的LBS基于连续查询处理方法，能不断更新服务内容，因而更为灵活。

（2）从单用户到交叉用户。在早期阶段，服务请求者的位置信息仅限于为该用户提供服务，而没有其他用途。而在新的LBS应用中，服务请求者的位置信息还将被用于为其他用户提供查询服务，位置信息实现了用户之间的交叉服务。

（3）从单目标到多目标。在早期阶段，用户的电子地图中仅可显示单个目标的位置和轨迹，但随着应用需求发展，现有LBS系统已经可以同时显示和跟踪多个目标对象。

（4）从面向内容到面向应用。面向内容是指需要借助于其他应用程序向用户发送服务内容，如短信等。面向应用则强调利用专有的应用程序呈现LBS服务，且这些程序往往可以自动安装或者移除相关组件。

打造LBS生态圈，构建基本百姓生活圈

个性化、智能化、商业化服务是未来LBS应用的发展方向，将成为百姓基本生活生态圈。LBS应用的最大发展空间不是创造出新的需求，而是通过技术深度剖析用户的需求，并通过商业要素的重组和技术手段满足用户的这些需求。LBS未来应用的两个促进要素是技术进步和创造性的商业智慧。

LBS未来的应用创新不仅局限在技术领域，创造性的商业智慧更为重要。正如资深移动互联网人李晓东所言："只要抓好LBS的四要素，即人、物、位置、信息，将它们合理地重构起来，就是一个良好的应用，将成为百姓必需的生活生态圈。"

当前LBS生态圈，包括以下三大应用模式：

1. 休闲娱乐模式

（1）签到（check in）模式：主要是以Foursquare为主，还有一些国外同类服务如Gowalla、Whrrl等，而国内则有：嘀咕、玩转四方、街旁、开开、多乐趣、在哪等几十家。

该模式的最大挑战在于要培养用户每到一个地点就会签到的习惯。而它的商业模式也是比较明显，可以很好地为商户或品牌进行各种形式的营销与推广。而国内比较活跃的街旁网现阶段则更多地与各种音乐会、展览等文艺活动合作，慢慢向年轻人群推广与渗透，积累用户。

（2）大富翁游戏模式：国外的代表是Mytown，国内则是16Fun。主旨是游戏人生，可以让用户利用手机购买现实地理位置里的虚拟房产与道具，并进行消费与互动等将现实和虚拟真正进行融合的一种模式。

2. 生活服务模式

（1）周边生活服务的搜索：以点评网或者生活信息类网站与地理位置服务结合的模式，其代表为大众点评网、台湾的折扣网等。主要体验在于工具性的实用特质，问题在于信息量的积累和覆盖面需要比较广泛。

要更准确地知道用户的位置信息，光有现实世界的定位数据远远不够，为此如今一个名为"位置围栏"的技术被引入周边生活服务的搜索。其实说起来它并不复杂，就是在某一位置围成一个圈，用户走进去和走出来的时候产生反应并进行记录。

在高德地图就描述了这样的应用场景和服务：当用户进出某一地区时，根据他的设定，可以自动获得围栏内商家推送的打折、优惠信息，也可以自动触发用户预制的信息提醒；还如你经常到公司忘记喝水，不妨设置个喝水提醒；又或者下午途经花店要给老婆买一束玫瑰，也不用时刻惦记这事儿。

对现实的商户来说，好处更为明显：它能帮你实时统计店铺客流量，每个人到店停留的时间，甚至跟踪客户离开后的去向。比如，如果你是一个成衣店，很多人在你这里逛完都会跑到一个冰淇淋店里去，也许你就可以考虑下怎么跟冰淇淋店合作，提高你的客户向冰淇淋客户的转化率，对谁都没坏处，没准还能提高用户体验。

（2）与旅游的结合：旅游具有明显的移动特性和地理属性，LBS 和旅游的结合是十分切合的。分享攻略和心得体现了一定的社交性质，代表是游玩网。

（3）会员卡与票务模式：实现一卡制，捆绑多种会员卡的信息，同时电子化的会员卡能记录消费习惯和信息，充分地使用户感受到简捷的形式和大量的优惠信息聚合。代表是国内的 Mokard（M 卡），还有票务类型的 Eventbee。这些移动互联网化的应用正在慢慢渗透到生活服务的方方面面，使我们的生活更加便利与时尚。

3. 社交模式

（1）地点交友，即时通信：不同的用户因为在同一时间处于同一地理位置构建用户关键，代表是兜兜友。

（2）以地理位置为基础的小型社区：以地理位置为基础的小型社区，代表是区区小事。

随着 4G 的普及和流行，我国的 LBS 服务将会越来越完善，LBS 能够广泛支持需要动态地理空间信息的所有应用，从寻找旅馆、急救服务到导航、吃穿住行游等，几乎可以覆盖生活中的所有方面，打造一个庞大的 LBS 生态圈。

相信 LBS 在中国将会在两三年内迎来一个前所未有的爆发期。

群雄逐鹿 LBS，地图上演三国大战

LBS 作为移动互联网时代的基础服务，已成为人们日常生活中不可或缺的部分。据统计，将近 70%的移动应用与 LBS 有关，LBS 已经成为移动互联网应用的标配功能，位置服务既是移动互联网的基础服务，也是 IT 巨头战略抢占高点。而随着全球移动互联网迅速发展，4G 技术日益广泛普及，国内地图厂商的格局也在发生着变化。

2014 年 2 月 10 日，阿里巴巴集团拟以每股美国存托股票 21 美元的价格，对高德公司股票进行全面现金收购。交易完成后，高德将成为阿里巴巴 100%子公司。

而在高德导航倒入阿里巴巴怀抱之后，2014 年 5 月另外一家地图厂商四维图新迎来了腾讯的橄榄枝。腾讯斥资 11.73 亿元入股四维图新，占股 11.28%成为其第二大股东。

百度则在 2013 年年底全资收购很有实力、具有甲级测绘资质的北京长地万方，并入股了长地万方上游母公司瑞图万方。百度收购意图一方面看中长地万方数据价值，另一方面也可补足自己在导航方面与高德的差距，对抗高德系。

至此，百度、阿里、腾讯等互联网三巨头将在地图市场进入直接竞争的阶段，上演“三国大战”。

我们知道，地理地图信息数据的采集、制作方面，无论是在道路数据采集还是室内数

据采集，抑或是街景数据的采制方面，这是一项需要长期投入且无法预计何时能够赢利的业务，不是一般厂商所能承受完成的。在全国范围内，这项资质与能力只有高德、四维图新等12家单位拥有，而其他近200家甲级或乙级互联网地图服务商则是鱼龙混杂、良莠难分，这些中小互联网地图服务商，它们大多不具备地图数据采集生产能力，都需调用这12家公司的基础电子地图数据。国金证券一份研究报告显示，四维图新和高德地图是中国最大的两家底层地理数据提供商，占据了中国底层数据测绘市场85%以上的份额。

然而在“免费牌”大行其道之下，地图厂商原来的赢利模式受到重大影响，即使像高德、四维图新等这样的中小上市公司赢利能力和生存空间也都受到巨大冲击，迫使它们联合互联网巨头，依托BAT海量资源，在行业交叉领域，以实现所谓的强强联合、双赢共荣。

目前，中国互联网地图已形成“百度+长地万方+道道通”“腾讯+科菱航睿+四维图新”“阿里巴巴+高德+易图通”的LBS新格局。

移动互联网时代位置成为用户的关键属性之一，而基于位置营销、基于位置的生活服务类O2O也将成为未来极具发展潜力的市场，LBS开放平台的价值日益凸显，LBS资源争夺也将更加激烈。从目前来看，依托于阿里的高德LBS布局做得最好。

近期，高德LBS开放平台正式宣布与新浪云计算SAE（Sina App Engine，SAE）达成战略合作。高德LBS服务在新浪SAE平台的成功接入，不仅让SAE的用户能够方便地使用高德提供的地理位置信息服务进行开发，更为高德LBS开放平台广大开发者提供了一个稳定的开发运营托管环境。新浪SAE用户和开发者可使用高德LBS开放平台的地图搜索、路径规划、地理编码、服务搜索、静态地图五种功能服务。而百度近期也宣布成立LBS事业部，同时推出“智享生活”计划，以“智享生活”计划为基础，和硬件厂商、运营商、网站、商家等合作，将消费深度信息深度覆盖到餐饮、电影院、KTV、商场、酒店、公交、超市、公园景点等全门类服务，构建庞大的LBS生活圈，给国人带来巨大便利。

拿出手机，查看路线、上餐馆、叫个车、逛街购物……这些事，在今天已再自然不过了。高德地图、百度地图、陌陌、京东到家、美团外卖、大众点评、饿了么、滴滴、Uber……随便打开任意科技公司的产品，基于地理位置推荐商家服务的功能无处不在。

它们不但把人送到了线下的餐厅、美容院，还让食物、服务上门找人。你已经很难找到一个不用到你的地理位置的消费的应用。

从这个角度来看，智能手机和LBS让整个现实社会正在发生一种奇妙的转变：现实的商店，可以看成一个个网站；现实世界中人的活动，则因为可被跟踪（与服务），变成了互联网中的流量；人们的现实活动和在互联网上从一个网站跳到另一个网站，似乎也没有太大的区别，一个全新LBS时代正在到来。

资料来源：《销售与市场》杂志管理版2016年10期。

讨论问题：

1. 什么是LBS，它涵盖了哪些业务？
2. 你使用过哪些LBS功能？
3. 目前LBS主要是哪几家公司占主导地位？他们的竞争策略有何区别？

第六章　市场营销战略

【导入案例】

美国米勒公司营销案

20 世纪 60 年代末，米勒啤酒公司在美国啤酒业排名第八，市场份额仅为 8%，与百威、蓝带等知名品牌相距甚远。为了改变这种现状，米勒公司决定采取积极进攻的市场战略。

他们首先进行了市场调查。通过调查发现，若按使用率对啤酒市场进行细分，啤酒饮用者可细分为轻度饮用者和重度饮用者，而前者人数虽多，但饮用量却只有后者的 1/8。

他们还发现，重度饮用者有着以下特征：多是蓝领阶层；每天看电视 3 个小时以上；爱好体育运动。米勒公司决定把目标市场定在重度使用者身上，并果断决定对米勒的“海雷夫”牌啤酒进行重新定位。

重新定位从广告开始。他们首先在电视台特约了一个“米勒天地”的栏目，广告主题变成了“你有多少时间，我们就有多少啤酒”，以吸引那些“啤酒坛子”。广告画面中出现的尽是些激动人心的场面：船员们神情专注地在迷雾中驾驶轮船，年轻人骑着摩托冲下陡坡，钻井工人奋力止住井喷等。

结果，“海雷夫”的重新定位战略取得了很大的成功。到了 1978 年，这个牌子的啤酒年销售达 2000 万箱，仅次于百威啤酒，在美名列第二。

世界上任何一个企业，不论其资源如何雄厚都不能满足整个市场的需要，更何况每个顾客对任何一种产品的需求都是不同的。善于依据潜在顾客的特征、行为进行分类，从中寻找、辨认最有价值并有能力和愿意为之提供服务的特定部分，作为自己的目标市场，为企业及品牌、产品树立鲜明的特色以形成相对优势，在营销管理中是最具战略意义的决策。

目标市场营销战略是指企业通过识别各个不同的购买群体，选择其中一个或几个作为目标市场，再针对性地运用适当的市场营销组合，集中力量为目标市场服务，满足目标市场的需要。目标市场营销（STP 营销）由三个步骤组成：① 市场细分；② 目标市场选择；③ 市场定位。

第一节　市场细分

一、市场细分的概念

“市场细分理论”是美国市场营销学家温德尔·史密斯（Wendell P. Smith）在总结企业生产经营经验的基础上，于 1956 年提出的一个重要的市场营销理论。这一理论深化了人们对市场营销观念的认识，继大批量市场营销（mass marketing）和产品差异性市场营销（product differentiated marketing）之后，产生了目标市场营销（target marketing）战略思想。这一市场营销战略思想更有助于企业在竞争激烈的买方市场中，发掘那些未得到满足或满足程度较低，竞争者未进入或竞争对手少的市场机会，集中人力、物力、财力，有针对性地生产经营适销对路的产品，追求在较小的细分市场上占有较大市场份额，提高经济效益，满足不断变化的、千差万别的社会消费需求，从而在客观上促进社会福利。

所谓市场细分，就是指营销者依据市场需求的多样性和消费者行为的差异性，把整个市场划分为若干具有某种相似特征的消费者群体（子市场）的市场分类过程。经过有效的市场细分，分属于统一细分市场的消费者，他们的欲望和需求极为相似，而分属于不同细分市场的消费者对同一产品的需求和欲望存在明显的差别。

市场细分并不也意味着无限制地把整个市场加以分解。实际上，细分化通常是一个聚集而不是分解的过程。所谓聚集的过程，就是把对某种产品特点最容易做出反应的人们或用户集合成群。有效市场细分的目标是使企业在以某种方式满足多样化的需求的同时，保持一定程度的规模经济。

二、市场细分的作用

市场细分是企业根据消费者需求的不同，把整个市场划分成不同的消费者群体的过程，其客观基础是消费者需求的异质性。进行市场细分的主要依据是异质市场中需求一致的顾客群，实质就是在异质市场中求同质。市场细分的目标是为了聚合，即在需求不同的市场中把需求相同的消费者聚合到一起。这一概念的提出，对于企业的发展具有重要的促进作用。

1. 有利于选择目标市场和制定市场营销策略

市场细分后的子市场比较具体，对消费者的愿望和需求可以有更深入的了解。这样企业可以根据自己的经营思想、方针及生产技术和营销力量，确定自己的服务对象，即目标市场。针对较小的目标市场，便于企业制定更精细、更有效的营销策略。同时，在细分市场上，信息容易了解和反馈，一旦消费者的需求发生变化，企业可迅速改变营销策略，制定相应的对策，以适应市场需求的变化，提高企业的应变能力和竞争力。

2. 有利于发掘市场机会，开拓新市场

通过市场细分，企业可以对每一个细分市场的购买潜力、满足程度、竞争情况等进行分析对比，探索出有利于本企业的市场机会，使企业及时做出投产、销售决策或根据本企业的生产技术条件编制新产品开发计划，进行必要的产品技术储备，掌握产品更新换代的主动权，开拓新市场，以更好地适应市场的需要。

3. 有利于企业合理配置和使用资源

相对整体市场而言，任何一个企业的营销能力即其人力、物力、资金等资源条件都是有限的。所以，企业必须将整体市场细分，选择适合自己的目标市场，这样企业可以集中人、财、物及资源，去争取局部市场上的优势，达到事半功倍的营销效果；否则，企业很容易丧失优势，以致在激烈的市场竞争中遭受挫败。

【小案例】

联想基于产品细分的促销方案

联想新的整体促销方案正是基于产品的明确区分。联想打破了传统的一篮子促销方案，围绕“锋行”“天骄”“家悦”三个品牌面向的不同用户群需求，推出不同的“细分”促销方案。选择“天骄”的用户，可优惠购买让数据随身移动的魔盘、可精彩打印数码照片的3110打印机、SOHO好伴侣的M700多功能机以及让人尽享数码音乐的MP3；选择“锋行”的用户，可以优惠购买“数据特区”双启动魔盘、性格鲜明的打印机以及“新歌任我选”MP3播放器；钟情于“家悦”的用户，则可以优惠购买“电子小书包”魔盘、完成学习打印的打印机、名师导学的网校卡，以及成就电脑高手的XP电脑教程。

三、市场细分的依据

市场细分对企业营销具有重要的意义，在实施市场细分时要借助适当的、科学的细分依据。有很多不同的细分依据可以加以采用，但是关键是要选择确实能够有效区分不同产品要求的依据。

细分市场不是根据产品品种、产品系列来进行的，而是从消费者（指最终消费者和工业生产者）的角度进行划分的，是根据市场细分的理论基础，即消费者的需求、动机、购买行为的多元性和差异性来划分的。

（一）消费者市场的细分依据

消费者市场的细分依据（或称为细分变量）可以概括为地理因素、人口统计因素、心理因素和行为因素四个方面。每个方面又包括一系列的细分变量，如表6.1所示。

表6.1　消费者市场细分标准及变量一览

细分标准	细分变量
地理因素	地理位置、城镇大小、地形、地貌、气候、交通状况、人口密集度等
人口统计因素	年龄、性别、职业、收入、民族、宗教、教育、家庭人口、家庭生命周期等
心理因素	生活方式、性格、购买动机、态度等
行为因素	购买时间、购买数量、购买频率、购买习惯（品牌忠诚度）、对服务、价格、渠道、广告的敏感程度等

1. 地理因素（geographical segmentation）

按地理因素细分，就是按消费者居住的地区和地理条件来细分市场，具体包括国家、地区、城市规模、人口密度、不同的气候带、不同的地形地貌等。处在不同地理位置和环境下的消费者，对于同一类产品往往会呈现出不同的需求与偏好。例如，对于防暑降温、御寒保暖之类的消费品，按照不同气候带细分市场是很有现实意义的。

地理因素是一个静态因素，比较容易辨别，对分析研究不同地区消费者的需求特征、需求总量及发展变化趋势有一定意义，有助于企业开拓区域市场。

2. 人口统计因素（demographic segmentation）

按人口统计因素细分，就是按人口统计变量如年龄、性别、职业、收入、家庭人口、家庭生命周期、民族、宗教、国籍等因素对市场进行细分。不同年龄、受教育程度不同的消费者在价值观、生活情趣、审美观念和消费方式等方面会存在很大差异，企业对这些内容进行有效地识别，往往更容易推出能够满足目标市场需求的产品。

由于人口变数比其他变数更容易测量，且适用范围比较广，因而人口变量一直是细分消费者市场重要而常用的依据。

3. 心理因素（psychographic segmentation）

按心理因素细分，就是按消费者心理特征来细分市场。消费者心理因素主要包括：生活方式、个性、购买动机、消费态度等变量，它们与市场需求及企业的促销策略有着密切的关系，尤其是在经济发展水平较高的地区，心理因素对消费者行为的影响更加突出。

【延伸阅读】

越来越多的企业，如服装、化妆品、家具、娱乐等行业，重视按人们的生活方式来细分市场。生活方式是人们对工作、消费、娱乐的特定习惯和模式，不同的生活方式会产生不同的需求偏好，如“传统型”“新潮型”“节俭型”“奢侈型”等。这种细分方法能显示出不同群体对同种商品在心理需求方面的差异性，如美国有的服装公司就把妇女划分为“朴素型妇女”“时髦型妇女”“男子气质型妇女”三种类型，分别为她们设计不同款式、颜色和质料的服装。

4. 行为因素（behavioural segmentation）

按行为因素细分，就是按照消费者不同的购买行为特征来细分市场。用于市场细分的消费行为特征变量主要有：使用某种商品的时间、购买数量、购买频率、对品牌的忠诚度等。

【延伸阅读】

许多产品的消费具有时间性，烟花爆竹的消费主要在春节期间，月饼的消费主要在中秋节以前，旅游点在旅游旺季生意最兴隆。因此，企业可以根据消费者产生需要、购买或使用产品的时间进行市场细分，如航空公司、旅行社在寒暑假期间大做广告，实行优惠票价，以吸引师生乘坐飞机外出旅游；商家在酷热的夏季大做空调广告，以有效增加销量；双休日商店的营业额大增，而在元旦、春节期间销售额则更大等。因此，企业可根据购买时间进行细分，在适当的时候加大促销力度，采取优惠价格，以促进产品的销售。

（二）产业市场的细分依据

前述消费者市场的细分依据有很多都适用于产业市场的细分，如地理环境、气候条件、交通运输、追求利益、对品牌的忠诚度等。但由于产业市场的购买者是工商服务企业，其购买是为了再生产、再销售，或者为顾客提供服务，以谋取本企业的一份利润。产业市场与消费者市场中的个人消费者购买目的不同、需求不同，因此，企业还应采用其他一些标准和变数来进行细分。

细分产业市场的依据主要有以下三类：

1. 用户行业

分属不同行业的产业用户对同一产品有不同的需求。例如，同是钢材，有的用作生产机器，有的用于造船，有的用于建筑等。给予不同的使用目的，不同的产业用户必定对产品的规格、性能、价格、售后服务等提出不同的要求。因此，企业应针对不同产业用户的需求，提供不同的产品，设计不同的市场营销组合策略，以满足产业用户的不同要求。

2. 用户规模

用户经营规模也是细分产业市场的重要依据。用户经营规模决定其购买能力的大小。按产业用户的经营规模划分，可分为大用户、中用户、小用户。大用户户数虽少，但其生产规模和购买数量大，注重质量、交货时间等；小客户数量多，分散面广，购买数量有限，注重信贷条件等。许多时候，和一个大客户的交易量相当于与许多小客户的交易量之和，失去一个大客户，往往会给企业造成严重的后果。因此，企业应按照产业用户的经营规模建立相应联系机制，并确定恰当的接待制度。

3. 用户地理位置

每个国家或地区，大多由于在一定程度上受自然资源、气候条件和历史传统等因素的影响而形成若干产业地区，这就决定了产业市场比消费者市场在地域上更为集中，地理位置因素也就成为细分产业市场的重要依据。例如，美国的汽车制造业主要集中在底特律一带；在我国形成了江浙两省的丝绸工业集群、以山西为中心的煤炭工业集群、东南沿海的加工工业集群等。企业按产业用户的地理位置细分市场，选择客户较为集中的地区作为目标市场，有利于节省推销人员往返于不同客户之间的时间，而且可以合理规划运输路线，节约运输费用，也能更加充分地利用销售力量，降低推销成本。

四、有效市场细分的标准

企业进行市场细分的目的是通过对顾客需求差异予以定位，来取得较大的经济效益。众所周知，产品的差异化必然导致生产成本和推销费用的相应增长，所以企业必须在市场细分所得收益与市场细分所增加成本之间进行权衡。由此，为了保证细分后的市场能够成为企业制定有效的营销策略的基础，企业在进行细分市场时必须遵循以下原则：

1. 可衡量性

细分出来的市场首先必须范围明确，即划分出来的细分市场是由拥有同质需要的顾客组成，这些顾客和别的细分市场中的顾客有明显的不同。而且对其容量大小也要能大致做出明确的判断。企业选择细分市场的依据变量应该是可以识别、可以定量化的。应该能够用数据来描述细分市场中消费者的一些购买行为特征、勾勒细分市场的边界；能够用数据来表达和判断市场容量的大小；否则，既使细分市场边界模糊、准确划分很困难或无效划分，又无法有针对性地制定营销战略。有些细分变量，如具有“依赖心理”的青年人，在实际中是很难测量的，以此为依据细分市场就不一定有意义。

2. 可营利性

通过细分，子市场有足够的需求量，这样才能够保证企业获取足够的利润，同时有较大的利润上升空间。即细分出来的市场其容量或规模要大到足以使企业获利。进行市场细分时，企业必须考虑细分市场上顾客的数量，以及他们的购买能力和购买产品的频率。如果细分市场的规模过小，市场容量太小，细分工作烦琐，成本耗费大，获利小，就不值得去细分。因此，市场在很多情况下不能无限制地细分下去，避免造成规模上的不经济。市场细分必须要把握一个前提条件：即细分出的子市场必须有足够的需求水平，是现实可能中最大的同质市场，值得企业为它制订专门的营销计划，只有这样，企业才可能进入该市场，才可能有利可图。

3. 可进入性

细分出来的市场应是企业营销活动能够抵达的，亦即是企业通过努力就能够使产品进入并对顾客施加影响的市场。这样，一方面，有关产品的信息能够通过一定媒体顺利传递给该市场的大多数消费者；另一方面，企业在一定时期内有可能将产品通过一定的分销渠道运送到该市场。若非如此，该细分市场的价值就不大。比如，生产冰淇淋的企业，如果将我国中西部农村作为一个细分市场，恐怕在一个较长时期内都难以进入。市场细分的可进入原则包括两个方面：一是政治法律环境对企业进入某个市场没有壁垒阻碍。二是企业的资源能力、竞争能力能够使企业了解和获取该细分市场的情报信息，能够展开市场营销组合策略，将产品及服务通过一定的分销渠道进入目标市场。

4. 差异性

如果不同细分市场顾客对产品需求差异不大，行为上的同质性远大于其异质性，此时，企业就不必费力对市场进行细分。同时，对于细分出来的市场，企业应当分别制定出独立的营销方案。如果无法制定出这样的方案，或其中某几个细分市场对是否采用不同的营销方案不会有大的差异性反应，便不必进行市场细分。所以，有效细分的另一个标准是“差异性”，即识别出来的不同细分市场在观念上要能够被区分，各细分市场对不同的营销组合因素和方案有不同的反应。

5. 相对稳定性

细分后的市场有相对的时间稳定性。细分后的市场能否在一定时间内保持相对稳定，直接关系到企业生产营销的稳定性。特别是大中型企业以及投资周期长、转产慢的企业，更容易造成经营困难，严重影响企业的经营效益。

第二节　目标市场选择

市场细分的目的在于有效地选择并进入目标市场。所谓目标市场，就是企业为满足现实或潜在需求而开拓和要进入的特定市场。目标市场选择是指估计每个细分市场的吸引力程度，并选择进入一个或多个细分市场。在市场细分的基础上，正确选择目标市场，是目标市场营销战略成败的关键。

一、目标市场选择标准

企业选择目标市场是否适当，直接关系到企业的营销成败以及市场占有率。因此，选择目标市场时，必须认真评价细分市场的营销价值，研究是否值得去开拓，能否实现以最少的人、财、物消耗，取得最大的销售效果。一般来说，企业选择目标市场，主要依据以下三方面的标准：

1. *有一定规模和发展潜力*

如果被划分出来的细分市场的规模狭小，企业的产品即使成功地获得该市场消费者的认购，企业也可能难以获利；同时，如果细分出来的市场趋于萎缩状态，企业可能很快会面临产能过剩的尴尬局面。企业应该同时从目前和未来两个角度考察细分市场：既要调查细分市场的现实消费者数量及购买力水平，又要调查细分市场潜在消费者数量及购买力水平，还要研究细分市场的发展变化趋势。

2. *细分市场结构的吸引力*

吸引力主要是从获利的角度考察市场长期获利率的大小。一个市场可能具有适当规模和增长潜力，但从获取利润的角度来看不一定对企业具有吸引力。根据著名管理学家迈克尔·波特的“五力理论”：决定整个市场或其中任何一个细分市场的长期的内在吸引力，有五个方面的因素——同行业竞争者、潜在的新参加的竞争者、替代产品、购买者和供应商。企业必须充分估计这五种因素对长期获利率所造成的影响，预测各细分市场的预期利润的多少。它们具有如下五种威胁性（见图 6.1）：

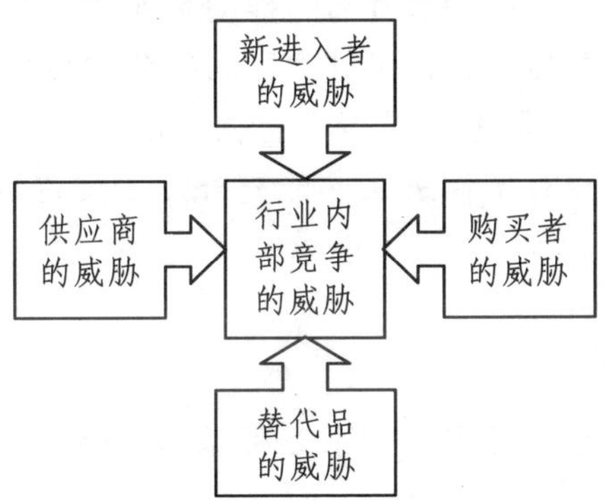

图 6.1　影响市场吸引力的五种威胁

（1）行业内部竞争的威胁。一个细分市场如果有许多势均力敌的竞争者同时步入或参与，或者一个细分市场已有很多颇具实力的竞争企业，那么该细分市场的吸引力就会下降，尤其是该细分市场已趋于饱和或萎缩。

（2）新进入者的威胁。一个细分市场的新进入者可以是其他细分市场的同行业企业，也可能是那些目前不在该行业经营的企业。问题的关键是新的竞争者能否轻易地进入这个细分市场。如果新的竞争者进入这个细分市场时遇到森严的壁垒，并且遭受到细分市场内原来的公司的强烈报复，他们便很难进入。保护细分市场的壁垒越低，原来占领细分市场的公司的报复心理越弱，这个细分市场就越缺乏吸引力。某个细分市场的吸引力依据其进退难易的程度而有所区别。根据行业利润的观点，最有吸引力的细分市场应该是进入的壁垒高、退出的壁垒低的市场。

（3）购买者的威胁。购买者往往会设法压低价格，对产品质量和服务提出更高的要求，并且使竞争者互相斗争，所有这些都会使销售商的利润受到损失。如果购买者比较集中或者有组织，或者该产品在购买者的成本中占较大比重，或者产品无法实行差别化，或者顾客的转换成本较低，或者由于购买者对价格比较敏感，或者购买者能够向后实行联合，其讨价还价能力就会加强。如果某个细分市场中购买者的讨价还价能力很强或正在加强，该细分市场就没有吸引力。销售商为了保护自己，可选择议价能力最弱或者转换销售商能力最弱的购买者。较好的防御方法是为购买者提供无法拒绝的优质产品。

（4）替代品的威胁。一个细分市场的替代品在某种意义上限制了该细分市场的潜在收益。如果某个细分市场存在着替代产品或者有潜在替代产品，那么该细分市场就失去了吸引力。企业同时应密切注意替代产品的价格趋向。如果在这些替代产品行业中技术有所发展，或者竞争日趋激烈，这个细分市场的价格和利润可能就会下降。

（5）供应商的威胁。如果公司的供应商——原材料和设备供应商、公用事业、银行、公会等，能够提价或者降低产品和服务的质量，或减少供应数量，那么该公司所在的细分市场就没有吸引力。如果供应商集中或有组织，或者替代产品少，或者供应的产品是重要的投入要素，或转换成本高，或者供应商可以向前实行联合，那么供应商的讨价还价能力就会增强。因此，与供应商建立良好关系和开拓多种供应渠道才是防御上策。

3. 符合企业目标的能力

某些细分市场虽然有较大吸引力，但不能推动企业实现长期的发展目标，甚至分散企业的精力，使之无法完成其主要目标，面对这样的细分市场，企业应考虑放弃。企业面对适合自身目标的细分市场，还必须考虑是否具有在该市场获得成功所需的各种营销技能和资源条件。只有选择那些企业有条件进入、能充分发挥其资源优势的市场作为目标市场，企业才会立于不败之地。

二、目标市场选择策略

企业在选择目标市场时通常可采用如下三种基本策略：

1. 无差异目标市场策略

无差异目标市场策略是指企业把整个市场作为一个大的目标开展营销，对构成市场的各个部分一视同仁，只针对人们需求中的共同点，而忽略其差异性（如图 6.2 所示）。采用此种策略时，企业通常的做法是只推出一种产品、以单一的营销策略来满足购买群体中绝大多数人的需求。例如，早期美国可口可乐公司就是采用这种无差异策略的典范：在相当长的时间内，可口可乐公司因拥有世界性的专利，仅生产一种口味、一样大小和同一形状瓶装的可口可乐，连广告语也只有一种。我国第一汽车制造厂在经济体制改革以前，也是采用这种策略，生产单一的解放牌中型卡车，满足整体市场的需要。

无差异性市场策略的理论基础是成本的经济性，其优点是适合单一品种的产品大批量生产，易于发挥生产的规模经济优势，既可以在生产过程中由于实现标准化和缩减产品线降低生产成本，也可以在市场推广过程中因广告类型和市场研究的简单化而节省费用。

然而，无差异性市场营销完全忽略了市场需求的差异性，将顾客视为完全相同的群体，致使越来越多的人认为，这一策略不一定算得上最佳策略，因为一种产品长期被所有消费者接受毕竟罕见。并且，采用这一策略的企业，一般都针对最大的细分市场发展单一的产品与营销计划，易引起在此领域内的竞争过度，而较小的细分市场又被忽视，致使企业丧失机会。剧烈的竞争将使最大细分市场的盈利率低于其他较小细分市场的盈利率。认识到这一点，将促使企业充分重视较小细分市场的潜力。

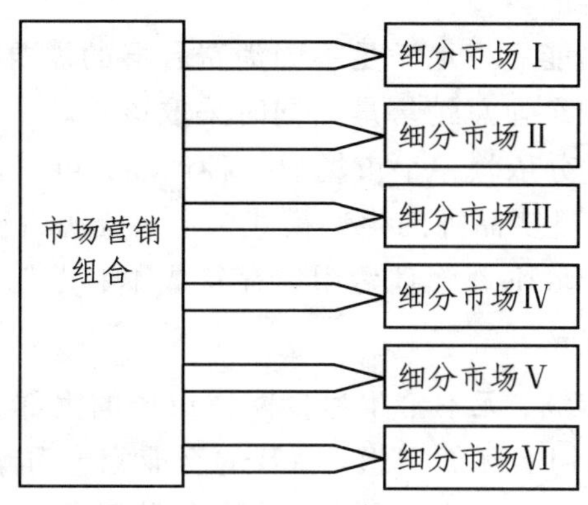

图 6.2　无差异目标市场策略

无差异型营销策略适宜于企业资源雄厚，产品通用性、适应性强而差异性小，以及市场类似性较高、具有广泛需求的产品，如通用设备、标准件以及不受季节、生活习惯影响的日用消费品。

2. 差异性目标市场策略

差异性目标市场策略是指企业将整体市场细分后，选择两个或两个以上，直至所有的细分市场作为目标市场，并根据不同细分市场的需求特点，分别设计生产不同的产品，采取不同的营销组合手段，制定不同的营销组合策略，有针对性地满足不同细分市场顾客的需求（见图 6.3）。采用此种策略时，企业承认不同细分市场的差异性，这种策略的立意是希望通过利用产品与市场营销的差别，占领每一个细分市场，从而获得大销量。由于差异性目标市场策略能分别满足不同顾客群的需要，因而能提高顾客对产品的信赖程度和购买频率。

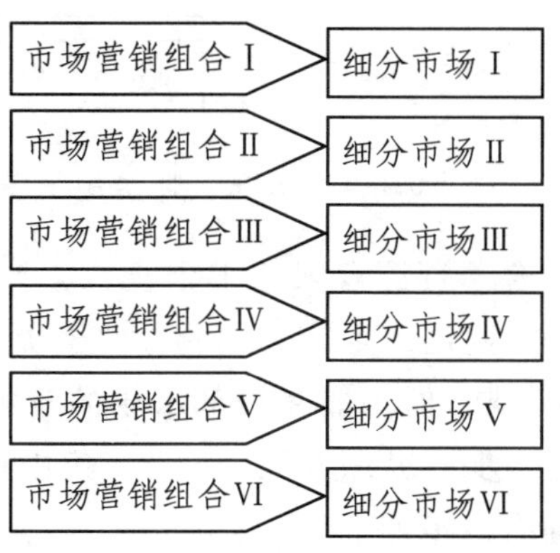

图 6.3　差异性目标市场策略

在差异性市场策略下，企业试图以多产品、多渠道和多种推广方式，去满足不同细分市场消费者的需求，力求增强企业在这些细分市场中的地位和顾客对该类产品的认同。如宝洁公司就是长期采取差异性营销策略的典范，它的洗发水、洗衣粉、护肤品都有许多品种、品牌，满足不同顾客的需要。

尽管差异性市场策略能更好地满足不同消费者群的需要，并给予次要的细分市场以足够的注意，因而能够增加企业总销售量；同时采取该策略，往往能够增强企业的适应性，增加周旋余地，不至于过分依赖一个市场或一种产品，可以达到“东方不亮西方亮”的效果。但是，由于采取小批量多品种的生产模式，企业资源将被分散用于各个细分市场，企业产品的变动成本、生产成本、管理费用、存货成本和营销费用，势必随之增加。

3. 集中性目标市场策略

企业面对若干细分市场，无不希望尽量网罗市场的大部分及全部，但如果企业资源有限，过高的希望将成为不切实际的空想。明智的企业家宁可集中全力于争取一个或少数几个细分市场，而不是将有限的人力、财力、物力分散于所有的市场。在部分市场若能拥有较高的占有率，远胜于在所有市场都获得微不足道的份额。在一个或几个细分市场占据优势地位，不但可以节省市场营销费用，增加盈利，而且可以提高企业与产品的知名度，迅速扩大市场。

集中性营销策略又称产品- 市场专业化策略，即企业在对整体市场进行细分后，由于受到资源等条件的限制，决定只选取一个细分市场作为企业的目标市场，以某种市场营销组合集中实施于该目标市场（见图 6.4）。

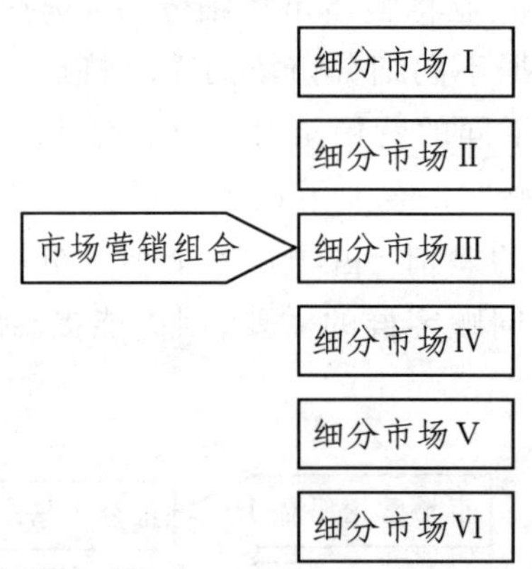

图 6.4　集中性目标市场策略

集中性营销策略特别适合于资源有限的小企业，或刚进入某个领域的企业，它们可以集中运用有限的资源，实行专业化的生产和销售，便于提高产品和企业的知名度。所以借助这种策略，企业资源虽然有限，但仍能在局部市场的竞争中处于有利地位。条件成熟时，企业可以伺机扩大市场，进一步向纵深发展。因此，集中性营销往往成为新企业战胜老企业，或小企业战胜大企业的有效策略。

集中性营销策略的缺点是容易造成企业对单一和窄小的目标市场的依赖性，一旦目标市场情况发生突变，企业周旋余地小、风险大，可能陷于困境直至倒闭。

三、影响目标市场策略的因素

选择适合本企业的目标市场策略是一项复杂多变的工作，前述三种策略各有利弊，企业在进行决策时要具体分析产品和市场状况以及企业本身的特点。影响企业目标市场策略的因素主要有企业能力、产品同质性、产品生命周期、市场特点和竞争对手的策略等。

1. 企业能力

企业能力是指企业在生产、技术、销售、管理和资金等方面力量的总和。资源雄厚的企业，如拥有大规模的生产能力、广泛的分销渠道、产品的标准化、好的内在质量和品牌信誉等，可以考虑实行无差异市场营销策略；如果企业拥有雄厚的设计能力和优秀的管理素质，则可以考虑施行差异市场营销策略；而对于实力较弱的中小企业来说，适于集中力量进行集中营销策略。企业初次进入市场时，往往采用集中性市场营销策略，在积累了一定的成功经验后再采用差异性市场营销策略或无差异市场营销策略，扩大市场份额。

2. 产品同质性

产品的同质性表明产品在性能、特点等方面差异性的大小，是企业选择目标市场时不可不考虑的因素之一。一般对于同质性高的产品如食盐等，宜施行无差异市场营销；对于同质性低或异质性产品，差异性市场营销策略或集中性市场营销策略是恰当选择。

3. 产品生命周期

产品因所处的生命周期的阶段不同，其市场表现也会不同。产品处于导入期和成长初期，消费者刚刚接触新产品，对它的了解还停留在较粗浅的层次，而且竞争尚不激烈，这时企业的营销重点是挖掘市场对产品的基本需求，采用无差异市场营销策略。等产品进入成长后期和成熟期时，消费者已经熟悉产品的特性，需求向深层次发展，表现出多样性和不同的个性来，竞争空前的激烈，此时企业应改用差异性市场营销或集中性市场营销策略。

4. 市场特点

供与求是市场中两大基本力量，它们的变化趋势往往是决定市场发展方向的根本原因。供不应求时，企业重在扩大供给，无暇考虑需求差异，所以采用无差异市场营销策略；供过于求时，企业为刺激需求、扩大市场份额殚精竭虑，多采用差异性市场营销或集中性市场营销策略。

从市场需求的角度来看，如果消费者对某产品的需求偏好、购买行为相似，则称之为同质市场，可采用无差异市场营销策略；反之，为异质市场，差异性市场营销和集中性市场营销策略更合适。

5. 竞争对手的策略

企业可与竞争对手选择不同的目标市场覆盖策略。例如，竞争对手采用无差异市场营销策略时，选用差异市场营销策略或集中市场营销策略更容易发挥优势。

企业的目标市场策略应慎重选择，一旦确定，应该有相对的稳定性，不能朝令夕改。但灵活性也不容忽视，没有永远正确的策略，一定要密切注意市场需求的变化和竞争动态。

第三节　市场定位

目标市场确定后，企业为了与竞争产品有区别，取得产品在目标市场上的差异化优势，更好地为目标市场服务，还要在目标市场上为本企业产品制定具体的市场定位决策。

一、市场定位的内涵

"定位"（positioning）一词，是在20世纪70年代由美国两位广告经理艾尔·里斯和杰克·特劳特提出的，他们把定位看成是对现有产品所进行的创造性试验，认为定位并不是对产品本身做什么事，定位行为就是公司给产品在可能的顾客心目中确定一个恰当的位置。他们强调定位不是改变产品本身，而是改变名称和沟通要素。

随着市场营销理论的发展，定位理论对营销的影响已超出了原先把它当作一种传播技巧的范畴，而演变为营销策略的一个基本步骤。"市场定位"的含义是指企业根据竞争者现有产品在市场上所处的位置，针对顾客对该类产品某些特征或属性的重视程度，为本企业产品塑造与众不同的、令人印象鲜明的形象，并将这种形象生动地传递给顾客，从而使该产品在市场上确定适当的位置。市场定位的实质是使本企业与其他企业严格区分开来，使顾客明显感觉和认识到这种差别，从而在顾客心目中占有特殊的位置。

市场定位与产品差异化密切相关。在营销过程中，市场定位是通过为自己的产品创立鲜明的个性，从而塑造出独特的市场形象来实现的。产品形象是多个因素的综合反映，其中包括性能、质量、包装等。市场定位就是要强化或放大某些产品因素，从而形成与众不同的独特形象。因此，产品差异化是实现市场定位的手段。但是，产品差异化并不是市场定位的全部内容，市场定位不仅强调产品差异，而且要通过产品差异建立独特的市场形象，赢得顾客的认同。

二、市场定位的程序

市场定位的关键是企业要设法在自己的产品上找出比竞争者更具有竞争优势的特性。竞争优势一般有两种基本类型：一是价格竞争优势，就是在同样的条件下比竞争者定出更低的价格。这就要求企业采取一切努力来降低单位成本。二是偏好竞争优势，即能提供确定的特色来满足顾客的特定偏好。这就要求企业采取一切努力在产品特色上下工夫。

由此，市场定位的中心任务就是要回答以下三个问题：竞争对手产品定位如何？目标市场上顾客欲望满足程度如何以及确实还需要什么？针对竞争者的市场定位和潜在顾客的真正需要的利益要求企业应该能够做什么？要回答这三个问题，企业市场营销人员必须通过一切调研手段，系统地设计、搜索、分析并报告有关上述问题的资料和研究结果。通过回答上述三个问题，企业就可以从中把握和确定自己的潜在竞争优势。

总之，企业对产品进行市场定位是一个复杂的过程，受多方面因素的影响，其全过程可以用"发现优势—明确优势—传播优势"来概括。这一过程通常可以遵循以下流程来完成：

（1）了解目标市场顾客的需要；
（2）分析竞争对手产品的竞争优势；
（3）明确企业自身潜在竞争优势和相对竞争优势；
（4）综合评析消费需求、竞争对手和自身竞争优势，确定市场定位；
（5）制定配套的市场营销组合，宣传其产品的市场定位。

三、市场定位策略

市场定位是一种竞争策略，它先是了解一种产品或一家企业同类产品或企业之间的竞争关系。定位策略不同，竞争态势也不同。不论是产品的初次定位或重新定位，主要有以下两种策略：

1. 迎头定位

迎头定位策略是指企业根据自身的实力，为占据较佳的市场位置，不惜与市场上占支配地位的、实力最强或较强的竞争对手发生正面竞争，而使自己的产品进入与对手相同的市场位置。

这种定位策略的优点在于：竞争过程中往往相当惹人注目，甚至产生轰动效应，企业及其产品可以较快地为消费者或用户所了解，易于达到树立市场形象的目的。

这种定位策略的缺点在于：具有较大的风险性。

2. 避强定位

避强定位策略是指企业力图避免与实力最强的或较强的其他企业直接产生竞争，而将自己的产品定位于另一市场区域内，使自己的产品在某些特征或属性方面与最强或较强的对手有比较显著的区别。

这种定位策略的优点：避强定位策略能使企业较快地在市场上站稳脚跟，并能在消费者或用户中树立形象，风险小。

这种定位策略的缺点：避强往往意味着企业必须放弃某个最佳的市场位置，很可能使企业处于最差的市场位置。

综上所述，市场细分、选择目标市场决定了企业将拥有哪些顾客和哪些竞争对手，而企业的市场定位决策，则进一步限定了它所面对的顾客和竞争者。在目标市场营销战略理念当中，市场细分、选择目标市场和市场定位三个循序渐进的战略步骤必须统一。

【思考题】

1．什么是市场细分？市场细分的必要性和可能基础是什么？
2．消费者市场细分的依据有哪些？产业市场细分的依据有哪些？
3．什么是目标市场？如何评价目标市场？
4．企业选择目标市场应考虑哪些因素？请举例分析。
5．目标市场营销策略有哪几种？试分析每种策略的优缺点。
6．什么是市场定位？市场定位的方法有哪些？请举例分析。
7．市场定位的策略有哪些？请举例分析。

【实训题】

资料一：

英国的一家小油漆厂，投产之前访问了许多潜在消费者，调查分析他们对产品的各种不同需求，并对市场做了以下细分。该地油漆市场的60%是一个较大的普及市场，对各种油漆产品都有潜在需求，但是本厂无力参与这个市场的竞争，因此不予考虑。另有四个市场，各占10%。一个是没有劳动力的家庭主妇群体，特点是不懂得室内装饰需要什么油漆，但是要求油漆质量好，并且希望油漆商提供设计，油漆效果美观；一个是油漆工助手的群体，顾客需要购买质量较好的油漆，替住户进行室内装饰，他们过去一般从老式金属器具店或木材厂购买油漆；一个是老油漆技工群体，他们的特点是一般不买调好的油漆，只买颜料和油料自己调配；最后一个是对价格敏感的青年夫妇群体，他们收入低、租公寓居住。按照英国人的习惯，公寓住户在一定时间内必须油漆住房，以保护房屋。因此，他们买油漆不求质量好，只要比白粉刷稍好一点就行，但要求价格便宜。该企业选择了其中的两个市场作为其目标市场。

讨论问题：

1．请问油漆厂采取的是哪种市场营销策略？

2．结合本案例谈谈这种策略的优劣势。

资料二：

王老吉、加多宝“红罐”之争升级

2014年12月19日下午，广东省高级人民法院对备受关注的红罐凉茶包装装潢纠纷案做出一审判决：广东加多宝饮料食品有限公司（下称“加多宝”）构成侵权，立即停止生产并销售与王老吉红罐凉茶包装装潢相似或相同包装的产品；同时赔偿广药集团（下称“广药”）1.5亿元以及合理维权费用26万余元——加多宝当庭表示不服判决，将上诉最高法院。

战火仍未浇熄

红罐包装一案结果将直接决定着两个品牌凉茶最直观外包装使用权的得失，也意味着在这个两三百亿规模市场上已经取得的市场进退。

“红罐之争”的争议焦点归结为四个：① 涉案商品是什么，知名商品包装装潢是什么；② 涉案商品特有包装装潢归谁所有；③ 涉案商品特有包装装潢能否与王老吉商标或加多宝公司相分离，到底谁构成侵权；④ 经济损失如何计算。

在此前双方证据交换时，王老吉方面提出，根据《中华人民共和国反不正当竞争法》规定，知名商品拥有特有装潢权，该装潢属于知名商品的合法经营者，并可随商品在不同的合法经营者之间转移，因此，在收回红罐王老吉的生产经营权后，特有装潢权也应随之一并收回。

加多宝方面则认为，早在1995年3月28日双方签订第一份商标许可合同后，加多宝就设计了以红黄两色为主色调的金属易拉罐“王老吉”凉茶包装，还向国家知识产权局提交了外观设计专利申请，并于1997年获得专利，因此拥有对红罐包装毫无争议的所有权。

广东高院一审指出，在“王老吉”商标被许可给鸿道集团使用之前，该商标已是中华老字号和广东省著名商标，在公众中已享有相当高的知名度。尽管加多宝公司在后来为王老吉红罐凉茶知名度提高做出了贡献，但由此产生的商誉仍然是附属于王老吉凉茶。广药集团在收回王老吉商标时，附属于涉案知名商品的特有包装装潢就应一并归还给广药集团。加多宝公司生产、销售的红罐凉茶，与王老吉红罐凉茶包装装潢的各种构成要素，在整体视觉效果上无实质性差异，足以使相关公众对商品的来源产生误认，属于相近似的包装装潢，因此加多宝公司上述行为已构成不正当竞争。

法学界对这一著名的争议的看法不一。

市场vs营销

官司的背后，是双方市场上的激烈争抢。2013年5月，红罐装潢案一审开庭时，广药和加多宝分别向对方提出了1.5亿元和3096万元的经济赔偿要求，而这一数字，被普遍认为是各自竞争对手上一年度凉茶的净利润金额。

广州药业年报显示，2012年度，广州王老吉大健康产业有限公司的净利润为人民币3096.2万元；广药代理律师在庭上也曾解释，加多宝2012年销售200亿元是其计算索赔金额的依据基础。

加多宝、王老吉分家当年，加多宝方面曾援引一份第三方统计数据称，2012年7月到12月，更名后的加多宝罐装凉茶占据罐装凉茶市场份额为80%。如果按照上述行业对加多宝2012年销量200亿元的估算计算，罐装凉茶市场的规模达到250亿元左右。

基于目前双方的市场格局，红罐归属将决定两家下一步的生存状态。冯志敏表示，“过去17年我们培育这个品牌投入了300多亿，如果诉讼失败，对我们会是一个巨大的打击，我们还是会上诉到最高法院”。另外，王老吉母公司广药方面也提出自“王老吉”商标收回之后，在红罐凉茶上付出了诸多心血。

随着双方诉讼不断升级，加多宝认为，广药选择官司的时点与其销售节奏不无关系。

2013年1月31日，在广药诉讼下，广州市中院裁定加多宝实施了虚假宣传、误导消费者的行为，对其“王老吉改名为加多宝”“全国销量领先的红罐凉茶改名加多宝”等广告宣传下达诉中禁令。半年后的8月6日，广药再次以同样理由，向广州市中院申请对加多宝执行诉讼禁令，并立即停止其“中国每卖10罐凉茶7罐加多宝”等广告宣传活动。来自广州市中院的消息显示，第一次诉中禁令后至2013年3月1日的2个月内，全国已经有43家电视台停播加多宝相关广告。

王老吉最近频频发力巩固前期战果。记者了解到，近日，王老吉就对凉茶秘方启动了秘方封存，将传承多年的凉茶秘方存入中国银行广东省分行，此前还获得“全球历史悠久的凉茶品牌”吉尼斯世界纪录和“凉茶品牌标杆”认证……红罐归属成为强化“凉茶正宗王老吉”的重要一环，也是对现有品牌的不断巩固。另外，广药也加快了将王老吉注入上市公司的步伐。本月，白云山公告称，白云山收到广药集团来函，修改了将“王老吉”系列等商标转让给白云山的履行时间，从之前要求“待‘王老吉’商标全部法律纠纷解决，自可转让之日起两年内”，变更为“待‘红罐装潢纠纷案’判决生效之日起两年内”。

冯志敏坦承，该审判结果确实会给加多宝运营带来一定的打击，但对加多宝并不会构成太大的冲击，他们会采取办法应对——事实上，在该案结果宣布前，加多宝刚刚对外公布其已经提前两个月完成了公司全年的销售任务。

由于广药王老吉此前优势渠道主要在广东地区，全国范围内其渠道建设明显慢于对手，而这一趋势在下沉至三四线城市后尤为明显。

2014 年 7 月，加多宝宣布与顺丰旗下“顺丰嘿客”品牌合作，借助后者 800 家店面的线下资源和顺丰速运的物流体系，进一步打通其三四线市场；而凭借中国好声音等节目冠名形式以及旗下昆仑山水等多渠道营销，加多宝品牌整体传播范围进一步得到扩大。

尽管之前加多宝一直未公开回应其全国市场份额，但 2013 年，国家统计局发布的全国凉茶数据显示，在去年 7—12 月，更名后的加多宝罐装凉茶占据罐装凉茶市场份额 80%之多，继续稳居凉茶行业老大的位置——这一数据相比上年加多宝全国 73%的份额又有 7 个百分点的上升，而王老吉当年份额仅为 8.9%，两者份额悬殊。

资料来源：王蔚佳，陆琨倩，《“红罐”之争升级 加多宝王老吉暗战渠道》，《第一财经日报》2014 年 12 月 22 日。

讨论问题：

1. 加多宝、王老吉目前实施的是何种类型的目标市场战略？有什么特点？
2. 你认为国内的凉茶市场可以怎样进行市场细分？
3. 王老吉或加多宝凉茶是怎样进行定位的？属于哪种定位战略？

第七章　产品策略

【导入案例】

娃哈哈的品牌建设

杭州娃哈哈集团有限公司创建于1987年，目前为中国最大的食品饮料生产企业，全球第五大饮料生产企业，仅次于可口可乐、百事可乐、吉百利、柯特四家跨国公司。在全国26个省市建有100余家合资控股、参股公司，在全国除台湾地区外的所有省、自治区、直辖市均建立了销售分支机构，拥有员工近2万名，总资产达121亿元。

该公司拥有世界一流的自动化生产线，以及先进的食品饮料研发检测仪器和加工工艺，主要从事食品饮料的开发、生产和销售，主要生产含乳饮料、瓶装水、碳酸饮料、茶饮料、果汁饮料、罐头食品、医药保健品、休闲食品等八大类近100个品种的产品，其中瓶装水、含乳饮料、八宝粥罐头多年来产销量一直位居全国第一。

娃哈哈品牌成功的五大支柱：

（1）经营理念符合消费者心理是品牌成功的核心。娃哈哈把经营理念锁定为："千家万户笑哈哈，幸福快乐你我他！"这一经营理念的本质内涵是：生产真正有使用价值的产品；做大众化品牌；代表健康、快乐的形象。

（2）准确的产品市场定位是建立品牌的根本。只有将产品进行准确的市场定位才能更符合市场需求，产品也才能适销对路，而只有把产品做大、做好了，才能产生品牌效应。

（3）成功的广告宣传是确立品牌的基础。广告宣传是品牌建设的基础，广告传播的拉力与渠道通路的推力，并称为市场营销的"动力双翼"。

（4）一流的产品质量是维护品牌的保证。娃哈哈主要从四个方面着手提高产品质量：一是从硬件着手；二是强化软件管理；三是原料严格把关；四是良好的售后服务体系。

（5）强势的销售网络是品牌成功的关键。如果现在你同时派人去东北的长白山天池、西北的阿尔泰山麓、东南的海南岛丛林、西南的青藏高原，随便走进一间小杂货店，然后把所有的商品目录都抄下来，你会发现，重复出现的品牌不会超过三种，恰巧娃哈哈就可能是其中的一种。

市场营销组合策略包括：产品策略、价格策略、分销渠道策略和促销策略。产品策略是整个市场营销策略的基础，如果离开了产品策略，也就失去了制定价格、分销渠道、促销等策略的基础。因此，产品策略是营销组合策略的出发点，在市场营销活动中处于核心和主导地位。

第一节　产品与产品组合

一、产品的整体概念

通常情况下，人们常常把产品理解为具有某种物质形状并能提供某种用途的物品。提起产品时，往往只想到实体产品，如电视机、电脑、洗衣机、化妆品等，所强调的往往是它的物质形态和用途。而营销学所指的产品有其深刻的内涵和丰富的外延。在现代营销学中，产品是指人们向市场提供的能满足顾客需求的有形的物品和非物质形态的服务的总和。物质产品包括产品实体及其品质、特色、款式、商标和包装等；非物质形态的产品包括可以给消费者带来附加利益的售后服务、企业信誉、产品保证、专利、构想等，物质产品和非物质形态的产品加起来才是一个整体产品的概念。所谓整体产品是指能够提供给市场以满足需要和欲望的任何东西。按照产品的整体概念，产品由三个基本层次组成：核心产品、有形产品和附加产品，如图 7.1 所示。

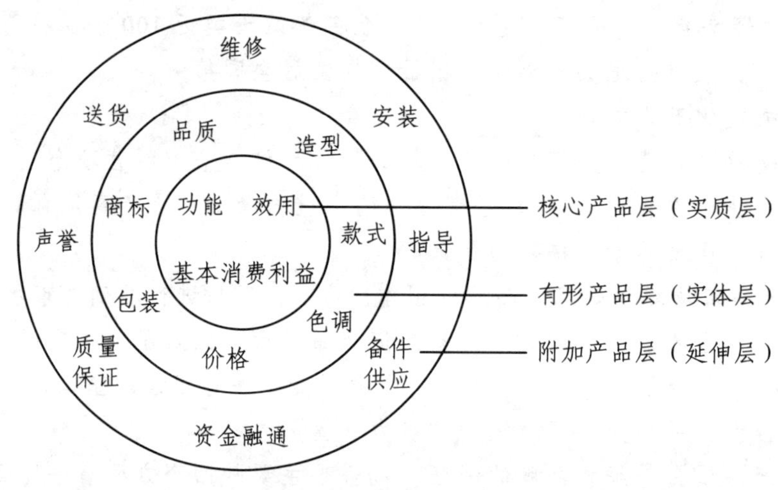

图 7.1　整体产品的概念

1. 核心产品

核心产品也称实质产品，是指消费者在购买产品时希望从产品中得到的基本效用，即购买者追求的核心利益。这是购买的目的所在。核心产品是整体产品概念中最基础的一个层次，也是产品整体概念中最主要的部分，如消费者购买电冰箱，并非为了购买一台有压缩机的冷藏箱，而追求的是购买电冰箱的制冷功能，能使食物保鲜，方便生活。因此，制冷保鲜即为电冰箱的实质内容，即核心产品。又如，消费购买食物的最终目的是为了充饥，而不是为了食物的各种味道、各种形状或是各种颜色。核心产品是产品的实质，没有这一层次，就没有人花钱购买它，产品也就丧失了价值。对于一个企业来说，生产和销售产品，首先要考虑产品的核心层，明确产品能够提供的功效和益处。

2. 有形产品

核心产品是一个抽象的概念，产品要卖给顾客必须通过一定的具体形式表现。其具体形式可通过常规的五种特征表现出来：质量水平、产品特色、产品款式、品牌和包装等。仍以电冰箱为例，人们在购买电冰箱时，除了考虑其制冷功能外，还必须考虑电冰箱的质量、造型、容量、色彩、品牌等。消费者购买某种商品，除了要求该产品具备某些基本功能，能够提供核心利益外，还要考虑产品的其他外部特征，这些可以满足消费者的不同需求。因此，有形产品这一层次是企业在市场竞争中吸引消费者的一个重要方面。

3. 附加产品

这是指消费者在购买产品时，所获得的各种附加利益的总和，如免费送货、安装调试、保修保换、技术培训等。由于科学技术的不断发展，不同的企业提供的同类产品在核心利益上越来越接近，各个厂家所提供的产品在实体、质量、功能和材料上都没有太大的差异。不同的企业之间，产品的特色和差异更多地体现在所提供的服务上，即附加产品的竞争，如我国的彩电行业，无论是长虹、康佳，还是 TCL，生产技术的相差都不大，企业要想获得竞争优势必须增加产品附加利益。海尔在进入彩电行业时就是运用这种方式，通过向消费者提供“星级服务”来获得市场优势。

当今市场上，谁向消费者提供的服务多，谁就能赢得市场。正如美国著名的营销学家李斯特所说：“现代竞争并不在于各家公司能生产什么，而在于他们能为产品增加什么内容，诸如包装、服务、广告、客户咨询、融资、送货、仓储以及人们所重视的其他内容。”

二、产品组合策略

在现实生活中，没有哪一家企业生产的产品是绝对单一的，企业为了满足目标市场的需要，同时也为扩大销售、分散风险和增加利润，往往需要经营多种产品。但是，一个企业究竟应当生产经营多少种产品，这些产品应当如何搭配，都需要企业根据市场需要和自身能力等条件来决定。

（一）产品组合、产品线和产品项目

产品组合是指一个企业提供给市场的全部产品线和产品项目的组合和结构，即企业的生产经营范围。

产品线是指产品组合中的某一产品大类或产品系列，其功能相似或相同，型号规格不同。

产品项目是指产品线中不同品种、规格、质量和价格的特定产品。在企业的产品目录中列出的每一种产品，就是一个产品项目，如长虹彩电系列中可能有 21 寸、25 寸、29 寸普通彩电等多种产品项目。产品线内一般有许多不同的产品项目，根据产品的相似性，可以将密切联系的产品项目归为一个产品线，如某家电器厂有彩电、冰箱、洗衣机等许多产品线。

（二）产品组合的长度、广度、深度和关联性

影响产品组合的因素很多，除了产品线和产品项目外，还包括产品组合的长度、宽度、深度和关联度。

产品组合的长度，指企业产品组合中产品项目总数的多少。多则长，少则短。产品组

合的宽度，指企业生产经营的全部产品线数量。产品线多，产品组合的宽度就大；反之就少。产品组合的深度，指企业的产品线中每一种产品项目所包含的不同花色、规格、尺码、型号、功能和配方等数目的多少。例如，统一这个品牌的饮料有四种规格，三种口味，则其深度为 4×3，即产品组合深度是 12。就零售企业而言，一般百货商店的产品组合，其宽度大的深度小，专业商店产品组合的深度大而宽度小。而商店的某产品组合无论是其宽度和深度上均少于生产性的企业。

产品组合的关联度，是指各产品在最终用途、生产条件、所需技术、分销渠道或其他方面相互关联的程度。产品关联度高的企业，有利于实现企业的资源共享，充分发挥协同作用，提高企业的竞争力。产品关联度小的企业，有利于分散风险，但对企业管理人员的素质要求很高。

产品组合的长度、宽度、深度和关联度不同就构成了不同的产品组合。企业在进行产品组合选择时，应考虑几个因素：

（1）企业资源。这是指企业的人、财、物和生产经营能力。产品的生产受制于这些资源，企业无论生产什么产品都要根据自身的资源状况进行科学决策。

（2）市场需求。以市场为导向是企业经营的基本原则。市场需求是不断发展与变化的，企业必须根据市场需求的发展，充分利用企业自身的资源，生产具有良好市场前景的产品系列。

（3）竞争状况。如果新增加的产品系列竞争激烈，经营的风险性会很大，这时增加产品组合的长度或加深产品组合的深度可能更为有利。

（三）产品组合策略

企业的产品组合策略就是对前述产品组合的四个方面进行拓展或收缩。一般情况下，增加产品组合宽度，扩大经营范围，可发挥企业各方面的潜力，获得差异化、多角化的经营优势，以分散经营风险；增加产品线长度和产品组合的深度，可扩充每一产品线中的产品项目，以增加更多花色品种的产品，满足消费者不同的需求，占领同类产品更多的细分市场，吸引更多消费者；延伸产品线，即加强产品组合的关联性，则可以相对简化经营过程，从而降低费用，并提高企业在相关领域的地位和声誉。

1. 增加产品组合

这种策略是扩大产品组合的长度和加强产品组合的深度，目的是为了提高销售，增加利润，或是为了利用过剩的生产、经营能力，或是为了阻止竞争者的进入，或是为了满足经销商吸引更多的顾客的要求。其具体方式包括以下方面：

（1）在维持产品原有品质和价格的前提下，增加同一产品的款式与规格，如汽车厂商对某型号产品增加车身颜色的种类。

（2）增加不同品质与不同价格的同类产品，如汽车厂商增加同一系列产品中不同配置和不同排量的汽车产品种类。

（3）增加互相关联的产品，如汽车厂商增加汽车零配件的生产。

（4）增加毫不相关的产品，如以汽车为主的企业，同时又投资房地产业。

扩充产品组合的优点是：① 能适应顾客多方面的需求，增加销售额；② 能提高企业市场占有率；③ 能综合利用企业资源；④ 能增加市场竞争力，减少季节性与市场需求变化的影响，分散市场风险。

2. 缩减产品组合

与前述做法相反，这种策略是通过缩小产品组合的宽度或深度，实行集中经营。如减少产品线，取消一些产品项目特别是低利润产品，从较少的产品中获取更多的利润。这种策略主要用在经济不景气，原料或能源供应紧张，或企业遇到财政困难时，缩短产品组合可以将有限的资源用于改造保留的生产线，加强专业化，以减少资源占用，加快周转，降低成本。

缩减产品组合的主要方式有：① 产品进行标准化、专业化生产；② 保留原有产品线，减少产品项目；③ 停止生产，购入同类产品继续销售等。

缩减产品组合的优点是：① 能集中精力与技术，改进产品的品质，提高产品的竞争力；② 能扩大产品的生产批量，降低生产成本；③ 能减少资金占用，加速资金周转等。

3. 产品线延伸

产品线延伸有三种形式：向下延伸、向上延伸和双向延伸。这种延伸主要是从产品的档次方面考虑。

（1）向下延伸。原来生产高档产品的企业决定生产低档产品，这就是产品线向下延伸。实行这种产品策略的好处在于：① 借高档名牌产品的声誉，吸引低水平的消费者；② 容易扩大市场占有率，增加销售额；③ 充分利用企业现有生产能力，补充产品项目空白，形成产品系列。企业采取向下延伸策略也有风险。2000 年前后，××酒曾经就有过失败的经历：××酒想学习五粮液的做法实行向下延伸，结果其向下延伸的产品滞销，酒的定位也被模糊。

（2）向上延伸。原来生产低档产品的企业决定进入高档产品市场，实行这种产品策略的好处在于：① 可以提高企业现有产品的声望，提高企业产品的市场地位；② 容易为企业带来丰富的利润；③ 有利于带动企业生产技术水平和管理水平的提高。采用这一策略的企业也要承担一定的风险。因为企业惯以生产廉价产品的形象在消费者心目中不可能立即转变，高档产品不容易在短时间内打开销路，从而影响新产品项目研制费用的回收。

（3）双向延伸。生产中档产品的企业在取得市场优势后，可能决定同时向产品线的上下两个方向延伸，即双向延伸。

4. 特殊化产品组合

这种产品组合策略是通过对市场进行细分后，找出用户的特殊要求，在产品组合中突出产品的特殊性。如以某一地区的特殊资源生产出来的特殊资源型产品；以特别的味道和特色制造出来的特殊风味型产品；为满足特殊用户进行专门生产经营的特殊专业型产品；以特殊的工艺生产出来的特殊工艺型产品；以民族的风情生产出来的民族特色型产品等。

【小案例】

康师傅产品线延伸策略——双向延伸

（1）康师傅推出的针对低端消费者的品牌福满多系列，还有鼓励消费者大量购买到五连连包装方便面，使企业获得更多的市场占有率，在短期内获得较明显的经济利益。

（2）对高端消费者，康师傅推出的品牌是亚洲精选和面霸。这类产品的价格较高，而且包装较其他包装精致，这主要针对的是对口味要求更高的消费者群体。

（3）康师傅一方面增加高档产品；另一方面增加低档产品，扩大市场阵容，满足了不同层次消费者的需要。

第二节 品牌策略

一、品牌与商标

1．品牌的概念

品牌是制造商或经销商加在产品上的标志，是用来识别卖者的产品或劳动的名称、符号、象征、设计或它们的组合，用来区别本企业与同行业其他企业同类产品的商业名称，是具有企业典型标志的组合体。品牌主要包含品牌名称、品牌标志。品牌名称是指品牌中可以用语言来称呼和表达的部分。品牌标志是品牌中可被识别而不能用语言表达的特定标志，包括专门设计的符号、图案、色彩与文字等。

2．商标的概念

商标是经向政府部门依法注册登记后，经批准享有其专用权的品牌。商标受到法律的保护。经注册登记的商标有“R”标记，或“注册商标”的字样。

3．品牌与商标的联系与区别

商标只是品牌的名称和标志，便于消费者记忆识别。品牌有更丰富的内涵，它不仅是一个标志和名称，更蕴涵着生动的文化层面的内容。

商标是一个法律名词，品牌是一个经济名词。例如，“海尔”商标的价值是从法律角度而言，表现为法律意义上的专用权和垄断；而“海尔”品牌的价值是从经济视角而言的，表现为该品牌的市场份额和超额利润率。

二、品牌的内涵

品牌的内涵包括品牌事实质量价值和品牌潜在质量价值两个方面。

（1）品牌事实质量价值，主要是指品牌的名称、标识和产品本身所具有的质量、品种、性能款式、价格、现状、装潢、服务、技术含量等可见要素给消费者带来的利益。

（2）品牌潜在质量价值，主要是指品牌及其产品所蕴含的无形资产、文化积淀、品位象征、时尚因素及由此而产生的品牌联想、品牌忠诚等非可见但可感觉的因素。在这里，品牌符号是一种“显文化”，它可以使人们产生与其文化背景相关的一系列的联想。品牌所代表的产品或企业本身所具有的文化特征，也会在品牌中体现出来，这是品牌的“隐文化”，或者说是文化积淀。如TCL的品牌文化是“TODAY CHINA LION，今日中国雄狮”。品牌联想是针对个性而言的。个性是指品牌的个性特征，品牌的个性应该在表现形式上独特、新颖，而且会使消费者联想到某种具有类似鲜明个性特征的事物。如人们从奔驰的个性特征会联想到猛兽，从QQ的个性特征会联想到小宠物。

品牌的内涵构成了品牌价值。品牌价值是指品牌会因其所代表的产品或企业的品质和声誉不同而形成不同的等级层次，进而影响顾客的品牌价值感知。品牌竞争力是品牌价值的体现，它与品牌知名度、品牌认知度、品牌接受度、品牌偏好度和品牌忠诚度有关。

【延伸阅读】

品牌知名度是指消费者听说过这个品牌，它是品牌竞争力的基础；品牌认知度是消费者不仅听说，而且知道这个品牌怎么样，曾经用过或熟悉的人用过，是形成品牌竞争力的关键；品牌接受度是品牌竞争力的表现，表示有多少人在用该品牌；品牌偏好度是有多少人想用或继续用该品牌，包括潜在的消费者，它是品牌接受度的升华；品牌忠诚度是品牌竞争力所追求的最高境界，它表示消费者不仅使用该品牌的产品，还会继续使用该品牌的产品，有的消费者还会把该品牌介绍给周围的人。

三、品牌策略

企业在制定品牌策略时，有以下四种选择：

1. 无品牌（no brand）

无品牌主要存在两种情况：一种是产品的差异性很小，消费者基本上不做选择，因此没有必要用品牌来加以区别，如某些原材料、辅料、一次性用品等。另一种是按规定不得使用品牌的产品，加某些化学原料。无品牌的商品的价格通常较低。

2. 家族品牌（family brand）

家族品牌主要是指企业对其所生产的同类产品（甚至全部产品）只使用一种品牌，又称为“单一品牌”策略，如海尔的品牌策略。采用家族品牌的优点是：可使产品和企业的整体形象统一起来，可大大降低新产品的促销成本。家族品牌的缺点是：企业面临较大的品牌风险，一旦某个产品出现问题，可能会殃及家族品牌。

3. 个别品牌（individual brand）

个别品牌是指企业对其所生产的不同产品使用不同的品牌，也称多品牌策略，如宝洁洗发护发的产品采取的策略。使用多品牌的优点是拥有多样品牌，市场占有率高，能够体现不同产品之间的差异，以适应不同的目标市场。目前，许多厂商都使用此种品牌策略。多品牌的缺点是：由于产品品牌复杂，消费者容易混淆，所以在产品宣传方面需较大投资，另外，品牌管理难度较大。

4. 特许品牌（licensed brand）

特许品牌是指将品牌以签订特许协议的方式转让给其他企业使用，使用特许品牌者必须按照品牌所有者的要求达到规定的品质标准，并向品牌所有者交付一定的特许转让费。

四、品牌塑造

（一）品牌名称和标识设计

品牌名称和标识是品牌的代表，是品牌之魂，任何一个品牌都有名称和标识，而且这个名称和标识与它所代表的品牌有一种内在的联想和联系，品牌名称和标识可以体现品牌的个性、特征和特色。

1. 简洁醒目，易读易记

来自心理学家的一项调查分析结果表明，人们所接受到的外界信息中，83%的印象通过眼睛，11%借助听觉，3.5%依赖触摸，其余的源于味觉和嗅觉。所以，为了便于消费者认知、传诵和记忆，品牌设计首要的就是简洁醒目，易读易记。故不宜把过长和难以读诵的字符串作为品牌名称，也不宜将呆板、缺乏特色感的符号、颜色和图案用作为标识。

例如，日本索尼公司原名为“东京通信工业株式会社”，由于西方人觉得这个名字很拗口，1953 年该公司决定改成一个易记、好读、全世界都能通用的名字，后来他们新创造了一个单词“sony”作为公司的名字。因为“sony”这个词在任何语言中都没有恶意的解释，非常容易读出，而且字符简单、易于记忆，同时，“sony”品牌十分适宜于在各种媒介上做广告宣传，不仅在电视广告中悦耳响亮，而且在大路牌和霓虹灯上醒目鲜明。再如，“M”是一个很普通的字母，对其施以不同的艺术加工，就形成表示不同商品的标记和标志：鲜艳的金黄色拱门“M”是麦当劳（Mcdonald's）的标记，由于它棱角圆润，色泽柔和，故给人自然亲切之感。与麦当劳的设计完全不同，摩托罗拉（Motorola）虽然也只取一个字头“M”，但是它充分考虑到自己的产品特点，把一个“M”设计得棱角分明，双峰突起，突出了自己在无线电领域的特殊地位和高科技的形象。

2. 构思巧妙，暗示属性

一个与众不同、充满感召力的品牌，在设计上应该体现品牌标示产品的优点和特性，暗示产品的优良属性。

本茨（Benz）先生作为汽车发明人，以其名字命名的奔驰（BENZ）车，多年来赢得了顾客的信任，其品牌一直深入人心。那个构思巧妙、简洁明快、特点突出的圆形汽车方向盘似的特殊标志，已经成了豪华优质高档汽车的象征。这个品名与品标的有机结合，不仅暗示品牌所标定的商品是汽车，而且是可以“奔驰”的优质汽车。又如，著名的“力士”（LUX）牌香皂是美国尤尼埃维尔洗涤品公司创立的世界名牌产品。该公司设计者们构思巧妙，充分利用文字内涵及发音的特点，从含有“上等”“精华”意义的“LUXE”中提出主要音节“LUX”作为品牌名，以此营造出只有高贵、高雅、爱漂亮的女士才使用“力士”香皂的效果，从而迎合女性的需求心理。

此外，为了让产品适应全世界的消费者，在设计品牌名称时还应注意各种禁忌，不要有歧义。比如：厦华（下滑）、奇强（骑墙）等，而金利来的翻译不是金狮而是金利来就是考虑我国香港地区的消费者认为金狮与“今输”谐音。奥运会吉祥物“福娃”的英文名字“Friendlies”更名为“fuwa”，也是为了避免“Friendlies”与“Friendless”（没有朋友）发音雷同造成误解。

（二）品牌塑造应注意的问题

1. 重视产品品质、产品服务，塑造良好的品质与企业形象

一贯持续的产品质量是建立品牌形象的前提条件。我国很多企业在建设品牌形象时过

于注重促销而忽视了最基本的产品质量。三鹿的三聚氰胺事件、秦池古酒的勾兑事件、双汇的瘦肉精事件等无时无刻不在提醒我们，质量是品牌的前提。在保证质量的情况下，要比竞争对手更好地满足消费者的需求，企业必须履行自己承诺的服务，用服务来提升企业品牌形象。如海尔的“五星级”服务，别克汽车的“人文关怀”都提升了品牌竞争力。

2. 重视企业品牌文化建设

品牌的背后是文化，文化承载量越大的项目，其效益释放量就越大。营销实践已证明，没有自己文化的品牌，很难有自己独特的、能诱导消费者购买的潜在质量价值，也很难成为真正长久的品牌。可口可乐与美国老兵的情结、万宝路香烟美国西部牛仔的形象、王者风范的芙蓉王无不加入了文化的成分，产品是有形的，加入了文化的产品，则生生不息。文化是品牌的灵魂。

3. 重视品牌传播，加强与消费者的沟通

“酒香也怕巷子深”，消费者面临的选择太多。一个企业如果半年时间没有与消费者沟通，就容易被消费者淡忘。企业要建立品牌的知名度、认知度、品牌联想与品牌忠诚，必须加强与消费者的沟通。企业在进行广告时要思考自己的产品与竞争产品有何区别，更要从消费者角度出发，研究在消费者头脑中尚未铭记的最重要的潜在质量价值，加强与消费者的感性诉求的沟通。

4. 强化品牌，重视商标注册与保护

品牌的名称和标识一经确定，就要迅速报请注册，以防其他企业或个人抢先注册。不仅要重视境内商标注册，更要重视境外商标注册；不仅要重视专用性商标注册，更要重视类似性、防御性商标注册。

第三节　包装策略

包装是商品实体的重要组成部分。如果把品牌比作商品的“脸面”的话，那么包装可谓是商品的“外衣”。随着商品流通形式的发展，作为产品实体重要组成部分的包装在营销中占有越来越重要的地位。西方有些市场营销理论研究者把包装列为市场营销组合 4P 之外的第五个“P”，即产品（product）、价格（price）、渠道（place）、促销（promotion）和包装（package）。不过，大多数营销人员还是把包装视为产品策略中的一个要素。

一、包装及其作用

（一）包装的含义

包装是为了在流通过程中保护产品、方便储运和促进销售，而按照一定的技术方法使用容器、材料以及辅助物等将物品包封并予以适当的装饰和标志工作的总和。简言之，包装就是包装物和包装操作的总和。

包装一般分为三个层次：

（1）第一个层次的包装即直接包装，是指最接近产品的容器或包扎物，如润肤露的瓶子。

（2）第二个层次的包装是间接包装，是指保护第一层次包装的物品，当产品进入使用状态时，它一般被丢弃。第二层次的包装除了增加对产品的保护功能以外，还提供了产品发挥促销作用的承载手段，如润肤露的纸板盒就属于第二层次的包装，它载有充分的促销信息。

（3）第三层次的包装又称运输（或储运）包装，是指产品储存、辨认和运输时为方便进一步销售所必需的包装，如装有 24 瓶润肤露的硬纸箱。

这三个层次的内容共同构成了产品的包装。

（二）包装的作用

在现代市场营销中，包装的功能与作用越来越大，可概括为以下几个方面。

1. 保护产品

保护产品使其免遭污染、损坏、散失、变质等，这是包装的物理功能，也是包装最初的和基本的功能。各种不同的产品有不同的形态、形状、性能，对产品包装的要求也不同。为有效地保护产品，以实现其效用，包装起着避免产品腐蚀、霉变、曝光、散落、变形的作用。这就要求包装材料适宜，包装结构合理，坚实可靠。

2. 使用方便

从生产企业角度看，使用方便既是产品包装的作用，也是对包装的要求。生产企业不仅要考虑运输储存等因素的要求，还要考虑销售企业售卖产品方式的要求。这就要求包装单位要适当，以便中间商的转卖，同时说明产品的构造、成分、性能、用途、使用方法、注意事项，更重要的是要根据消费者的消费习惯，设计出使用方便的包装，如一次购买多次使用的商品，应根据每次用量分别包装；需要控制用量的，要在包装中加带刻度的容器；还要注意使消费者易于携带、易于开启等。总之，要想方设法方便消费者。许多发达国家在包装方面做了精心研究，为方便消费者处理废弃包装物和保护环境，还研制出可熔化的能够充当包装材料的塑料制品。

3. 促进销售

除重视包装的以上两项基本功能之外，越来越多的企业营销人员发现产品的包装还具有“无声的推销员”的作用。它不仅能够保护商品便于出售使用，而且能够传递有关商品的信息，具有识别、传递信息、诱发购买和使商品增值的功能。

二、包装策略

包装策略是产品决策的重要部分。好产品需要好包装，而好的包装设计不仅依赖于艺术方面的构思，也取决于采用正确的包装策略。

1. 统一包装策略

统一包装策略也称类似包装策略，是指企业生产的全部产品的包装相同或相近。这种策略便于企业节约包装设计、制作费用，同时可以扩大影响，造成消费者对生产企业的强烈印象，因为一看包装便知是哪家的产品。但需要注意的是，采用此策略的企业产品线不宜过宽，同时，各种产品之间的质量不能过于悬殊，以避免不必要地加大一般产品的包装费用，或使优质产品的声誉受到影响。这种策略适合于产品质量相对稳定和接近的企业。

2. 等级性包装策略

按照不同产品的质量、价值分成等级，不同等级采用不同的包装。同等级产品采用相同的包装，不同等级产品的包装有各自的特征，易被区分。此策略使消费者根据包装选择产品。俗话说“一分钱，一分货”，这“货”有很大的遮盖性，通过等级包装策略，反映出产品质量越高，价值越大，包装越精美，把产品内在质量的差别体现在商品的包装等级上。但采用此策略要注意把本企业的产品时刻与市场上的同类、同值产品做比较，以正确地决定等级之间的差异程度。

3. 组合包装策略

组合包装也称“多品种包装”或“配套包装”，即按照消费习惯，将几种或多种有关联的不同产品集中于一个包装物中。例如，儿童“六一”礼品袋，有将不同的玩具、学习用品装在一个袋子里的，也有将各种糕点糖果装在一起的。又如，成人用的洗漱袋既可以方便消费者一次购买到所需的相关物品，还可以引发连带性购买行为，有利于新产品的上市推广。但我国有些个别企业用此方法推销残、次、滞产品，这是不可取的。

4. 再使用包装策略

再使用包装也称多用途包装。产品售出之后，其包装还可派上其他用场。如设计美观的装蜂蜜的罐，用后可作简易茶杯；酒喝完后，其瓶可作花瓶等。这种策略使消费者有新奇感，有时能因其瓶而购其酒。移作他用的包装物又可较长时间地留在人们身边，起到宣传商品的作用。但可再使用包装物所用工、料一般价格较高，在决策时要注意对消费者心理的研究，结合产品的特征，设计出有欣赏意味或再使用价值的包装。现在市场上，有的可再使用包装的设计一般化，吸引不了消费者，反而加大了成本，引起产品价格上升，招致消费者的反感。

5. 附赠品包装策略

在包装里面附有赠品以吸引消费者购买，扩大销售量。如上海凤凰珍珠霜的瓶盖上镶有一粒珍珠，许多妇女在对此面霜基本满意的前提下，坚持使用此品牌数年之久，目的在于将那粒珍珠积攒起来串成一条项链。附赠品包装还可以作为在国际市场推介新产品和进行市场调查的手段，但应禁止那些带有明显赌博或其他不健康手法的附赠品策略。

6. 改变包装策略

产品放弃旧包装，改换新包装。在下列情况下宜采用此策略：① 原包装缺点明显，并被证明是应改进的；② 为吸引消费者而换包装，以新的面貌出现；③ 包装材料落后，影响商品销售时，为更好地满足目标消费者对包装物的要求而改变包装等。实行这一策略的优点，一是弥补不足；二是以新面貌出现，对促销有积极作用。改变产品包装应注意配合产品质量的提高。名牌产品包装的改变要慎重，以免误给消费者以假冒名牌、质量下降等印象，以致失去“商标的忠诚者”。

包装是产品的一部分，其策略也要服从和配合企业有关产品的整体策略。若企业采取单一的产品策略，追求企业及产品在消费者心目中的特定形象，包装也要为实现这一目的而设计。发达国家许多企业的经验是值得借鉴的。如可口可乐公司为配合它的整体策略，在设计饮料的瓶子上绞尽脑汁，其当时的主要设计目标是避免雷同，创造出独一无二的品牌形象，要达到制造一种“在黑暗中用手一摸就知道是可口可乐”的有特色的玻璃瓶，以配合其产品策略。

第四节　产品生命周期的特点及应用

产品的生命周期理论（又称产品经济生命周期、产品循环理论，简称 PLC 理论）是市场营销理论中的一个重要内容，并在国际贸易理论中得到进一步的扩展和运用。产品生命周期的发现与运用是人们长期从事市场营销活动实践的结果。人们通过市场活动长期观察，逐渐认识到产品也同生物体、有机体一样，有一个产生、发展到衰亡的过程。产品的这个过程是在市场上发生的，因此被称为产品的“市场生命”或“经济生命”。产品的生命周期可以理解为市场上产品的产生、发展和衰亡的过程在时间上的表现。

产品生命周期与产品的使用寿命是两个截然不同的概念。产品的使用寿命是指产品的耐用程度，是产品从开始使用到损坏报废的时间间隔；产品的生命周期与市场上的消费者、与新产品的推出速度息息相关，从经济角度看，指的是一种产品从上市到退出市场的时间间隔。

产品的生命周期泛指“产品”，而实际上在产品的种类、品类和具体牌号之间，分析起来大不相同。产品种类的生命周期最长，甚至在一段时间内显示不出其阶段的变化；其次为产品的品类，时间最短的是具体牌号的产品。例如，糖果是一种产品种类，糖果中的口香糖是其中的一个类别，而“××牌口香糖”则是具体品牌的产品。三者比较，“糖果”的周期最长，而“××牌口香糖”的周期最短。在实际经营中，应用产品生命周期理论分析产品种类的情况较少，而更多的是分析产品类别或具体品牌。

一、产品生命周期的概念及判断方法

（一）产品生命周期的概念

产品生命周期是指一种产品从试制成功投放上市开始到被市场淘汰退出市场的过程所经历的时间。一般可分为四个阶段，即开发期、成长期、成熟期和衰退期。产品生命周期各阶段与销售额、利润的关系如图 7.2 所示。

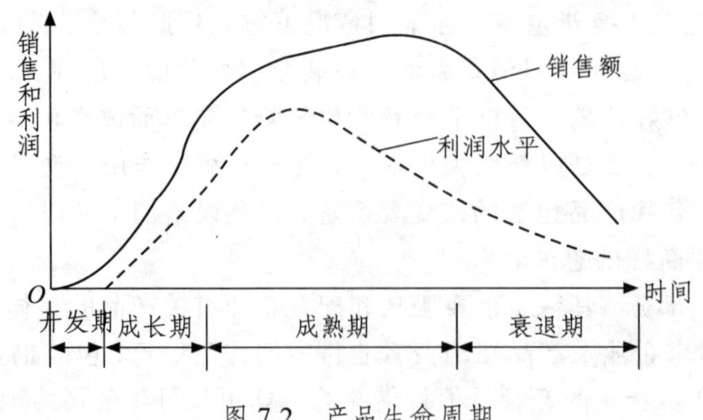

图 7.2　产品生命周期

在营销实践中，产品经济寿命周期曲线常常不像图 7.2 所描绘的那样典型，还有各种各样的形态，如“扇贝形”周期（见图 7.3）、“双重”周期（见图 7.4）等。除此之外，还可能出现金字塔形、骤增骤减型以及初期夭折型等多种情况。

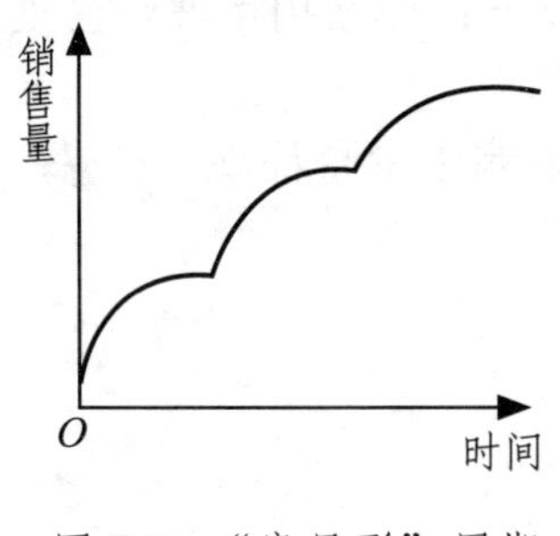

图 7.3 “扇贝形”周期

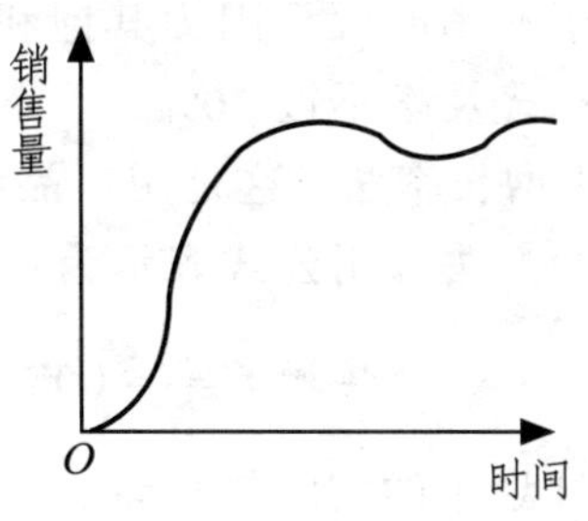

图 7.4 “双重”周期

1. “扇贝形”周期

这是产品进入成熟期以后，在产品销量未下降以前，由于发现了新的产品特性，找到了新的用途，或找到了新的市场，使产品的需求呈阶梯式向上发展。例如，尼龙开始是用来制造降落伞，后来又作为袜子、衣服和地毯等的原料，从而使其需求大幅增加。

2. “双重”周期

产品在市场经过一个周期衰退以后，过一段时期又重新兴起，开始第二个周期。这种现象的产生是由于企业采取各种不同的市场营销策略，使产品生命周期出现再循环的现象。如医药产品的生命周期中最具代表性的就是“双重”周期。

（二）判定企业产品经济生命周期的方法

企业要想完整地、准确无误地描绘出一种产品的生命周期的曲线图，只有当这种产品已经退出市场、走完其生命旅途之后，依据逐年、逐季、逐月的有关统计资料才能绘制成功。而在实际营销活动中，企业营销人员常常表示，这种产品的生命周期分析，对企业总结经验教训、指导以后的工作是有用的，但他们更迫切需要的是要知道本企业当前市场上的产品正处在生命周期的哪一阶段，以决定企业今后的对策。迄今为止，常用的方法有以下几种。

1. 定性分析

（1）特征分析。这是根据产品上市之后在不同的周期阶段中的一般特征，同企业现在市场上的产品进行比较的方法。如企业经营的某产品现有特征与某阶段一般特征相似，可以认定此种产品大致处于其生命周期的哪个阶段。此方法经常使用，其使用效果和主管人员的经验、判断能力有很大关系。

（2）类比分析。这是根据类似产品的发展情况做对比分析的方法，如参照某品牌洗衣机的销售资料来判断另一品牌同型号洗衣机的生命周期可能发生的变化。采用此方法要注意，选择的商品在投入市场后的状况要相似。

2. 定量分析

（1）产品的普及率法。这是用产品的饱和普及率与当时实际的普及率相比较判定其生命周期阶段的方法。饱和普及率是产品销售潜力的最大实现。使用此方法，一要正确估价抽样调查的准确度，二要确定客观饱和普及率。如进行洗衣机、微波炉的分析，抽样调查的结果是，洗衣机目前的普及率是 70%，而微波炉的普及率只有 25%。得出的结论是，洗衣机仍处于畅销阶段，因为其饱和普及率达 95% 以上；而家用微波炉已处于饱和期，因为它的饱和普及率不过 30%。

（2）销售增长率法。这是用产品销售增长率的数据制定定量标准，划分产品生命周期和各个阶段的方法，用公式表示为：

$$\text{销售增长率} = (Y_2 - Y_1) / Y_1 \times 100\%$$

其中　Y_2 是计划年的实际销售量；

　　　Y_1 是上一年的实际销售量。

用产品销售增长率辨别产品生命周期如表 7.1 所示。

表 7.1　销售增长率产品生命周期判断表

销售增长率	产品生命周期阶段
销售增长率<10%	导入期
销售增长率>10%	成长期
－10%<销售增长率<10%	成熟期
销售增长率<－10%	衰退期

二、产品生命周期的特点及其营销策略

产品生命周期分为四个阶段，在产品生命周期的不同阶段，产品的销售量、利润等都是不同的，这也决定了企业在不同的产品生命周期应采取不同的营销策略，以实现产品在整个生命周期中的利润最大化。

1. 开发期

开发期又称导入期，是指产品从设计投产直到投入市场进入测试阶段。该阶段的主要特点是：① 消费者对产品不熟悉，生产不稳定，生产的批量较小；② 成本比较高，企业负担较大（通常没有利润，甚至亏损）；③ 人们对该产品尚未接受，销售增长缓慢；④ 产品品种少；⑤ 市场竞争少。

在该阶段，企业的着眼点应是建立新产品的知名度，广泛宣传，大力推销，吸引潜在消费者的注意和试用，争取打通分销渠道，占领市场。

该阶段的具体营销策略主要有以下几个方面：

（1）突出宣传，要把主要精力放在解决潜在消费者对产品不认识或不熟悉的问题上，要千方百计使人们熟悉，使自己经营的产品站得住脚。这时的产品还立足未稳，要大量地做广告，扩大对该产品的宣传，建立产品信誉。这一阶段，企业要承担较高的广告费用。

（2）利用现有产品辅助发展的办法，用名牌产品提携新产品。如荣事达公司利用荣事达洗衣机形成的品牌效应推出荣事达冰箱。

（3）采取试用的办法，如试用、试听、试穿、试尝，这些办法在国外较普遍。我国生产资料市场上常采用这种方法，有些设备可先试用，再结算，不满意可以退货。有的企业因此取得了很大的成功。

（4）对经营产品的批发、零售或其他类型后续经销企业加大折扣，刺激中间商积极推销。

2. 成长期

成长期是产品已经打开销路并迅速扩大市场份额的阶段。这一阶段的特点是：① 消费者逐步接受该产品；② 生产规模扩大，生产成本、单位促销费用降低，企业利润迅速增加；③ 销量上升较快；④ 生产同类产品的竞争者开始介入，竞争逐渐加剧。

企业必须保持良好的产品质量和服务质量，切勿因产品畅销而急功近利，片面追求产量和利润。为了促进市场的成长，企业可采取以下营销策略：

（1）扩充目标市场，积极开拓新的细分市场。

（2）广告宣传的重点从建立产品知名度转向树立产品形象，使消费者对该产品品牌产生好的印象、偏爱。

（3）加强或增加新的分销渠道，企业在适当的时候降低价格，以吸引对价格敏感的潜在购买者。

3. 成熟期

成熟期是指产品进入大批量生产并稳定地进入市场销售，产品需求趋向饱和的阶段。这一阶段的特点主要有：① 销售量增加缓慢，逐步达到最高峰，然后开始缓慢下降；② 本阶段是产品生命周期中最长的一个阶段，生产同类产品企业之间在产品质量、花色、品种、规格、包装、成本和服务等方面的竞争加剧。这种状况下的竞争是最激烈的。企业在这一阶段，不应满足于保持既得利益和地位，而要积极进取，争取稳定市场份额，延长产品市场生命。

产品在饱和阶段的具体营销策略主要有以下几个方面：

（1）千方百计稳定目标市场，保持原有的消费者，同时使消费者“忠于”某个产品。

（2）增加产品的系列，使产品多样化，增加花色、规格、档次、扩大目标市场，开发产品的新用途。

（3）重点宣传企业的信誉。这时广告宣传和试销阶段的情况不同，不能只是介绍某种产品。这阶段，市场上同类产品很多，再做同样的宣传，稍有失误便会替别人花了广告费。同时，还要加强售后服务工作，增加顾客满意度。这一阶段还有一个重要的任务，就是研制第二代产品，为产品的升级换代做好准备。一旦这个产品一蹶不振，马上有新的产品问世。

4. 衰退期

衰退期是指产品走向淘汰阶段。这时，产品在市场上已经老化，不能适应市场需求，市场上已经有其他性能更好、价格更低廉的新产品，足以满足消费者的需求。这时市场有如下特点：① 产品的销量和利润呈锐减状态；② 产品价格显著下降。

在这一阶段应采取的营销策略是：应当机立断，弃旧图新，及时实现产品的更新换代。

第五节 新产品开发

一、新产品的概念

企业要想持久地占领市场，光靠现有产品是远远不够的，必须不断推陈出新，开发新产品。新产品的不断开发和涌现是企业的活力所在。美国著名管理学家杜拉克说："任何企业只有两个——仅仅是两个基本功能，就是贯彻市场营销观念和创新，因为它们能创造顾客。"创新是企业的基本功能之一，它是通过新产品体现的。

新产品具有广泛的意义，从不同的角度可以有若干种不同的定义。市场营销学中所讲的新产品同科学技术发展意义上的新产品的含义不完全相同。市场营销理论强调消费者的观点，对新产品的定义是：凡是消费者认为是新的、能从中获得新的满足的、可以接受的产品都属于新产品。

新产品基本可分为两大类，即市场型新产品和技术型新产品。市场型新产品主要指产品实体的主体的本质没有什么变化，只改变了色泽、形状、装潢等的产品，不需要使用新的技术。其中也包括因营销手段和要求的变化而引起消费者"新"的感觉的流行产品。如用马口铁制的糖果盒由圆形改为长方形，刚出现时被视作新产品；将宾馆进行装修，改名后重开业也被视作新产品。前者是由于产品实体形状的变化造成新的感觉，后者则是通过改名等手段形成人们新的产品印象。

技术型新产品是由于科学技术的进步和工程技术的突破而产生的新产品，不论是功能还是质量，与原有的类似功能产品相比都有了较大的变化，如电话、手机、计算机、无线电话传真设备的问世，都是属于技术型的新产品。但在市场上，纯属以上两种情况的产品为数不多，大多数新产品是属两者的"混合型"：既要求一定的新技术、新发明作前提，又依赖于市场营销其他因素。因此，又可将新产品进一步分为以下四种：

1. 全新产品

此类产品与上述技术型新产品有时具有相同的意义，即指新技术新发明应用于生产过程而制造出的过去从未有过的产品，这类产品中许多具有时代意义，质量和功能有较大的进步，一旦在市场打开局面，将会表现出很强的生命力。这类产品要求技术条件高，企业成本投入比较多。但同时也正是由于此原因，其他企业仿制起来需要较多的资金、技术和时间的投入，这就使先驱企业容易在竞争中获得有利地位，并在一定时间内维持其营销优势。

2. 换代产品

换代产品即在原有产品的基础上采用新材料、新工艺制造出的适应新用途，满足新需求的产品。例如，将黑白电视机更新为彩色电视机；将普通热水瓶改为气压式热水瓶等。这类革新给消费者带来新的利益，因此增强了产品的竞争力。

3. 改进产品

在保持原有产品品质不变的条件下对产品的性能、外观、规格型号、包装等进行一定的改进，以提高产品的质量或实现产品的多样化，满足不同消费者需求的产品。除此之外，对构成产品三层次中某个因素的变化或改动，有时尽管这些变化很微小，都有可能产生新产品；有时企业对市场已有的产品做些变动，而不是原样照搬，也可以称为新产品。这类新产品由于品质没有改变，因此很容易被消费者接受。

4. 新品牌产品

模仿生产市场上已有的产品。例如，杭州娃哈哈集团推出的非常可乐就是可口可乐的仿制新产品。有计划地引进新技术仿制先进产品的方法是可取的，这样可以提高企业的竞争力，还可以为市场提供更多的产品，带给消费者新的消费利益，使消费者得到新的满足。

我国理论界目前大多数是按以上四种划分方法对新产品进行分类的。新产品还可以从其他角度、运用其他标准进行分析，如按照消费者行为的变化程度分析，按提供产品企业的观点分析等。

二、新产品开发应遵循的原则

企业要想开发出新产品并得到消费者的认可绝非易事。众多企业在研制新产品上争先恐后，仅从用于研制新产品的科研费用上就可见一斑。近年来，有些欧美的企业，从过去每年拿出销售额的3%～5%上升到10%作为新产品的研究费用。美国的通用电气公司设有专门的科研和发展中心以及206个产品研究部门，共有科研人员17 000人。科技的每一项进步最终必将体现在产品上。

企业在开发新产品方面竞争激烈且失败率高，新产品开发的风险是很大的，大约有75%的新产品失败于推向市场阶段。美国无线电公司在电视游戏机上损失了5.75亿美元，杜邦公司在它的被称为“可仿”合成鞋上，损失了1亿美元。不少学者对大量的新产品开发成功和失败的案例进行研究，总结出一些新产品开发中应遵循的原则。

1. 以市场为导向

企业开发新产品的目的是通过满足消费者尚未满足的需求而获利，因此企业在进行新产品开发时，必须深入进行市场研究，了解消费者对产品的品质、性能、价格和款式等方面的要求，开发满足市场需求的新产品。同时，关注竞争者的情况，从而了解新产品未来的市场空间。以市场为导向这一观念应贯穿新产品开发的全过程，是新产品开发中应首先遵循的原则。

2. 选择有特色的产品

有特色的产品是指能为消费者带来独特的利益和超值享受的产品。这要求企业的营销人员、工程师、研究人员进行充分的市场调研，分析消费者没被满足的需求，生产出与现行市场上产品不同特色的产品，如使用更方便、绿色环保等。

3. 以企业的资源为依托

企业在进行新产品开发时，要以企业自身的资源为依托，开发与企业技术水平和市场营销能力相适应的产品，这样可以实现企业经营的协同效应。

4. 具有经济效益

企业拟开发的新产品进入市场应有市场吸引力。企业应根据现有的竞争和对未来市场的发展进行可行性分析，以保证开发的新产品获得预期的利润。取得经济效益是新产品开发的基本目的和原则。

三、开发新产品的程序

新产品开发是企业在激烈技术竞争中赖以生存和发展的命脉，是实现"生产一代、试制一代、研究一代，构思一代"产品升级换代宗旨的重要阶段。一般来说，开发新产品的过程，从构想到投产上市，大致可分为以下几个阶段：

1. 提出目标，搜集"构想"

新产品的"构想"是在企业战略基础上开发的，也有人称为"创意"或"设想"。新产品的"构想"主要来源于购买者（包括消费者和工业用户）、科研机构专家、批发商、零售商、广告公司、竞争者、企业的营销人员及各级决策人员。根据调查，在美国，55%的新产品构想来自企业内部。企业为获得构思，可以从以下几个方面着手：

（1）寻找"构想"。设法从环境中发掘好的关于产品的"构想"，如从消费者对现有产品的意见中发现，从专家的新的科技成果中寻找，也可以从竞争对手企业的产品中得到启发。

（2）激励"构想"。设法鼓励企业内部的工作人员产生和发展新"构想"。在这项工作中，不可忽视营销人员的作用，因其经常与消费者打交道，了解消费者对产品的看法，往往能产生出新的"构想"。

（3）完善"构想"。将收集到的好的"构想"送到企业内部有关部门，征求修正和补充意见，以完善最初"构想"。

在搜集"构想"的过程中，利用科学的方法才能最有效地发掘出"构想"。可用的方法有特点罗列法、强迫关系法、联想多角度分析法、头脑风暴法等。

2. 评核与筛选

企业产品开发部门在搜集许多构想之后，在决定采用哪一项构想作为发展方案时，首先得经过评核与筛选。进行评核与筛选一般应考虑以下几个方面的因素：

（1）新产品是否同企业的营销范围、营销目标一致；

（2）这种新产品有没有适当的目标市场、销售量大小；

（3）新产品的特点是否突出，并便于消费者了解；

（4）新产品的成本与设备能力情况；

（5）新产品的原料来源保证情况；

（6）新产品上市后，可能出现的竞争状况的估计；

（7）新产品对企业其他产品的影响等。

【小案例】

汰渍洗衣粉的出生——先有概念后有产品

1993 年年底，宝洁在中国的汰渍品牌小组成立，小组从消费者需求与习惯研究中得到的数据显示，消费者关心的洗衣粉前三个基本功能是日常清洁、去污、衣领和袖口清洁，在通过调研和消费者深度访问后，宝洁确定两个待选概念：一个是油污去无痕；另一个是领干净、袖无渍。在随后的概念测试阶段，由产品研究部开发配方，进行匿名产品测试，通过将品牌总体评价、功能评价、购买意向的测试分数与白猫和活力 28 比较，得出两个概念皆有上市成功可能的结论。最终，品牌小组选择了“去油污”概念。

然而，汰渍在“去油污”概念下销售了一段时间后，发现品牌生长并不理想，概念未能明显胜过竞争对手，真正打动消费者。于是，汰渍品牌小组决定，全国推广暂缓，重新选择概念。汰渍再次进行了大量调研发现，领子、袖口是消费者对他人形成印象的一个信号，而当时并没有别的厂家想到这个概念。因此，这次他们选择了“领干净、袖无渍”。这一概念获得了很大的成功，宝洁随后又推出了柠檬汰渍来推动销量。

在宝洁，永远是先有概念后有产品。宝洁推出的其实不是一个新产品，而是一个概念、一个说法。产品只是概念的载体，如果调研发现消费者确实需要这个产品，宝洁就去开发这个产品。

3. 产品实体开发

经过以上几个步骤，研发部门可以将产品概念发展成为实体产品，进入开发阶段。此阶段要进行系统的工作（如编写说明书、造出样品、对产品进行技术经济指标的研究分析等），进行技术上的可能性、经济上的合理性与市场占有率的综合论证，然后对此全面评价。这里需要进行市场实验，检验产品能否满足消费者的需求。

4. 营业分析

营业分析即详细分析新产品开发在商业上的可行性。它主要是测算、估计新产品的销售量、成本与利润，以及投资收益率等，判断其是否符合企业的目标。这对企业决策十分重要。

有的企业在这阶段就初步拟定了营销组合策略的方案，如产品的结构、目标市场、消费者购买行为及新产品的市场定位、产品的定价、销售渠道策略、短期的销售量的预计以及销售费用的预算；预计长期销售量和各个阶段的利润目标及销售策略。这种分析就称财务可行性分析。

5. 新产品正式进入市场

新产品进入市场包括试销和产品商业化运作。新产品全面上市时，在早期计划中，要注意研究选择适当的投放时机和地区，要选择市场销售渠道，还要研究各种销售促进策略的应用。新产品决定进入市场后，企业的任务就是抓住时机进行推广，把新产品引进市场并达到使消费者普遍接受的目的。在这个阶段，要考虑消费者的心理因素，具体地研究消费者接受新产品在心理上的一般规律。

【思考题】

1. 从整体产品的三个层次来理解产品对企业进行市场营销的意义。
2. 企业在进行产品组合时，应考虑哪些因素？
3. 结合你熟悉的企业，分析它塑造品牌形象时存在的优点与不足。

【实训题】

宝洁公司的多品牌策略

品牌延伸曾被认为是充满风险的事，有的学者甚至不惜用“陷阱”二字来形容其风险之大。然而，纵观世界一流企业的经营业绩不难发现，这其中有像索尼公司那样奉行“多品一牌”的“独生子女”策略的辉煌，更有像宝洁公司这样大胆贯彻“一品多牌”策略，在国际市场竞争中纵横驰骋尽显“多子多福”的风流。

宝洁公司是一家美国的企业。它的经营特点：一是种类多，从香皂、牙膏、漱口水、洗发精、护发素、柔软剂、洗涤剂，到咖啡、橙汁、烘焙油、蛋糕粉、土豆片，再到卫生纸、化妆纸、卫生棉到感冒药、胃药，横跨了清洁用品、食品、纸制品、药品等多种行业。二是许多产品大多是一种产品多个牌子。以洗衣粉为例，他们推出的牌子就有汰渍、洗好、奥克多等近十种品牌。在中国市场上，香皂用的是舒肤佳，牙膏用的是佳洁士，卫生巾用的是护舒宝，而洗发水就有飘柔、潘婷、海飞丝等几种品牌，要问世界上哪个公司的品牌最多，恐怕非宝洁公司莫属。

如果把多品牌策略理解为企业多到工商局注册几个商标，那就大错特错了。宝洁公司经营的多种品牌策略不是把一种产品简单地贴上几种商标，而是追求同类产品不同品牌之间的差异，包括功能、包装、宣传等方面，从而形成每个品牌的鲜明个性。这样，每个品牌都有自己的发展空间，市场就不会重叠。以洗衣粉为例，宝洁公司设计了九种品牌的洗衣粉：汰渍（Tide），洗好（Cheer），格尼（Gain）、达诗（Dash）、碧浪（Belong）、卓夫特（Dreft）、象牙雪（IvorySnow）、奥克多（Oxydol）和时代（Era）。他们认为，不同的顾客会从产品中获得不同的利益组合，如有些人认为洗涤和漂洗能力最重要；有些人认为使织物柔软最重要；还有人希望洗衣粉具有气味芬芳、碱性温和的特点……于是就利用洗衣粉的九个细分市场，设计了九种不同的品牌。

宝洁公司就像一个技艺高超的厨师，把洗衣粉这一看似简单的产品，加以不同的佐料，烹调出多种可口的大菜。不但从功能、价格上加以区别，还从心理上加以划分，赋予不同的品牌个性。通过这种多品牌策略，宝洁已占领了美国大部分的洗涤剂市场，目前市场份额已达到 55%，这是单个品牌所无法达到的。

1. 制造卖点

宝洁公司的多品牌策略如果从市场细分上讲是寻找差距的话，那么从营销组合的另一个角度看是找准了“卖点”。卖点也称“独特的销售主张”。这是美国广告大师罗瑟·瑞夫斯提出的一个具有广泛影响的营销理论，其核心内容是：广告要根据产品的特点向消费者提出独一无二的说辞，并让消费者相信这一特点是别人没有的，或是别人没有说过的，且这些特点能为消费者带来实实在在的利益。在这一点上宝洁公司更是发挥得淋漓尽致。以宝洁在中国推出的洗发水为例，“海飞丝”的个性在于去头屑，“潘婷”的个性在于对头发的营养保健，而“飘柔”的个性则是使头发光滑柔顺。在中国市场上推出的产品广告更是出手不凡：“海飞丝”洗发水，海蓝色的包装，首先让人联想到蔚蓝色的大海，带来清新凉爽的视觉效果，“头屑去无踪，秀发更干净”的广告语，更进一步在消费者心目中树立起“海飞丝”去头屑的信念；“飘柔”，从品牌名称上就让人明白了该产品有使头发柔顺的特性，草绿色的包装给人以青春美的感受，“含丝质润发素，洗发护发一次完成，令头发飘逸柔顺”的广告语，再配以少女甩动如丝般头发的画面，更深化了消费者对“飘柔”飘逸柔顺效果的印象；“潘婷”，用了杏黄色的包装，首先给人以营养丰富的视觉效果，“瑞士相关研究院认可，含丰富的维生素，能由发根渗透至发梢，补充养分，使头发健康、亮泽”的广告语，从各个角度突出了“潘婷”的营养型个性。

从这里可以看出，宝洁公司多品牌策略的成功之处，不仅在于在一般人认为没有缝隙的产品市场上寻找到差异，生产出个性鲜明的商品，更值得称道的是能成功地运用营销组合的理论，将这种差异推销给消费者，并取得他们的认同，进而心甘情愿地为之掏腰包。

2. 能攻易守

传统的营销观念认为，单一品牌延伸策略便于企业形象的统一，减少营销成本，易于被顾客接受。但从另一个角度来看，单一品牌并非万全之策。因为一种品牌树立之后，容易在消费者当中形成固定的印象，从而产生顾客的心理定势，不利于产品的延伸，尤其是像宝洁这样的横跨多种行业、拥有多种产品的企业更是如此。宝洁公司最早是以生产象牙牌香皂起家的，假如它一直沿用“象牙”这一单一品牌，恐怕很难成长为在日用品领域称霸的跨国公司。以美国 Scott 公司为例，该公司生产的舒洁牌卫生纸原本是美国卫生纸市场的佼佼者，但随着舒洁牌餐巾、舒洁牌面巾、舒洁牌纸尿布的问世，使 Scott 公司在顾客心目中的心理定势发生了混乱——“舒洁该用在哪儿？”一位营销专家曾幽默地问：舒洁餐巾与舒洁卫生纸，请问哪个品牌是为鼻子设计的？结果，舒洁卫生纸的头把交椅很快就被宝洁公司的 Charmin 卫生纸所取代。

可见，宝洁公司正是从竞争对手的失败中吸取了教训，用一品多牌的策略顺利克服了顾客的“心理定势”这一障碍，从而在人们心目中树立起宝洁公司不仅是一个生产象牙牌香皂的公司，还是生产妇女用品、儿童用品以至于药品、食品的厂家。许多人认为，多品牌竞争会引起经营各个品牌企业内部兄弟之间“自相残杀”的局面，宝洁则认为，最好的策略就是自己不断攻击自己。这是因为市场经济是竞争经济，与其让对手开发出新产品去瓜分自己的市场，不如自己向自己挑战，让本企业各种品牌的产品分别占领市场，以巩固自己在市场中的领导地位。这或许就是中国“肥水不流外人田”的古训在西方的翻版。

从防御的角度看，宝洁公司这种多品牌策略是打击对手、保护自己的最锐利的武器。

（1）从顾客方面讲，宝洁公司利用多品牌策略频频出击，使公司在顾客心目中树立起实力雄厚的形象；利用“一品多牌”，从功能、价格、包装等各方面划分出多个市场，满足不同层次、不同需要的各类顾客的需求，从而培养消费者对本企业的品牌偏好，提高其忠诚度。

（2）从竞争对手来讲，宝洁公司的多品牌策略，尤其是像洗衣粉、洗发水这种“一品多牌”的市场，宝洁公司的产品摆满了货架，就等于从销售渠道减少了对手进攻的可能；从功能、价格诸方面对市场的细分，更是令竞争者难以插足，这种高进入障碍无疑大大提高了对方的进攻成本，对自己来说就是一块抵御对手的“盾牌”。

综上所述，我们从宝洁公司的成功中看到了多品牌策略的多种好处，但这并非是坦途一条。俗话说“樱桃好吃树难栽”，要吃到多品牌策略这个馅饼，还需要在经营实践中趋利除弊。

（1）经营多种品牌的企业要有相应的实力，品牌的延伸绝非朝夕之功。从市场调查到产品推出，再到广告宣传，每一项工作都要耗费企业大量的人力物力。这对一些在市场上立足未稳的企业来讲无疑是一个很大的考验，运用多品牌策略一定要慎之又慎。

（2）在具体操作中，一定要通过缜密的调查，寻找到产品的差异。有差异的产品品牌才能达到广泛覆盖产品的各个子市场、争取最大市场份额的目的。没有差异的多种品牌反而给企业加大生产、营销成本，给顾客的心理造成混乱。

（3）要根据企业所处行业的具体情况，如宝洁公司所处的日用消费品行业，运用多品牌策略就易于成功，而一些生产资料的生产厂家则不宜选择这种策略。

资料来源：中国管理资源网。

讨论问题：

1. 企业实施产品品牌策略有哪些选择？
2. 宝洁公司多品牌策略成功的根本原因是什么？这种经验是否具有普遍意义？为什么？
3. 你认为我国企业在实施商标品牌策略上与外国企业相比存在哪些优缺点？

第八章　定价策略

【导入案例】

为产品确立最佳售价

巴黎证交所附近有家小餐馆。它的菜根据点菜人的多少定价。如果点一道菜的人多，这个菜就贵；点的人少，价格就便宜。顾客可以查看店内的电脑，在点菜时锁定一个价，也可以冒险到结单时赌个好价钱。不过，顾客和餐馆所承担的风险都不大。每天上下浮动的最大差额不过6法郎，还不到1美元。但顾客可以一试运气，尝尝投机的乐趣。对店家来说，也可以赌一赌能赚多少，因为就算是最低价也包括成本和一定的利润。

这家餐馆的主人认识到，并不仅是靠成本加利润算出一个模式就可以定出一个适当的价格。你可以有一个价格模式。但是，如果盲目遵从一个模式，只能为你的业务带来破坏、使你毫无利润可赚，甚至把你赶出市场。影响你最终定价的因素有很多，如产品、市场、经济气候等。如果你能灵活应变，就可以像巴黎那家餐馆主人一样多赚一点。

第一节　影响产品定价的主要因素

消费者对产品价格的接受程度是由多方面的因素决定的。企业为了实现自己的利润，必须科学合理地确定营销价格，从实现企业战略目标出发，选择恰当的定价目标，运用科学的方法、灵活的策略的同时，综合分析产品成本、市场状况、国家物价政策等影响因素。

一、产品成本

在实际工作中，产品的价格是按成本、利润和税金三部分来制定的。任何企业不能随心所欲地制定价格，企业定价必须首先使总成本得到补偿，要求价格不能低于平均成本费用。所谓产品平均成本费用包含平均固定成本费用和平均变动成本费用两部分，平均固定成本费用并不随产量的变化而按比例发生变化，企业取得盈利的初始点只能是在价格补偿平均变动成本费用之后的累积余额等于全部固定成本费用之时。显然，产品成本是企业核算盈亏的临界点，产品售价大于产品成本时企业就有可能形成盈利；反之则亏本。一般而言，企业定价中使用比较多的成本类别有以下几种：

（1）总成本，指企业生产一定数量的某种产品所发生的成本总额，是总固定成本和总变动成本之和。

（2）总固定成本，指一定时期内产品固定投入的总和，如厂房费、机器折旧费、一般管理费用、生产者工资等。在一定的生产规模内，产品固定投入的总量是不变的，只要建立了生产单位，不管企业是否生产、生产多少，总固定成本都是必须支付的。

（3）总变动成本，指一定时期内产品可变投入成本的总和，如原材料、辅助材料、燃料和动力、计件工资支出等。总变动成本一般随产量增减而按比例增减，产量越大，总变动成本也就越大。

（4）单位成本，指单个产品的生产费用总和，是总成本除以产量所得之商。同样，单位成本也可分为单位变动成本和单位固定成本。单位变动成本是发生在一个产品上的直接成本，与产量变化的关系不大，而单位固定成本作为间接分摊的成本，在一定时期内，其与产量是成反比的。产量越大，单位产品中所包括的固定成本就越小；反之则越大。

（5）边际成本，指增加一个单位产量所支付的追加成本，是增加单位产品的总成本增量。边际成本常和边际收入配合使用，边际收入指企业多售出单位产品得到的追加收入，是销售总收入的增量。边际收入减去边际成本后的余额称为边际贡献，边际贡献为正值时，表示增收大于增支（增收对于企业增加利润或减少亏损是有贡献的）；反之则不是。

二、产品的供求状况

市场营销理论认为，产品的最高价格取决于产品的市场需求，最低价格取决于该产品的成本费用。在最高价格和最低价格的幅度内，企业能把产品价格定多高，则取决于竞争者同种产品的价格水平。可见，市场需求、成本费用、竞争产品价格对企业定价有着重要影响，而需求又受价格变动的影响。在正常情况下，市场需求会按照与价格相反的方向变动，价格提高，市场需求就会减少；价格降低，市场需求就会增加。所以，需求曲线是向下倾斜的。这是供求规律发生作用的表现。但是也有例外的情况，显示消费者身份地位的产品需求曲线运动有时是向上倾斜的，如香水提价后其销售量却有可能增加。当然，如果香水的价格提得太高，其需求和销售将会减少。正因为价格会影响市场需求，所以企业制定价格的高低会影响企业产品的销售，因而会影响企业市场营销目标的实现。这是市场需求对价格变动的反应。换言之，需求的价格弹性反映需求量对价格的敏感程度，以需求变动的百分比与价格变动的百分比之比值来计算。如果把对商品需求数量看作因变量，把价格看成是造成需求数量变动的自变量，则价格的变动对需求数量变动的影响程度叫作需求的价格弹性，其计算方法如下：

商品需求的价格弹性＝商品需求量变动的百分比÷商品价格变动的百分比

如果某产品需求的价格弹性大，只要价格稍有变动，则需求量变动大，反应灵敏，我们称之为需求弹性大；相反，如果产品需求的价格弹性小，尽管价格变动大，而需求变动小，反应迟钝，我们称之为需求弹性小。

在以下条件下，需求可能缺乏弹性：

（1）市场上没有替代品或者没有竞争者。

（2）购买者对较高价格不在意。

（3）购买者改变购买习惯较慢，也不积极寻找较便宜的东西。

（4）购买者认为产品质量有所提高，或者认为存在通货膨胀等原因，价格较高是应该的。

如果某种产品不具备上述条件，则产品的需求的价格弹性大。在这种情况下，企业高层管理者可以考虑适当降价，以刺激需求，促进销售，增加销售收入。价格需求弹性对企业营销人员的意义在于，营销人员可通过分析企业的总销售额是如何随价格的变化而变动来判断某种产品的需求弹性。

三、竞争者的产品和价格

市场竞争也是影响价格制定的重要因素。企业必须采取适当的方式，了解竞争者所提供的产品质量和价格。企业获得这方面的信息后，就可以与竞争产品比质比价，更准确地制定本企业产品价格。如果两者质量大体一致，则两者价格也应大体一样，如果定价太高，则本企业产品可能卖不出去；如果本企业产品质量较高，则产品价格也可以定得较高；有时，出于市场竞争的需要，当企业产品的质量与竞争产品大体一致时，也可将价格定低。例如，格兰仕在国内市场率先推出的数码光波微波炉既可单独使用光波，也可以单独使用微波，还可以组合使用，使产品的热效率和热均匀性较传统微波炉有极大的提高。2000年，由美国通用电气公司推出的光波微波炉在美国的市场售价折合人民币1万多元，而格兰仕光波微波炉售价仅1000多元，有效地提高了产品的吸引力和市场竞争力。

四、营销策略的一致性

价格策略作为营销组合策略中的一个重要组成部分，必须考虑到与其他营销策略的统一，为企业制定的市场定位战略服务。企业的产品定位高端，价格就要定高点，如产品放在精品店肯定要比放在路边小店要贵。通过企业的促销，产品知名度有所提高，企业也可适当提价。总之价格要与其他营销策略一致，体现企业的市场定位。

五、法律政策

国家法律和政策对价格决策也有重要的影响。政府和立法部门往往从全局出发，为了维护国家、社会和消费者的利益，国家在自觉运用价值规律的基础上，通过制定物价工作方针的各项政策、法规，对价格进行管理、调控或干预，或利用生产、税收、金融、海关等手段间接地控制价格，因而国家有关方针政策对市场价格的形成有着重要的影响。

第二节　定价方法

企业产品价格的高低要受市场需求、成本费用和竞争情况等因素的影响和制约，企业制定价格时应全面考虑这些因素，但在实际定价工作中往往侧重于某一个方面。大体上，企业定价有三种导向：成本导向、需求导向和竞争导向。

一、成本导向定价

1. 目标利润定价法

这种方法是根据企业的总成本和估计的总销售量确定一个目标利润，作为核算定价的标准，其计算公式为：

产品单价=（固定成本+变动成本+目标利润）÷产品数量

这一方法的操作过程是：预测产品销量并估算总成本，按确定的成本利润率估算目标利润，估算总销售收入并计算单位产品的目标价格，绘制损益平衡图并计算盈亏平衡点。下面举例说明目标贡献定价法的操作过程：

第一步，预测产销量并估算总成本。假设某制造商一种产品的生产能力为 100 万件，预测计划期内该产品的产销量为 80 万件，总成本为 1000 万元（其中固定成本 600 万元、变动成本 400 万元）。

第二步，按确定的成本利润率估算目标利润。假设制造商期望成本利润率为 20%，则：

目标利润=总成本×成本利润率=1000×20%=200（万元）

第三步，估算总销售收入并计算单位产品的目标价格。

总销售收入=总成本+目标利润=1000+200=1200（万元）

单位产品的目标价格=总销售收入÷产销量=1200÷80=15（元/件）

2. 盈亏平衡定价法

这是企业利用盈亏平衡分析原理来定价的一种方法。盈亏平衡点又称保本点，企业产品销售若达到均衡点，可实现盈亏平衡，它是侧重于保本经营的定价方法。在市场不景气的临时困难情况下，保本经营总是比停业损失要小得多，而且企业有灵活的回旋余地。这种方法的计算公式为：

单位产品的价格=（单位变动成本+固定成本）÷损益平衡销售量

例如，某企业年固定成本为 100 000 元，单位产品变动成本为 30 元/件，年产量为 2000 件，则该企业盈亏平衡点价格=100 000÷2000+30=80（元）。

以盈亏平衡点确定价格只能使企业的生产耗费得以补偿，而不能得到收益。因此，在实际中均将盈亏平衡点价格作为价格的最低限度，通常再加上单位产品目标利润后才作为最终的市场价格。有时，为了开展价格竞争或应付供过于求的市场格局，企业会采用这种定价方式以取得市场竞争的主动权。

以成本为中心的定价方法的主要优点是计算简便，如果在正常情况下，产品能顺利售出，便能保证企业实现预期的目标利润。但这种定价方法体现了以卖方为中心的生产导向观念，只考虑了产品成本和目标利润等卖方利益，而未考虑买主需求与接受能力；片面强调了产品价格的形成，而未考虑价格的实现，一旦所定的价格不能顺利卖出时，目标利润便成为泡影，且成本也难以收回；而且假若产品产量不能确定，成本的计算也会缺乏科学性。

二、需求导向定价法

在市场经济条件下，对企业来说，重要的是价格的实现而不是价格的形成，而价格实现的关键又在于消费者的接受能力和对商品价格的认知，即在市场上商品以什么样的价格水平销售，在于消费者认为这件商品值多少钱，并付得起多少钱，以及愿意为其付出多少钱。如果产品价格低于其认知价值，消费者就认为商品便宜，而愿意购买；反之则认为商品昂贵，不愿购买。因而，企业如果在定价之初从消费者对产品能接受的价格出发，并以最终价格水平来控制企业的生产成本，这样就会使企业的产品在市场上顺利地被消费者接受，这种方法称为需求导向定价法。这是根据商品在消费者心目中的认知价值或理解来确定商品价格水平的定价方法，包括认知价值定价法和反向定价法。

1. 认知价值定价法

在市场上一瓶可口可乐零售价 2 元，而在高级饭店或歌舞厅则可定价 10 多元，由于特殊的气氛和服务提高了商品的附加价值，使顾客愿意支付那么高的价格。认知价值定价法就是企业根据购买者对产品的认知价值来制定价格的一种方法。认知价值定价与现代市场定位的观念一致。企业在为其目标市场开发新产品时，在质量、价格、服务等各方面都需要体现特定的市场定位观念。因此，企业首先要决定所提供的价值及价格，之后，企业要估计在此价格下所能销售的数量，再根据这一销售量决定所需要的产能、投资及单位成本。接着，管理人员还要计算在此价格和成本下能否获得满意的利润，如能获得满意的利润，则继续开发这一新产品；否则就要放弃这一产品概念。

认知价值定价的关键，在于准确地计算产品所提供的全部市场感受价值。企业如果过高地估计感受价值，便会定出偏高的价格；如果过低地估计感受价值，则会定出偏低的价格。企业在定价前要认真做好营销调研工作，将自己的产品与竞争者的产品仔细比较，正确把握消费者的认知价值，并据此定价。

【小案例】

美国沃尔弗公司生产的一种松软的猪皮工作鞋，名为“安静小狗”。这种鞋定价多少合适呢？他们打算定位在 5 美元上下，却不知道消费者是否认可，于是就先进行试销。先把 100 双鞋无偿交给 100 位顾客试穿，待 8 周之后，公司派人登门收鞋，如有人想留下，就交 5 美元，后来，多数顾客留下了鞋子。得到这个消息，公司马上把价格定在 7.5 美元一双，并开始大张旗鼓地生产，这次销售获得了极大的成功。

2. 反向定价法

反向定价法是指企业依据消费者能够接受的最终目的销售价格，计算自己从事经营的成本和利润，逆向推算出产品的批发价和零售价。这种定价方法不以实际成本为主要依据，而是以市场需求为定价出发点，力求使价格为消费者所接受。分销渠道中的批发商和零售商多采用这种定价方法。

【例 8.1】消费者对某牌号电视机可接受价格为 2500 元，电视机零售商的经营毛利为 20%，电视机批发商的批发毛利为 5%。计算电视机的出厂价格。

解：零售商可接受价格=消费者可接受价格×（1 − 20%）
=2500×（1 − 20%）
=2000（元）

批发商可接受价格=零售商可接受价格×（1 − 5%）
=2000×（1 − 5%）
=1900（元）

可见，该牌号电视机的出厂价格为 1900 元。

三、竞争导向定价法

竞争导向定价法指以同类产品或服务的市场供应竞争状态为依据，根据竞争状况确定是否参与竞争的定价方法。在现代市场营销活动中，竞争导向定价已被企业广泛采用。

1. 随行就市定价法

随行就市定价法就是企业按市场上产品现行的平均价格水平来给产品定价。在有许多同行相互竞争的情况下，每个企业都经营着类似的产品，价格高于别人，就可能失去大量的销售额，从而造成利润的降低，而这样做又可能迫使竞争者随之降低价格，从而失去价格优势。因此在现实的营销活动中，由于“平均价格水平”在人们的观念中常被认为是合理价格，易为消费者接受，而且也能保证企业获得与竞争对手相一致的利润，因此许多企业倾向于与竞争者在价格上保持一致。尤其是在少数实力雄厚的企业控制市场的情况下，对于大多数中小企业而言，由于其市场竞争能力有限，更不愿与生产经营同类产品的大企业发生面对面的价格竞争，而靠价格尾随，根据大企业的价格来确定自己的实际价格。

2. 竞争价格定价法

与随行就市定价法相反，竞争价格定价法是一种主动竞争的定价方法，一般为实力雄厚或独具产品特色的企业采用。其定价步骤为：

（1）将市场上竞争产品价格与企业估算价格进行比较，分为高于、低于、一致三个层次。

（2）将企业产品的性能、质量、成本、式样、产量与竞争企业进行比较，分析造成价格差异的原因。

（3）根据上述综合指标确定本企业产品的特色、优势及市场定位。在此基础上，按定价所要达到的目标确定产品价格。

（4）跟踪竞争产品的价格变化，及时分析原因，相应调整本企业价格。

3. 密封投标定价法

这种定价法主要用于投标交易方式。目前，世界上越来越流行采取公开招标（见第四章相关介绍）的办法采购大批物资，在政府机构采购物资和使用银行贷款的企业采购中更为常见。

某供货企业如果想做这笔生意，就要在规定的期限内填写标单，在上面填明可供应产品的名称、品种、规格、价格、数量、交货日期等，密封送给招标人（即采购机构）。企业参加竞标总希望中标，而能否中标在很大程度上取决于企业与竞争者投标报价水平的比较。因此，投标报价时要尽可能准确地预测竞争者的价格意向，然后在正确估算完成招标任务所耗成本的基础上，定出最佳报价。一般说，报价高，利润大，但中标机会小，如果因价高而招致败标，则利润为零；反之报价低，虽中标机会大，但利润低。因此，报价时既要考虑实现企业的目标利润，也要结合竞争状况考虑中标概率（中标概率的测算取决于企业对竞争对手的了解程度以及对本企业能力的掌握程度）。最佳报价应该是预期收益达到尽可能高的价格。

第三节 定价策略

定价策略是指导企业正确定价的行动准则，又是企业进行价格竞争的方式，它直接为企业的定价目标服务。企业常见的定价策略有以下几种：

一、新产品定价策略

当一种新产品以全新的形象出现在市场时，消费者对其是完全陌生的。对新产品的定价，企业有两种截然不同的策略可供选择。

1. 撇脂定价策略

撇脂定价策略是在新产品上市时将其定在一个尽可能高的价格，以期获得高额利润。这种价格策略因与从牛奶中撇取油脂相似而得名。采用此定价策略的好处在于：能使企业在短期内尽快收回投资，获取高额利润。高价便于树立高档产品的形象。当然采用撇脂定价也会因为利润高而招致较多的竞争对手，损害消费者的利益，不利于市场的拓展。从市场营销实践看，在以下条件下企业可以采用撇脂定价：

（1）市场有足够的购买者，他们的需求缺乏弹性，即使把价格定得很高，市场需求也不会大量减少。

（2）高价使需求减少一些，因而产量相应减少一些，单位成本增加一些，但这不致抵消高价所带来的利益。

（3）在高价情况下，仍然是独家经营，别无竞争者。有专利保护的产品即是如此。

（4）某种产品的价格定得很高，使人们产生这种产品是高档产品的印象。

【小案例】

1945 年圣诞节到来之前，为了欢度战后的第一个圣诞节，美国市民急切希望能买到新颖别致的商品作为圣诞礼物。美国的雷诺公司看准了这个时机，在短期内推出了一种美国人从未见过的“原子笔”。当时这种笔的生产成本每支仅 0.5 美元，但雷诺公司却以每支 10 美元的价格卖给零售商，而零售商又以每支 20 美元的价格卖给消费者。首次销售竟然出现了 5000 人争购的壮观场面，大量订单像雪片一样飞向雷诺公司，短短半年时间，雷诺公司生产原子笔所投入的 2.6 万美元，竟获得了近 15.6 万美元的丰厚利润。等到其他竞争对手挤进了这个市场，竞相杀价时，雷诺公司已赚足大钱，抽身而去。

2. 渗透定价策略

渗透定价策略与撇脂定价策略恰恰相反，它是在产品刚刚推出市场时，给产品制定一个较低的价格，以吸引顾客购买，迅速开拓市场，以实现规模经济，降低成本的定价策略。采用这种策略的好处在于：能迅速地占领市场，由于产品价格较低，容易被更多的消费者所接受，也能有效地抑制竞争。但这种策略收回投资较慢，因此作为一种长期价格策略，适用于能尽快大批量生产，特点不突出，易仿制，技术简单的新产品。这种定价策略适用的条件如下：

（1）市场需求显得对价格极为敏感，因此，低价会刺激市场需求迅速增长。

（2）企业的生产成本和经营费用会随着生产经营经验的增加而下降。

（3）低价不会引起实际和潜在的竞争。

3. 满意定价策略

这是一种折中价格策略，它吸取上述两种定价策略的长处，采用比撇脂价格低、比渗透价格高的适中价格，既能保证企业获得一定的初期利润，又能为消费者所接受。当不存在适合于撇脂定价或渗透定价的环境时，例如企业可能无法采用撇脂定价，因为产品被市场看作是极其普通的产品，没有消费者愿意为此支付高价。同样，它也无法采用渗透定价，因为产品刚刚进入市场，顾客在购买之前无法确定产品的质量，可能会认为低价代表低质量。企业一般采取满意定价，尽量降低价格在营销手段中的地位，重视其在产品市场上更有力或有成本效率的手段。

二、心理定价策略

这主要是零售企业针对价格对顾客消费心理产生影响而采用的定价策略。通过新的定价以达到刺激顾客购买的目的。常见的心理定价策略有以下几种：

1. 尾数定价策略

尾数定价是指利用消费者对数字认知的某种心理，尽可能地在价格数字上保留零头，使消费者产生价格低廉和卖主经过认真的成本核算才定价的感觉，从而使消费者对企业产品及其定价产生信任感。例如 6 元一块的香皂，将其定价为 5.95 元，使人觉得这不到 6 元。对价值较低的生活日用品，人们往往采用这种方法。

【小资料】

心理学家的研究表明，价格尾数的微小差别，能够明显影响消费者的购买行为。一般认为，5 元以下的商品，末位数为“9”最受欢迎；5 元以上的商品末位数为“95”效果最佳；百元以上的商品，末位数为“98”、“99”最为畅销。

2. 声望定价策略

声望定价是指企业利用消费者仰慕名牌产品或企业的声望所产生的心理制定产品价格，故意把价格定成整数或高价。质量不易鉴别的产品定价最适宜采用此法，因为消费者崇尚名牌的心理，往往以价格判断质量，认为高价代表高质量。有报道称，在美国市场上，手工做的布鞋很受欢迎，但质量好、价格低的中国货却竞争不过质量相对差、价格却高的韩国货，其原因是，在美国人眼里，低价就意味着低档次。

在现代社会，消费高价位的产品是财富、身份和地位的象征。因此，对于非生活必需品及具有民族特色的手工产品，应设计极品价格形象，主要应强调产品品牌的著名、质量的上乘、包装的精美与豪华，以及给消费者精神上的高度满足。

德国奔驰轿车售价 10 万欧元，瑞士莱克司手表价格为五位数；巴黎里约时装中心的服装一般售价应采用欧元，微软公司的 Windows98（中文版）进入中国市场时，一开始就定价 1998 元。金利来领带一上市就以优质、高价定位，对有质量问题的金利来领带绝不上市销售，更不会降价处理。这带给消费者这样的信息，即金利来领带绝不会有质量问题，低价销售的金利来绝非真正的金利来产品，从而极好地维护了金利来的形象和地位。英国名车劳斯莱斯的价格在所有汽车中雄踞榜首，除了其优越的性能、精细的做工外，严格控制产量也是一个很重要的因素。在过去的 50 年中，该公司只生产了 15 000 辆轿车，艾森豪威尔也因未能拥有一辆金黄色的劳斯莱斯汽车而终身遗憾。

3. 习惯定价

如果某产品在市场上已经形成了习惯价格，企业在对这种产品定价时最好与习惯价格保持一致，不要轻易涨价或跌价，否则会使消费者产生抵触情绪，从而影响销售。对于许多商品尤其是家庭日常生活用品，消费者需要经常、重复地购买，因此这类商品的价格在消费者心理上已经“定格”，如买一块肥皂、一瓶洗洁精等。对这些商品的定价，一般应按照习惯定价。

4. 招徕定价

招徕定价是指零售商利用部分顾客求廉的心理，特意将某几种产品的价格定得很低，使其低于市价甚至成本以招徕顾客，从而增加其他商品的连带性购买，以达到扩大销售的目的。企业采用招徕定价时必须注意以下几点：① 降价的商品应是消费者常用的，否则没有吸引力；② 降价的商品品种要多，以便顾客有较多的选购机会；③ 降价商品的降低幅度要大，一般应接近成本或者低于成本，才能引起消费者的注意和兴趣，激发消费者的购买动机；④ 降价商品的数量要适当，太多会导致商店亏损太大，太少引不起消费者的兴趣；⑤ 降价商品应与因伤残而削价的商品明显区别开来。

北京一家中型仓储式超市——创意益佳，将习惯性消费用品中的一部分呈周期性地轮流降价，有些甚至低于进价，轮到下几种产品降价时，上几种又涨上来。始终给顾客造成一种物美价廉的印象，引得顾客盈门。采用这种招徕定价策略，使消费者的注意力集中在降价产品上，而忽略了其他产品价格的涨落。

三、折扣定价策略

企业为了鼓励顾客及早付清货款、大量购买、淡季购买，还可以酌情降低其基本价格。折扣定价策略是通过降低一部分价格以争取顾客的一种定价方法。企业对那些满足企业优惠条件的客户或顾客提供折扣价有如下几种策略：

1. 现金折扣

为鼓励顾客提前或当场付清货款的一种让价。实质上是一种变相降价，如购买房屋时一次性付清货款则优惠 5%。这种折扣能降低企业现金转换的管理费用，并能改善企业的资金流通。

2. 数量折扣

为鼓励大量购买产品而给顾客以减价优惠。数量折扣分两种：一是按顾客一次购买商品数量的多少，给以不同优惠折扣率的叫作非累计数量折扣；二是按照一定时期内顾客购买商品的累计数量，给以不同优惠折扣率的叫作累计数量折扣。

3. 功能折扣

功能折扣又称交易折扣。根据中间商在营销中担负的功能不同给以不同的折扣。例如，饭店企业根据其承担的职能范围和水平的高低，给旅行社或旅游批发商做出价格折让，作为其担任营销职能的津贴。

4. 季节折扣

商品的价格随季节的不同而有所差异，对不当季的商品实行价格折扣销售以鼓励买主提早购买、贮存，以便减少企业仓储压力，使生产和销售较为均匀地进行。

5. 价格折让

折让是把价格降到目录价格以下的另一种促销方式。例如，保证购新货时交旧货给以价格优惠的“以旧换新”折让；为促进经销商参与支持销售推广计划和广告活动，给经销商提供付款或降价条件的促销折让等。

四、差别定价策略

差别定价策略是根据不同的顾客、产品、地点、时间等制定不同的价格。

1. 差别定价的主要形式

（1）顾客差别定价。同一产品和服务对不同的顾客定不同的价格，实质上这是一种价格歧视。它的实施须以顾客之间互不了解所购商品的价格信任为前提，否则顾客会认为受到了歧视性待遇，认为卖主不对。

（2）产品形式差别定价。采取这种方法定价时，不同花色品种之间的价格差异并不与成本费用成比例，而主要依据产品的市场形象和需求状况来定价。这样拉开价格档次后，也便于顾客按价来区别产品档次。

（3）地点差别定价。对质量相同、成本费用相等的同一商品按不同的地点定不同的价格，如体育场和剧院里按不同的区位定不同的价格。

（4）时间差别定价。对同一产品和服务，在不同的时间或不同的时段定不同的价格，如旅游景点淡旺季的门票、旅店房间的收费、同一天歌舞厅白天与夜晚不同的票价等，便是典型的时间差别定价。

2. 差别定价的适用条件

企业采取差别定价策略必须具备以下条件：

（1）市场必须是可以细分的，而且各个市场部分须表现出不同的需求程度。

（2）以较低价格购买某种产品的顾客没有可能以较高价格把这种产品倒卖给别人。

（3）竞争者没有可能在企业承包以较高价格销售产品的市场上以低价竞销。

（4）细分市场和控制市场的成本费用不得超过因实行价格歧视而得到的额外收入，这就是说，不能得不偿失。

（5）价格歧视不会引起顾客反感，使顾客放弃购买，影响销售。

（6）采取的价格歧视形式不能违法。

五、产品组合定价策略

当产品只是某一产品组合的一部分时，企业应研究出一系列价格，使整个产品组合的利润实现最大化。因为各种产品之间存在需求和成本的相互联系，而且会带来不同程度的竞争，所以定价十分困难。

1. 产品大类定价策略

通常，企业开发出来的是产品大类，而不是单一产品。当企业生产的系列产品存在需求和成本的内在关联性时，为了充分发挥这种内在关联性的积极效应，需要采用产品大类定价战略。企业在定价时首先确定某种产品的最低价格，它在产品大类中充当领袖价格，以吸引消费者购买产品大类中的其他产品；然后确定产品大类中某种产品的最高价格，它在产品大类中充当品牌质量和收回投资的角色；最后产品大类中的其他产品也分别依据其在产品大类中的角色不同而制定不同的价格。

在许多行业，营销者都为产品大类中的某一种产品事先确定好价格点，如男士服装店可能经营三种价格档次的男士服装：150 元、250 元和 350 元。顾客会从三个价格点上联系到低、中、高三种质量水平的服装。即使这三种价格同时提高，男士们仍然会按照自己偏爱的价位来购买服装。营销者的任务就是确立认知质量差别，来使价位差别合理化。

2. 选择品定价

许多企业在提供主要产品的同时，还会附带一些可供选择的产品，如汽车用户可以订购电子开窗控制器、扫雾器和减光器等。但是对选择品定价却是一件棘手的事。汽车公司必须确定定价中应包括哪些产品，又有哪些产品可作为选择对象。汽车制造商只希望用简便型汽车做广告，来吸引人们到汽车展示厅参观，而将展示厅的大部分空间用于展示昂贵的特征齐全的汽车。饭店也面临同样的定价问题，其顾客除了定购饭菜外也购买酒类。许多饭店的酒价很高，而食品的价格相对较低。食品收入可以弥补食品的成本和饭店其他的成本，而酒类则可以带来利润。这就是为什么服务人员极力要求顾客买饮料的原因。也有饭店会将酒价制定得较低，而对食品制定高价，以吸引爱饮酒的消费者。

3. 补充产品定价

有些产品需要附属或补充产品，如剃须刀和照相机。制造商经常为主要产品（剃须刀和照相机）制定较低的价格，而为附属产品制定较高的价格，如柯达照相机的价格很低，原因是它从销售胶卷上盈利。而那些不生产胶卷的照相机生产商为了获取同样的总利润，不得不对照相机制定高价。但如果补充产品的定价过高，就会出现危机。例如，卡特彼勒公司对其部件和服务制定了高价格，以便在售后市场中获取高额利润，该公司设备的加成率为 30%，而部件的加成率有时候达到 300%，这就给“非法仿制者”带来了机会，它们仿制这些部件，然后将它们销售给那些不老实的负责安装的技术师，这些技术师仍以原价计算，而不把节省的成本转让给顾客。这样，卡特彼勒公司的销售额下降了很多。卡特彼勒公司为了控制这种情况，劝说设备所有者只从被许可的经销商处购买部件，以保证设备的性能。但是，很显然，该问题是制造商对售后市场的产品定价过高造成的。

4. 分部定价

服务性企业经常收取一笔固定费用，再加上可变的使用费，例如电话用户每月都要支付一笔基本使用费，如果使用次数超过规定，还要再交费。游乐园一般先收总门票，如果游玩的地方超过规定，就再交费。在新加坡，新车的价格包括两个部分：第一部分是包括进口税在内的汽车成本；第二部分是获取驾驶执照的价格——拥有新的权利。后者在拍卖行可以购得，那儿每月都提供一定数量的用于不同车辆的驾驶执照，成功的驾驶执照投标人要为享有买车的权利支付费用。服务性公司面临着和补充产品定价同样的问题，即应收多少基本服务费和可变使用费。基本服务费应较低，以推动人们购买服务，利润可以从使用费中获取。

5. 产品系列定价

企业经常以某一价格出售一组产品，如化妆品、计算机、假期旅游公司为顾客提供的一系列活动方案。这一组产品的价格低于单独购买其中每一产品的费用总和。因为顾客可能并不打算购买其中所有的产品，所以这一组合的价格必须有较大的降幅，以此来推动顾客购买。假设一家医疗设备公司免费提供送货上门和培训服务，某一顾客可能要求免去送货和培训服务，以获取较低的价格。有时，顾客要求将产品系列拆开。在这种情况下，如果企业节约的成本大于向顾客提供其所需产品的价格，则公司的利润会上升。例如，供应量高不提供送货上门可节省 100 元，这时向顾客提供的价格的减少额为 80 元，则它的利润就增加了 20 元。

第四节　价格调整策略

制定价格以后，由于市场形势和营销环境的不断变化，企业常需要对价格进行调整。企业调整产品的价格，主要有两方面的原因：一种原因是由于客观条件发生变化，企业感到需要调高或调低自己产品的价格，这是主动调整；另一种原因是由于竞争者调整价格，自己不得不跟着调整，这是被动调整。主动调整和被动调整各有其相应的策略及措施。

一、主动调整价格

企业对价格主动进行调整，采取的策略有以下两种：

1. 调低价格

调低价格是指企业在市场经营过程中，为了适应市场环境或企业内部条件的变化，把原有产品价格调低。调低价格的原因有三个方面：

（1）市场上该商品供过于求，产品大量积压，占用大量的流动资金，从而影响企业的经营活动。为了摆脱困境，在采用其他策略无效的情况下，采用此降价策略。

（2）在激烈的竞争中，企业的市场占有率逐渐降低，为了夺回失去的市场，企业采取降价策略。

（3）企业的成本费用比竞争者低，希望通过降低价格来控制市场，或希望通过降低价格来提高市场占有率，以利于在市场营销上确定牢固的地位。降价最直截了当的方式是将企业产品的目录价格或标价绝对下降，但降价往往造成同业者的不满，引发价格竞争。企业更多的是采用各种变相的削价形式来降低价格，如数量折扣、现金折扣等形式；赠送样品和优惠券，实行有奖销售；给中间商提取推销奖金；允许顾客分期付款或赊销；免费或优惠送货上门、技术培训、维修咨询；提高产品质量，改进产品性能，增加产品用途等。由于这些方式具有较强的灵活性，在市场环境变化的时候，即使取消也不会引起消费者太大的反感，因此在现代经营活动中的运用越来越广泛。

对企业来说，主动调低价格应注意选择降价的时机及降价的幅度。主动调低价格能帮助企业摆脱困境，提高市场占有率。但调低价格会打乱企业原有市场营销策略的协调，同时可能导致同行业竞争加剧，引起消费者的怀疑。有时降价不当反而适得其反，给企业造成损失。因此，企业在降价前应采取极为慎重的态度，进行周密的分析。只有在降低价格后企业能达到预期的销售量，使利润有所提高，降价才有意义。

2. 调高价格

调高价格是在市场营销活动中，为了适应市场环境和企业内部条件的变化，把原有产品的价格提高。调高价格的原因主要有三个方面：

（1）产品成本提高。由于原材料涨价等原因促使成本费用不断增加，当原材料价格上涨的因素不能在企业内部消化时，就要考虑提价。

（2）产品供不应求。企业的产品不能满足市场需要，提高价格有利于实现供求平衡。

（3）通货膨胀的原因。为了应付通货膨胀，保持或增加企业的利润，有时也不得不提高产品价格。

除直接提价外，企业还往往运用某些间接提价措施：一是推迟报价定价，即企业决定暂时不规定最后价格，等到产品制成或交货时才给出最后价格；二是在合同上规定价格调整条款，即企业在合同上规定在一定时期内可按某种价格指数来调整价格；三是决定产品价格不变但产品价格中原来包括的某些商品或服务要另行计价；四是减少价格折扣；五是降低产品质量或减少产品特色。在方式选择上，企业应尽可能多地采用间接提价，把提价的不利因素减到最低限度，使提价不影响销量和利润，而且能被潜在消费者普遍接受。同时，企业提价时应采取各种渠道向顾客说明提价的原因，配之以产品策略和促销策略，并帮助顾客寻找节约途径，以减少顾客不满，维护企业形象，提高消费者信心，刺激消费者的需求和购买行为。

二、被动调整价格

竞争者往往突然性地发动价格竞争，在这种情况下，企业贸然跟进或无动于衷都是不对的。正确的做法是尽快迅速地对以下问题进行调查研究：

（1）竞争者为何要变价？

（2）竞争者打算暂时变价还是永久变价？

（3）竞争者变价将对本企业的市场占有率、销售量、利润、声誉等方面有何影响？

（4）其他企业是否会对竞争者的变价做出反应？

（5）竞争者和其他企业对于本企业的每一个可能的反应又会有何反应？

在通常情况下，企业应对价格进行被动调整，可以有多种选择：

第一，根本不予理睬，任凭顾客对本企业产品的忠诚程度决定去留。

第二，修正营销组合中的其他因素加以对抗。

第三，采取完全的或部分的价格变动以应付之。为了保证企业对竞争者调价做出正确的反应，必须对竞争者和本企业的情况进行深入的研究和分析比较，并迅速做出反应。

【例 8.2】休布雷公司生产的史密诺夫酒在美国伏特加酒的市场占有率达 23%。20 世纪 60 年代，另一家公司推出一种新型伏特加酒，其质量不比史密诺夫酒差，每瓶价格却比它低 1 美元。按照惯例，休布雷公司有三条对策可选择：

（1）降价 1 美元，以保住市场占有率；

（2）维持原价，通过增加广告费用和推销支出来与对手竞争；

（3）维持原价，听任其市场占有率降低。

由此看出，不论公司采用上述哪种策略，休布雷公司都处于被动地位。但是，该公司的市场营销人员经过深思熟虑后，却采取了对方意想不到的第四种对策，那就是将史密诺夫酒的价格再提高 1 美元，同时推出一种与竞争对手新伏特加酒价格一样的瑞色加酒和另一种价格更低的波波酒。这一定价策划，一方面提高了史密诺夫酒的地位，另一方面使竞争对手的新产品沦为一种普通的品牌。结果，休布雷公司不仅渡过了难关，而且利润大增。实际上，休布雷公司的上述三种产品的味道和成分几乎相同，只是该公司懂得以不同的价格来销售相同产品的策略而已。

企业的产品是否应该降价、提价，或维持原价不动，企业要对影响价格因素的环境进行综合分析，才能做出合理的决策。

【思考题】

1．联系实例说明影响定价的因素。

2．认知定价法在运用时应注意什么？

3．心理定价策略与影响消费者购买行为的因素有怎样的联系？

4．用价格策略知识来分析我国房地产价格居高不下的原因。

【实训题】

资料一：品牌竞争博弈价格战

价格策略与品牌管理是什么关系？实际上，肯德基快餐的降价与它一贯坚持的战略定位并不相悖。这种战略可以用泰勒提出的一句口号来概括：“全球化思维，本地化战略。”就是说跨国公司在制定营销战略时，既要适应国际化环境，同时也要保持内部机制的灵活性，以应对不同市场的环境差异、政策差异和文化差异，肯德基快餐在貌似整齐划一的表面下，隐藏的是灵活经营的本地化战略。对文化差异，肯德基快餐用本地加盟店的方式解决，因为加盟店更依靠当地的文化背景。比如以色列的肯德基快餐连锁店中，“巨无霸”就不放奶油，目的是为了方便那些犹太教徒把肉和奶制品分开。对于市场上的价格差异，肯德基快餐也不得不严阵以待。中国企业基于成本优势的低价格竞争，正开始对国际营销模式产生巨大影响，而肯德基快餐的降价，可以说正是适应当地竞争环境策略的反映。

顾客判断商品价值取决于对品牌的认知价格已经成为一个越来越敏感的因素。在2003年再版的《营销管理》一书中，营销大师科特勒指出，如今营销的大环境已经出现一些新趋势，显而易见的一点就是“消费者对价格的敏感度日益增加”。2003年，科特勒在中国的演讲中也多次提到行业竞争的残酷性和价格战，并提出现在已经进入“微利时代”。在这种大背景下，降价成为挡不住的诱惑。对很多商家来说，低价竞争成为抢占市场份额的法宝，他们笃信“低价就意味着销售额”的信条。一般说来，低价策略有两种常见的模式：一是每日低价策略（everyday low pricing strategy），即把价格定得低于正常价格，但仍高于竞争者大打折扣后的价格。很多连锁的零售商采用的就是这种办法。另一种是高/低定价策略（high/lowpricing strategy），即价格会高于其竞争者的每日低价，但使用广告进行经常性的降价促销。这种方式成功地利用了顾客的消费心理，事实证明是一种非常有效的方法。不过，根据福克纳的理论，在竞争中影响消费者判断的因素除了可察觉的价格外,还有可察觉的使用价值。而顾客对商品价值的判断完全取决于他们对品牌的认知。

降价是把品牌降格为普通商品。在中国市场上，很多消费者都相信“便宜无好货”这句老话，那么，这时不管采用哪一种低价策略，都会对品牌形象产生一定的影响。只有少数公司，如美国零售商沃尔玛、法国零售商家乐福等通过走低价路线确立了自己的品牌地位。值得注意的是，价格并不是它们取得成功的唯一因素。有竞争力的进货渠道、高效的物流管理和优质的服务都有助于提升它们在消费者心目中的形象。专家指出，走低价策略的道路去抢占市场和维持市场领先地位，是步履维艰且充满风险的。那些仅仅依靠打折和降价与对手竞争的营销者，显然误解了定价在体现品牌总体价值中的作用。实际上，降价面临着把品牌降格为普通商品的风险。现实的情况是，产品之间的质量差距越来越小，面对琳琅满目的商品，消费者根本没有时间、没有精力去深入地考察，他们判断商品价值的唯一标准就是价格。

普遍的经验告诉人们，价格与质量是有直接联系的，因此很多人不相信降价产品会维持同样的使用价值，反而不求“最好”，但求“最贵”。推动业绩的只有使用价值，所以，有些公司反其道而行之，维持高价策略。每一类产品中都有一些品牌价格会高于其他竞争对手，形成产品之间实质上的差异。达能公司的依云矿泉水在世界上享有盛名，它完全是依赖品牌的力量。单就价格而论，每盎司的依云矿泉水比可口可乐都贵。但有些顾客依然对它情有独钟，任“弱水三千，只取一瓶饮”。科特勒认为，降价推动销售额的说法根本就是无稽之谈，这种说法欺骗了很多销售者。降价过去没有，将来也不会提高销售额，真正推动业绩的只有使用价值。在消费者根据产品价格来认知品牌的时代，降价会伤害品牌的地位。营销战场上有很多有力的武器，为了抢占份额而牺牲品牌形象似乎并不明智。有专家认为，在决定参加价格战之前，必须三思而后行，因为改进产品质量、提高服务水平等很多传统做法都可以使自己在竞争中立于不败之地。

讨论问题：

1．低价策略的模式有哪几种？如何理解这几种低价策略的内涵？

2．价格与品牌形象之间的关系如何？

3．企业竞争战略有哪几种？品牌战略属于哪种竞争战略？

4．如何理解低价与降价对企业的影响？

资料二：削价竞争还是服务竞争？

我国南方某省一城市，近年来旅游业发展迅速。1990 年，这里规划重点发展旅游业时，只有几家普通旅馆和招待所，仅有的两家宾馆也够不上星级。2003 年以来的情况大不一样，由于航线畅通，景点建设有吸引力，国内外游客每年超过 200 万人次，以接待国外和国内较高层次的游客为主。无奈宾馆、酒店发展速度更快，不仅房间数超过 1 万，床位数超过 2.5 万，1 至 3 星级宾馆、酒店也达 9 家。在开房率下降、竞争激烈的情况下，刚投入运营的三星级 LX 大酒店面临着严峻的选择：是卷入新一轮的价格战，还是办出特色。

LX 大酒店的张经理曾经在省城管理过两家星级酒店，有丰富的实战经验。他分析：

（1）当地酒店业竞争过度，平均开房率不到 40%。

（2）在全部客源中，国外游客约占 15%，每年达 30 万人次；国内游客要求住三星级饭店者（包括会议），也不低于此数。

（3）三星级酒店全城仅有三家。

讨论问题：你觉得张经理应该进行削价竞争还是服务竞争？为什么？

资料三：小米手机的价格策略

小米手机于 2011 年 8 月发布。在此之前，智能手机的推出颠覆了人们对传统手机的认识。人们对智能机的关注度、认可度都大大提高，智能手机新市场的发展，为小米手机的推出提供了良好的条件。

小米手机发布之前，虽然苹果、三星、HTC 等众多知名品牌占领了国内、国际智能机市场，但是当时配置高端的智能手机定价普遍较高，人们对于性价比高、价格较低的智能手机有强烈的需求和购买欲望。硬件材料加在一起价格不低于 1200 元，再加上关税、17%增值税、3G 专利费、良品率（小米手机的良品率，即手机拿起来能用）达到 99%相当于是极致，但还是意味着 1%的材料浪费。售后服务，这也是成本的一个重要变量。

新产品渗透定价策略指企业将其新产品的价格定得相对较低，以便快速和深入地进入市场，从而快速地吸引大量的消费者，赢得较大的市场份额。作为首款全球 1.5G 双核处理器，搭配 1G 内存，以及 4G 存储空间，最高支持 32G 存储卡的扩展，超强的配置，却仅售 1999 元。超高的性价比为其赢得了超高的人气。

尾数定价是指企业利用顾客对数字认知的某种心理，以零头数结尾的一种定价策略。这种策略保留价格尾数，采用零头标价，将价格定在整数水平以下，给人以便宜、定价精确的感觉，从而激起消费者的购买欲望。小米手机定价 1999 元，使其手机定位在 2000 元档以下，给消费者低价的暗示，提高了消费者的购买欲望。

新产品定价的难点在于无法确定消费者对于新产品的价值。如果价格定高了，难以被消费者接受，就会影响新产品顺利进入市场。如果定价低了，则会影响企业效益。所以，合适的定价是新产品销售成功的重要保障。

讨论问题：分析小米手机运用了哪些价格策略？

第九章　渠道策略

【导入案例】

在日本，打火机原先一般都在百货商店或是在附带卖香烟的杂货店里卖。可是，日本丸万公司在十几年前推出瓦斯打火机时，就把它交由钟表店销售。如今，日本的钟表店到处都是卖打火机的，这是在以前根本没有的现象。钟表店一向被认为是卖贵重物品的高级场所，在这里卖打火机，人们一定会将它视为高级品。而在暗淡的杂货店、香烟店里，上面蒙着一层灰尘的打火机和摆在闪闪发光的钟表店中的打火机，这两者给人的印象当然是天壤之别。丸万公司采取在钟表店销售打火机的方式收到了惊人的效果，他们的打火机十分畅销。由于采取的是反传统的销售渠道，他们的打火机出尽风头，令人们产生了丸万公司的打火机非常高级的印象。目前丸万公司的打火机风行到世界的每一个角落。

以上案例说明仅有好产品是远远不够的，必须建立、开发和设计一个有效的、畅通的分销渠道。分销渠道是产品从制造商向消费者流转的通道。企业以不同的分销渠道销售同一种产品，其成本和利润往往相差甚远。因此，在竞争日趋激烈的市场上，如何选择快捷的分销渠道，就成了企业面临的最复杂和最富有挑战性的问题。

第一节　分销渠道的功能与类型

一、分销渠道的概念

市场上绝大多数生产商都要借助营销中介机构才能成功将地其产品提供给市场。那些促使某种产品或服务顺利经由市场交换过程，转移给消费者（用户）消费使用的一整套相互依存的组织即为分销渠道，也叫“销售渠道”或“通路”，包括产品（服务）从生产者向消费者转移过程，取得这种产品和服务的所有权或帮助所有权转移的所有企业和个人，包括生产者、商人中间商、代理中间商、最终消费者或用户等。分销渠道是连接生产厂商、销售商和消费者之间的桥梁。

二、分销渠道的功能

分销渠道调和产品（或服务）与其使用者之间的差异，包括时间、地点和所有权的差异。其基本功能是实现产品从生产企业向消费者的转移，除此之外还有其他主要功能。

（1）收集信息。收集和传递市场环境中的信息，包括现有消费者和潜在消费者的信息，竞争对手信息等，以帮助生产企业进行营销决策。

（2）促销：传播各类诱导信息，促进消费者购买。

（3）接洽：寻找可能的购买者并与之进行沟通。

（4）谈判：达成有关产品的各种最终协议，以实现所有权的转移。

（5）订货：将消费者的购买意愿通过分销渠道成员传递给制造商。

（6）配合：使所供应的物品符合购买者需要，包括分类、分级、装配、包装等活动。

（7）物流：指在产品转移过程中的运输和储藏工作。

（8）融资：收集和分配资金。

（9）风险承担：承担渠道工作中的风险。

（10）付款：购买者通过金融机构等向卖者付款。

（11）所有权转移：所有权从一个组织或个人向其他组织或个人的实际转移。

（12）服务：向购买者提供某些附加服务和利益，如安装、信用和维修等。

三、分销渠道的类型

（一）根据是否有中间商的介入划分，可以分为直接渠道和间接渠道

1. 直接渠道

直接渠道又叫零级渠道，是指产品从企业流向最终消费者的过程中不经过任何中间商转手的分销渠道。直销渠道是最简单、最直接的渠道，是工业品分销采用的主要类型。

2. 间接渠道

间接渠道是指企业通过若干中间环节，把产品销售给最终消费者或用户的渠道类型。

（二）根据中间环节层次的多少划分，分为长渠道和短渠道

分销渠道的长度是指产品从企业到最终消费者（用户）的转移过程中所经历的中间环节数。

1. 短渠道分类

（1）零级分销渠道：企业→消费者。

这种分销模式即直接渠道，简称直销，指产品不经过任何中间环节，直接由企业供应给消费者或用户。它是一种最简便、最短小的渠道，特别适合工业品销售。其特点是：产销直接见面，中间环节少，产品流通费用较低，有利于企业把握市场信息，但不利于以企业开展规模化为基础的专业性分工，降低了整体效率。

（2）一级分销渠道：企业→零售商→消费者。

这是最常见的一种销售渠道。这种模式是指企业和消费者之间只经过一个层次的中间环节的分销渠道。其特点是：中间环节少，产品分销渠道短，有利于企业充分利用零售商的力量来扩大产品销路。

短渠道的优点是：分销渠道短，中间环节少，产品流转成本低，销售速度快，市场信息反馈及时。短渠道的缺点是：产品企业承担的商业职能多，难以大规模拓展市场。

2. 长渠道分类

（1）二级经销渠道：企业→批发商→零售商→消费者。

这是一种传统的也是常用的分销模式。这种模式是指在企业与消费者之间经过两个层次的中间环节的分销渠道。

（2）二级代理分销渠道：企业→代理商→零售商→消费者。

这种分销模式也是在企业与消费者之间经过两个层次的中间环节的分销渠道。

（3）三级分销渠道：企业→代理商→批发商→零售商→消费者。

这种模式是指在企业与消费者之间经过三个层次的中间环节的分销渠道。有些消费品技术性强，又需要广泛推销，多采用这种分销渠道。

长渠道比较突出的优点是：通过专业分工使商品销售简单化，促进了生产和流通的发展；中间商的介入能高效开拓市场，提高市场占有率，同时分散经营风险。长渠道比较突出的缺点是：渠道长，中间环节多，市场控制性差，产品成本增加，失去低价优势，会给生产者收集市场情报和商品销售反馈信息带来困难。

（三）根据同一层次中间商的多少划分，分为宽渠道和窄渠道

分销渠道的宽度取决于产品流通过程中每一个层次利用同种类型中间商数目的多少。

1. 密集分销

所谓密集分销，也称广泛分销，指企业尽可能多地通过许多负责任的、适当的批发商、零售商推销其产品。密集性分销策略常常用于价廉、易耗、挑选性低、容易储存和保质而且为每个家庭或个人所必需的日常消费品，以及工业品中的通用设备等。其特点是：间接性强，不必自建渠道；延伸度和扩展度大，能保证市场覆盖率。但企业把精力分散在众多中间商身上，也易出现分配工作失控、市场失控及合作困难等问题。

2. 选择分销

所谓选择分销，是指企业在某一地区仅通过少数几个精心挑选的、最合适的中间商推销其产品。选择分销理论上可用于各种各样的产品，尤其适用于一些选择性较强的消费品，特别是在消费者能区别不同的品牌时，还适用于专用性较强的零配件以及技术服务要求较高的商品。虽然与密集分销相比，选择分销的市场渗透力降低，但仍有许多优势。如能选择能力较强的中间商；可以密切和中间商合作，有利于提高工作效率；可以减少经销商之间的盲目竞争，有利于提高商品的声誉。

3. 独家分销

所谓独家分销，是指企业在某一地区仅选择一家中间商推销其产品。独家分销常常用于具有特殊消费性能或可满足特种需要的消费者群的商品，或者十分名贵的商品，如古董、古玩、珠宝、金器等。其特点是：渠道短，能节约销售费用，具有垄断优势，能加强对市场的控制，能与中间商保持密切的经营关系。但可能由于过分依赖分销商，生产者缺乏灵活性，不利于消费者选择购买，会失去许多潜在的消费者，不利于开展竞争。

（四）根据企业采用分销渠道的多少划分，分为单渠道系统和多渠道系统

单渠道系统是指企业只通过一条分销渠道销售产品，多渠道系统（复式渠道和混合渠道）是指企业对同一或不同细分市场，同时采用多条渠道的分销体系，并对每条渠道或至少对其中一条渠道拥有较大的控制权。

多渠道系统的形式主要有以下三种：

（1）企业通过两条以上的竞争性分销渠道销售同一商标的产品；

（2）企业通过多条分销渠道销售不同商标的竞争性产品；

（3）通过多条分销渠道销售服务内容与方式有差异的产品，以满足不同消费者的需求。

第二节　中间商

中间商指的是在生产者与消费者之间，专门从事商品流通活动的具有法人资格的组织或个人。中间商是连接生产厂商和消费者之间的桥梁和纽带，它提高了流通的效率，并且能节约企业成本，从而扩大商品的销售区域。

一、批发和批发商

批发是指一切将物品或服务售给为了转卖或商业用途而购买的组织或个人的活动。批发商是指那些主要从事批发业务的公司。批发商主要有三类：商人批发商、经纪人和代理商、自营批发机构。

（1）商人批发商，又称独立批发商，他们自己进货，取得产品所有权后再出售，是批发商中最主要的部分。

（2）经纪人和代理商，是从事采购、销售或两者兼备，但不取得商品所有权的商业单位。与商人批发商不同，他们对所经营的商品没有所有权，所提供的服务比商人批发商还少，其主要职能在于促成产品的交易，借此赚取佣金。与商人批发商相似的是，他们通常专注于某些产品种类或某些顾客群。经纪人和代理商主要可分为商品经纪人、制造代理商、销售代理商、采购代理商和佣金商。

（3）自营批发机构，指由制造商和零售商自设机构经营批发业务。其主要类型有制造商与零售商的分销部和办事处。分销部有一定的商品储存，其形式如同商人批发商，只不过隶属关系不同；办事处没有存货，是企业驻外的业务代办机构，有些零售商在一些中心市场设立采购办事处，主要办理本公司的采购业务，也兼做批发业务，其功能与经纪人和代理商相似。

二、零售和零售商

零售是指向最终消费者销售产品和服务的活动。零售商指那些销售量主要来自零售的企业。从经营形式上看，目前零售商的类型主要分为商店零售、无店铺零售和零售组织三种：

（一）商店零售

商店零售又称有店铺零售，特点是在店内零售产品与服务。其最主要的类型有综合商店、专用商店、百货商店、超级市场、便利店、超级商店、专业大卖场、折扣商店、大型购物中心和厂家直销中心等。

1. 综合商店（general store）

综合商店是指在同一家商店内，不分门类，销售多种类型商品的零售商。实际上，最早的零售商大多数属于综合商店。在一些城镇和乡村，一家小商店常常是连服装带食品，从锅碗瓢盆到农药化肥，什么东西都经营，有时还会提供邮政服务。这种早期的综合商店规模一般不会很大，因为规模过大必然会带来管理上的麻烦。以后发展到一定的规模，则有可能转化为百货商店。

2. 专业商店（specialty store）

专业商店是专门经营一类或几类商品的商店。大体有服饰商店、钟表店、家具店、花店等。有的只经营本行业商品，有的则兼营其他行业但在消费上带有关联性的商品（如礼品商店，既有工艺品又有文具等）。这类商店的特点在于经营的商品大类比较单一，专业性较强（系列少、项目多、深度大）。具体的商品品种、花色、规格比较齐全。它有利于消费者广泛挑选，同时也能及时研究消费者的需求变化。如有需要，我们还可以按产品线的宽度进一步分类：一家服装店可以是单线商店；一家男子服装店就是一家有限生产线商店；一家男子定制衬衣商店就是一家超级专业商店。

3. 百货商店（department store）

百货商店是一种大规模、综合性、分部门经营日用工业品的零售商业企业。其特点在于经营的商品类别多，同时每类商品（每条商品线）的花色、品种、规格比较齐全。实际上，百货商店是许多专业商店的综合体。通常每一大类商品作为一个独立的部门，有各自的管理人员负责商品的进货业务、控制库存、安排销售计划等工作。近年来，许多专业百货店也应运而生，它只经营服装、鞋类以及箱包之类的商品。在某些发达国家，百货商店已进入零售生命周期的衰退阶段。它们面临激烈竞争，特别是折扣商店、专业连锁商店和仓库商店对它们的挑战。此外还有交通拥挤、停车场不足以及城市空心化现象的出现等，致使商业区的购物吸引力日益削弱。针对这些因素，百货商店也采取了在郊区购物中心设立分店、增设地下廉价品商场、电话订货和对商店形式进行改变等方法来延长自己的寿命。

4. 超级市场（supermarket）

超级市场是一种开架销售、自助服务、低成本、低毛利的零售商店。它是为了更便利地满足消费者对食品和家庭日常用品的种种需求而创建的一种新的零售形式。超级市场一般以经销食品和日用品为主，有的大型超级市场还兼营化妆品、文具、五金、服装等商品。目前不少超级市场通过开设大型商场，扩大经营品种，建造大型停车场，周密设计商场建筑和装潢，延长营业时间，广泛为顾客提供各种服务来进一步扩大其销售量。

5. 便利店（convenience store）

便利店是一种以经营最基本的日常消费用品为主，规模相对较小，位于住宅区附近的综合商店。便利店营业时间较长，不少是 24 小时营业，一般经营周转较快的方便商品，如日用百货、药品、应急商品、即食食品等。由于便利店能随时满足消费者的即时需要，所以商品的价格相对较高。目前。便利店的经营者认为根据居民的生活特点和需求，大概每一万人应当配备一家便利店。根据这种推断，在中国的一些大城市中，便利店的发展前景非常广阔。

超级市场与便利店的销售形式是类似的，两者都采取开架陈列、自我服务、一次结算的方式，但两者的经营定位却有很大差异。超市是满足顾客日常生活所需商品的商店，而便利店则是以满足顾客即时消费需求的商店；超市以居民区一般消费者为主，以家庭为主要销售单位；而便利店则以追求生活质量、习惯于夜生活、生活节奏快的人为主；超市以居民区为主要选址点，而便利店除了选择居民区外，还可以选择闹市区、交通枢纽地带。以便于顾客购物；超市是满足顾客日常生活所需的"一次性购足"的商店，其商品品种至少在 3000 种以上，最多可以达到 15 000 种，而便利店则是以消费者日常消耗率较高的商品为主，具有即时消费性、应急性、小容量性的特点；超市的营业时间在 12 ~ 16 小时，而便利店则在 16 小时以上，甚至达到了 24 小时的全天候营业。由于便利店向顾客提供了更多的服务，因此其商品售价要高于超市 10% ~ 20%，利润率要高于超市 2% ~ 3%。所以，便利店并非是"低档店"，也并非是卖"细、小、零、杂"商品的杂货铺。

6. 超级商店（superstore）

超级商店又称"综合大卖场"，是一种大规模的、开架自助服务的，以销售食品和其他各种日用消费品为主的大型零售商店。其规模远远大于一般的超级市场，可达 2 万 ~ 4 万平方米以上。经营的商品品种少则四五万种，多则十几万种。与超级市场的一个重要区别是，超级商店的非食品类商品占较大比重，一般在 50%以上，包括家电、自行车、简易家具等大件商品。一些超级商店还设有洗衣、美容、冲印照片等服务项目，并配有各种快餐店。超级商店由于经营规模大、商品周转快、经营成本较低，所以商品价格很便宜。

7. 专业大卖场（category killer）

一种专门销售某一类商品的、大规模经营的零售商店，如家电大卖场、家具大卖场、装潢材料大卖场等。商店面积一般都在 1 万平方米以上，专业经营的种类繁多，能充分满足消费者对该类商品的选择性需求。由于大规模经营成本较低，其价格比其他商店销售的同类商品便宜得多，有很强的竞争力，使其他商店很难同其竞争，甚至不得不放弃对该类商品的经营，所以专业大卖场也被称为"品类杀手"。

8. 折扣商店（off-price retailer）

折扣商店是第二次世界大战之后兴起的有影响的零售企业，它也是一种百货商店，主要以低价竞销、自助选购的方式出售家庭生活用品。其价格低于一般商店，毛利较少，销售量较大，薄利多销。早期的折扣商店几乎都是从设在租金较低而交通集中的地区发展起来的，其主要服务对象是那些收入不太高的工薪阶层。这些消费者往往对价格高低较为敏感，而对服务则没有很高要求。近年来，折扣商店之间以及折扣商店和百货商店之间的激烈竞争导致许多折扣零售商店开始经营高价商品。折扣零售已经超越一般商品进入特殊商品领域，如运动用品折扣商店和折扣书店等。这必然导致折扣商店的营业费用大大增加，从而降低了它在价格上的竞争优势。

9. 大型购物中心（shopping mall）

大型购物中心从严格意义上讲并不是一种独立的零售业态，而是各种业态零售商店的一种集聚形式，以满足综合性、休闲性消费需要为主。通常是在同一建筑或同一区域中集中了百货商店、专业商店、超级市场（或超级商店）、品牌专卖店以及影视娱乐中心和各类餐饮店，环境舒适幽雅，并配有很大的停车场，是一种符合现代生活品位的零售形式，已成为人们购物与休闲的主要场所。购物中心有设在市中心的，也有设在郊外的，主要根据不同国家和地区人们的消费习惯而布局。

10. 厂家直销中心（factory outlets）

厂家直销中心是一种集中了许多著名品牌的厂家直销店的购物中心。这些直销店一般销售过时、断码或清仓的名牌商品，相对于市场上同品牌的商品价格要便宜得多，对消费者有很强的吸引力。由于其对自身正常销售的商品也会构成竞争，所以厂家直销中心一般设于距离市中心区域较远的位置，以服务于专门寻求低价名牌的消费群体。

（二）无店铺零售

无店铺零售是指不经过店铺销售产品的零售形式。大多数商品和服务是商店销售的，但是无商店零售却比商店零售发展得更快，传统的商店零售商正面临着来自非商店零售商的挑战。常见的无店铺零售有三种形式：直复营销、上门推销和自动售货。

1. 直复营销

直复营销起源于邮购和目录营销，近年来还采用了其他附加方式，包括电话营销、直接广播营销、电视营销及电子购物等。直复营销使用多种广告媒体，使之相互起作用，期望消费者做出直接反应。

2. 上门推销

上门推销可以直接到顾客家中或办公室进行销售，也可以邀请几位朋友和邻居到某人家中举办家庭销售会，在那里展示并销售产品。由于消费者不习惯销售人员上门打扰，加之单身家庭和双职工家庭的数目不断增多，推销人员上门推销变得很困难。此外，直接销售需支付雇用、训练、管理和激励销售人员的费用，成本高，导致上门推销的价格较高。因此未来直销人员很可能被家庭电话、电视和家庭电脑所代替。

3. 自动售货

自动售货在第二次世界大战以后得到迅猛的发展，当今使用电脑技术的自动售货机已经被用在相当多的产品上，如食品、香烟、软饮料、糖果、胶卷、报纸和热饮料等产品。同时，售货机被广泛安置在车站、机场、工厂、办公室、大型零售商店、加油站、街道等地方。自动售货机向顾客提供 24 小时自动售货服务和无须搬运产品的便利条件，但其销售产品的价格稍高。

（三）零售组织

零售组织是以多店铺联盟的组织形式来开展零售活动的，主要以连锁商店为主。连锁商店是指由许多中小企业通过组织和经营上的联合而形成的联营网。连锁商店的经营业务在不同程度上受总店的控制。其主要特点在于管理制度相当标准化，规模适当、数量较多、分布面广，能获得规模经营的各种利益。例如，通过统一的连锁形象，能够提高和扩大商店规模经营的声誉；能够通过大量采购来降低进货成本；市场信息比较充分，有利于随时了解消费者的需求变化，做出相应的变动。当然，由于连锁商店进行统一管理、集中进货，因此在一定程度降低了各分设商店的灵活性。连锁商店的组织形式一般有三种，即正规连锁（公司连锁）、特许连锁（加盟连锁）和自由连锁。

1. 正规连锁

正规连锁又称直营连锁，是指在同一资本控制之下的众多分散经营的店铺组合。正规连锁的特点是所有的店铺都由其总部直接控制，总部实行统一采购、统一定价、统一核算、统一配送，各门店实际上只具有销售的功能。正规连锁是一种最紧密的连锁组织形式。

2. 特许连锁

特许连锁又称加盟连锁，是指连锁公司以签订特许协议的方式，将其店名、经营方式以及所经营的商品转移给系统之外的商店使用，对其进行统一配货并加以业务指导，同时要求其按公司的统一要求开展经营。特许连锁的特点是，加盟店一般独立核算，在遵守特许协议的前提下有一定的经营自主权。特许连锁是一种相对松散的连锁组织形式。

3. 自由连锁

自由连锁是指由许多独立经营的小店铺自愿联合，统购分销，相互协作的连锁组织形式。自由连锁有以零售店铺为首自行组织的，也有以某批发企业牵头，联合一批中小店铺共同组成的。自由连锁的特点是，各店铺有很强的独立经营权，实际上是一种比较松散的连锁经营形式。

【延伸阅读】

周黑鸭的直营连锁

2007 年来，周黑鸭卖得红火，让一些不吃鸭架的市民也爱上了这种熟食。据业内人士介绍，周黑鸭之所以受到追捧，在于它努力研究市民口味，并不断地进行改进。

早期的周黑鸭以香酥口味为主，但武汉市民口味偏重，所以，它曾遭遇过“水土不服”的尴尬。后来，根据市民的反馈，周黑鸭不断调整口味。两年后，它发展为以麻辣为主，五味俱全。这种口味得到了顾客的认同。

除独特的口味、考究的用料外，周黑鸭一直坚持直营连锁模式和规模化生产，这也是它制胜的法宝。周黑鸭直营模式也是摸索出来的。创业初，周黑鸭在酒店、超市销售，均以失败告终。“进场费太贵了！”朱於龙感慨道，这让当时还不具规模的周黑鸭对这两个市场望而却步。1998 年，周黑鸭主动供货给艳阳天、太子、湖锦等几家大型酒店，但酒店高额的进场费、一月一结账的方式，都让他们无力承担。在中商平价超市，周黑鸭入驻一年，但销售不佳，几经周折，他们悟出直营方式最适合周黑鸭的发展。据悉，周黑鸭刚到南昌时，也采取加盟形式，但后来经营不善，收回了经营权。在周黑鸭的官网上可以看见周黑鸭的申明：不做加盟和任何形式的合作经营。目前，除了武汉，周黑鸭在北京、南昌等地也设有分公司，全部都是直营店。朱於龙明确表示，周黑鸭五年内不涉及特许经营，“不想做加盟，以免经营不善，砸了周黑鸭的牌子”。

第三节　分销渠道的选择

一、影响分销渠道选择的因素

分销渠道的选择是指企业根据自身的战略目标，选择适合企业需求和目标的渠道模式。

影响分销渠道选择的因素很多。生产企业在选择分销渠道时，必须对下列几方面的因素进行系统的分析和判断，以做出合理的选择。

（一）产品因素

1. 产品价格

一般来说，产品单价越高，越应注意减少流通环节，否则会造成销售价格的提高，从而影响销路，这对生产企业和消费者都不利。而单价较低、市场较广的产品，则通常采用多环节的间接分销渠道。

2. 产品的体积和重量

产品的体积和重量，直接影响运输和储存等销售费用，过重的或体积大的产品，应尽可能选择最短的分销渠道。对于那些按运输部门规定的起限（超高、超宽、超长、集重）的产品，尤应组织直达供应。小而轻且数量大的产品，则可考虑采取间接分销渠道。

3. 产品的易毁性或易腐性

产品有效期短，储存条件要求高或不易多次搬运者，应采取较短的分销途径，尽快送到消费者手中，如鲜活品、危险品。

4. 产品的技术性

有些产品具有很高的技术性，或需要经常的技术服务与维修，应以生产企业直接销售给用户为好。这样，可以保证向用户提供及时良好的技术服务。

5. 定制品和标准品

定制品一般由产需双方直接商讨规格、质量、式样等技术条件，不宜经由中间商销售。标准品具有明确的质量标准、规格和式样，分销渠道可长可短，有的用户分散，宜由中间商间接销售；有的则可按样本或产品目录直接销售。

6. 新产品

为尽快地把新产品投入市场，扩大销路，生产企业一般重视组织自己的推销队伍，直接与消费者见面，推介新产品和收集用户意见。如能取得中间商的良好合作，也可考虑采用间接销售形式。

（二）市场因素

1. 购买批量大小

购买批量大，多采用直接销售；购买批量小，除通过自设门市部出售外，多采用间接销售。

2. 消费者的分布

某些商品消费地区分布比较集中，适合直接销售；反之，适合间接销售。工业品销售中，本地用户联系方便，因而适合直接销售。外地用户较为分散，通过间接销售较为合适。

3. 潜在顾客的数量

若消费者的潜在需求多，市场范围大，需要中间商提供服务来满足其需求，宜选择间接分销渠道。若潜在需求少，市场范围小，生产企业可直接销售。

4. 消费者的购买习惯

有的消费者喜欢到企业买商品，有的喜欢到商店买商品。所以，生产企业既要直接销售，也要间接销售，以满足不同消费者的需求，增加产品的销售量。

（三）生产企业本身的因素

1. 资金能力

企业本身资金雄厚，则可自由选择分销渠道，建立自己的销售网点，采用产销合一的经营方式，也可以选择间接分销渠道。企业资金薄弱则必须依赖中间商进行销售和提供服务，只能选择间接分销渠道。

2. 销售能力

生产企业在销售力量、储存能力和销售经验等方面具备较好的条件，则应选择直接分销渠道；反之，则必须借助中间商，选择间接分销渠道。另外，企业如能和中间商进行良好的合作，或对中间商能进行有效地控制，则可选择间接分销渠道。若中间商不能很好地合作或不可靠，将影响产品的市场开拓和经济效益，则不如进行直接销售。

3. 可能提供的服务水平

中间商通常希望生产企业能尽可能多地提供广告、展览、修理、培训等服务项目，为销售产品创造条件。若生产企业无意或无力满足这方面的要求，就难以达成协议，迫使生产企业自行销售；反之，提供的服务水平高，中间商则乐于销售该产品，生产企业则选择间接分销渠道。

4. 发货限额

生产企业为了合理安排生产，会对某些产品规定发货限额。发货限额高，有利于直接销售；发货限额低，则有利于间接销售。

（四）政策规定

企业选择分销渠道必须符合国家有关政策和法令的规定。某些按国家政策应严格管理的商品或计划分配的商品，企业无权自销和自行委托销售；某些商品在完成国家指令性计划任务后，企业可按规定比例自销，如专卖制度（如烟）、专控商品（控制社会集团购买力的少数商品）。另外，税收政策、价格政策、出口法、商品检验规定等，也都影响分销途径的选择。

（五）经济收益

不同分销途径经济收益的大小也是影响选择分销渠道的一个重要因素。对于经济收益的分析，主要考虑的是成本、利润和销售量，一般可以通过销售费用和价格分析来衡量。

1. 销售费用

销售费用是指产品在销售过程中发生的费用。它包括包装费、运输费、广告宣传费、陈列展览费、销售机构经费、代销网点和代销人员手续费、产品销售后的服务支出等。一般情况，减少流通环节可降低销售费用，但减少流通环节的程度要综合考虑，做到既节约销售费用，又要有利于生产发展和体现经济合理的要求。

2. 价格分析

（1）在价格相同条件下，进行经济效益的比较。目前，许多生产企业都以同一价格将产品销售给中间商或最终消费者，若直接销售量等于或小于间接销售量时，由于生产企业直接销售时要多占用资金，增加销售费用。所以，间接销售的经济收益高，对企业有利；若直接销售量大于间接销售量，而且所增加的销售利润大于所增加的销售费用，则选择直接销售有利。

（2）当价格不同时，进行经济收益的比较。主要考虑销售量的影响，若销售量相等，直接销售多采用零售价格，价格高，但支付的销售费用也多。间接销售采用出厂价，价格低，但支付的销售费用也少。究竟选择什么样的分销渠道，可以将两种分销渠道的盈亏临界点作为选择的依据。当销售量大于盈亏临界点的数量，选择直接分销渠道；反之，则选择间接分销渠道。在销售量不同时，则要分别计算直接分销渠道和间接分销渠道的利润，并进行比较，一般选择获利的分销渠道。

（六）中间商特性

各家中间商实力、特点不同，诸如广告、运输、储存、信用、训练人员、送货频率方面具有不同的特点，从而影响生产企业对分销渠道的选择。

（1）中间商的不同对生产企业分销渠道的影响。

（2）中间商的数目不同的影响。依据中间商数目的多少，可选择密集分销，选择分销，独家分销（详见前渠道类型）。

（3）消费者的购买数量。如果消费者购买数量小、次数多，可采用长渠道；反之，购买数量大，次数少，则可采用短渠道。

（4）竞争者状况。当市场竞争不激烈时，可采用同竞争者类似的分销渠道；反之，则采用与竞争者不同的分销渠道。

二、分销渠道选择的基本原则

分销渠道管理人员在选择具体的分销渠道模式时，无论出于何种考虑，从何处着手，一般都要遵循以下原则：

（一）畅通高效的原则

这是渠道选择的首要原则。任何正确的渠道决策都应符合物畅其流、经济高效的要求。商品的流通时间、流通速度、流通费用是衡量分销效率的重要标志。畅通的分销渠道应以消费者需求为导向，将产品尽快、尽好、尽早地通过最短的路线，以尽可能优惠的价格送达消费者方便购买的地点。畅通高效的分销渠道模式，不仅要让消费者在适当的地点、时间以合理的价格买到满意的商品，而且应努力提高企业的分销效率，争取降低分销费用，以尽可能低的分销成本，获得最大的经济效益，赢得竞争的时间和价格优势。

（二）覆盖适度的原则

企业在选择分销渠道模式时，仅仅考虑加快速度、降低费用是不够的。还应考虑及时准确地送达的商品能不能销售出去，是否有较高的市场占有率。因此，不能一味强调降低分销成本，这样可能导致销售量下降、市场覆盖率不足的后果。成本的降低是规模效应和速度效应的结果。在分销渠道模式的选择中，也应避免扩张过度、分布范围过宽过广，以免造成沟通和服务的困难，导致无法控制和管理目标市场。

（三）稳定可控的原则

企业的分销渠道模式一经确定，便需花费相当大的人力、物力、财力去建立和巩固，整个过程往往是复杂而缓慢的。所以，企业一般轻易不会更换渠道成员，更不会随意转换渠道模式。只有保持渠道的相对稳定，才能进一步提高渠道的效益。畅通有序、覆盖适度是分销渠道稳固的基础。由于影响分销渠道的各个因素总是在不断变化，一些原来固有的分销渠道难免会出现某些不合理的问题。这时，就需要分销渠道具有一定的调整功能，以适应市场的新情况、新变化，保持渠道的适应力和生命力。调整时，应综合考虑各个因素的协调，使渠道始终都在可控制的范围内保持基本的稳定状态。

（四）协调平衡的原则

企业在选择、管理分销渠道时，不能只追求自身的效益最大化而忽略其他渠道成员的局部利益，应合理分配各个成员间的利益。渠道成员之间的合作、冲突、竞争的关系，要求渠道的领导者对此有一定的控制能力——统一、协调、有效地引导渠道成员充分合作，鼓励渠道成员之间的有益竞争，减少冲突发生的可能性，解决矛盾，确保总体目标的实现。

（五）发挥优势的原则

企业在选择分销渠道模式时为了争取在竞争中处于优势地位，要注意发挥自己各个方面的优势，将分销渠道模式的设计与企业的产品策略、价格策略、促销策略结合起来，增强营销组合的整体优势。

（六）市场导向的原则

批发商确定渠道层次结构时，必须重点考虑顾客的需求，树立顾客导向的经营思想。所确定的渠道层次结构，不仅要能提供符合消费者需求的产品，而且还必须使渠道满足消费者在时间、地点以及售前、售中、售后服务商的需求。

第四节　分销渠道的管理

一、分销渠道成员管理

企业在确定了方案、选择了渠道成员（即中间商）后，分销渠道就建立起来了。但这并不意味着企业的工作就结束了。分销渠道必须作为企业的一项宝贵资源而加以长期、有效的管理。这就意味着企业必须对渠道的每个成员进行必要的激励和评价的管理工作。此外，随着时间的变化，企业还必须不断地调整渠道以适应新的市场状况和环境变化。

（一）了解中间商

同企业的员工一样，中间商也需要激励。促使中间商参加这一渠道体系的条件固然已提供了若干激励因素,但是这些因素还必须通过制造商经常的监督管理和再鼓励才能得到补充。从这个角度出发，我们认为制造商要想激励渠道成员出色地完成任务，必须尽力了解各个中间商的不同需要和欲望。

首先，中间商作为一个独立经营的商业企业，必然会追求利润。因此，从某种意义上讲，中间商是充当顾客的采购代理人，其次才是供应商的销售代理。它对顾客希望从它那儿买到的任何产品都感兴趣。所以，如果企业能及时向中间商提供市场热销的产品，那么中间商就会感到企业对它的重视。而且出于自身的利益，中间商也会更热情地投入到制造商的产品中去。

由于中间商往往同时为多个制造商经销产品,因此中间商就有可能把它的商品编成一个品种组合。它可以把商品像一揽子品种组合那样综合起来出售给单个顾客。由于这样的做法能使它的商品更快地流转,资金更有效地得到使用，所以中间商的销售努力往往用于获取这类品种组合的订单，而不是个别的商品品目。如果企业能提供这样一个产品组合的建议或能够较好地满足中间商所提出的类似的要求，那么企业也能达到激励中间商的目的。

同样，由于中间商为多个企业经销产品，因此除非有一定的刺激，中间商不会为所出售的各种品牌分别进行销售记录。有关产品开发、定价、包装或者促销计划的大量信息都被埋没在中间商的非标准记录中，有时它们甚至有意识地对供应商保密。而对企业来说，这些信息是非常宝贵的。因此，企业应及时提供必要激励或销售支持以获取企业重要的市场信息。

在与中间商进行合作谈判时，价格是非常重要的一项内容。有时，企业会为了争取到些许小利而雀跃不已。殊不知，这已经埋下了隐患。如我们前文所说的，中间商也追求自己的利润。所以，我们应当给予中间商适当的利润。如果公司锱铢必较，势必会挫伤中间商的积极性。

（二）选择中间商

选择中间商首先要确定其能力的标准。对于不同类型的中间商，以及它们与企业的关系，应确定不同的评价标准。这些标准包括以下四个基本方面：

（1）销售能力。要了解该中间商是否有训练有素的销售队伍，其市场渗透力有多强，销售地区有多广，曾经营哪些其他产品，能为顾客提供哪些服务等。

（2）支付能力。为确保销售商的财务实力，要了解该中间商是否有足够的支付能力。

（3）经营管理能力。要了解管理人员是否有足够的才干、相关知识和业务经验等。

（4）信誉。要了解包括中间商在社会上是否得到信任和尊敬，是否愿意和厂商真诚合作。

要了解中间商的上述情况，企业必须收集大量的有关信息。同时，企业也可以派人对选中的中间商进行直接调查。

（三）评估中间商

制造商要想对中间商进行适当的激励，首先需要按一定的标准来衡量中间商的表现，并将这种衡量活动长期化。这些标准可以根据中间商的不同而不同。这种标准往往包含以下几个方面的内容：

中间商的渠道营销能力是每一个制造商在选择中间商时首先考虑的问题，也往往是衡量中间商的能力与参与程度的第一个标准，其中又包括销售额的大小、成长和盈利记录、偿付能力、平均存货水平和交货时间等内容。

中间商的参与热情也是评价中间商的一个重要标准。一个十分有能力的中间商不积极配合制造商的营销活动，其结果可能比一个普通的中间商积极配合制造商的活动的效果要差许多，甚至可能会危害到制造商目标的完成。衡量中间商参与程度的内容包括对损坏和遗失商品的处理，与公司促销和培训计划的合作情况以及中间商应向顾客提供的服务等。

由于中间商往往是经营多种品牌或多种类型的产品，因此我们也可以通过对中间商经销的其他产品进行调查来衡量中间商的能力。如果中间商的经营品种多、总体的销售量大，那么说明该中间商十分有实力。同时，我们还可以从中了解到自己的产品销量在中间商销售的产品总量中占有多大比例，处于什么样的地位，从而决定对中间商进行的激励着重于哪个方面。

（四）激励中间商

激励中间商，使其出色地完成销售任务，通常有以下几种方式：

（1）合作。生产企业应与中间商进行合作。为此，应采用积极的激励手段，如给予较高利润，交易中给予特殊照顾，给予促销津贴等。偶尔可采用消极的制裁办法，如表明要减少利润，推迟交货，终止关系等，但这种方法有负面影响。

（2）合伙。生产者与中间商在销售区域、产品供应、市场开发、财务要求、市场信息、技术指导、售后服务等方面彼此合作，按中间商遵守合同的程度给予激励。

（3）经销规划。经销规划是最先进的方法，是指有计划地实行专业化管理的垂直分销渠道系统，将生产者与中间商的需求结合起来，在企业营销部门内设一个分销规划部，同分销商共同规划营销目标、存货水平、场地及形象管理计划、人员推销、广告及促销计划等。

（4）培训。对中间商进行适当的培训也是一种激励的方式。由于中间商并不是对企业的所有商品都了解得很详细，因此对中间商的销售和维修人员进行适当的培训是非常重要的一环。而中间商出于更快地售出商品，也非常愿意接受企业的这种培训。

二、对分销渠道的管理

（一）分销渠道评估

除了对渠道成员要进行评估以外，我们还需要对每一条渠道的经济性、控制性和适应性进行评估。

1. 经济性标准

合理控制不同的销量和成本。公司努力整合消费者和资源，以整体最低的成本获得最大化的需求，很明显，只要每销售单位的附加价格足够高，卖方会用低成本渠道来取代高成本渠道。例如，现在很多公司都开通了公司专用网页和博客，安排专业人员，鼓励顾客通过互联网与公司相关人员进行业务交流，满足了经济性的目标。

2. 控制性标准

寻找代理商需要考虑控制性问题。销售代理商是一个独立的追求利润最大化的公司。代理商会注意那些购买商品最多的客户，而不是那些购买生产商产品的顾客。代理商的销售人员无法掌握整个公司的所有技术环节，因此公司所配置的促销材料可能也就无法尽其所用，从而使公司的促销活动既不经济也没有达到期望的效果。

3. 适应性标准

因为每个阶段的中间商都应生产商的需要在特定时期做出了一定程度的承诺，满足了控制性的需求，但是这一承诺也会在一定程度上影响生产商对市场变化的反应能力。因此，在注重控制性的同时，另一项最重要的事情是寻求高度适应性的渠道结构和政策，从而保证生产商的灵活生产。

（二）分销渠道冲突的管理

在对每一条渠道进行评估的过程中，企业会发现由于渠道成员的目标不同，所追求的利益不同，对经济前景的感知也不同，发生渠道冲突在所难免。所谓渠道冲突，是指某渠道成员意识到另一个渠道成员正在损害、威胁其利益，或者以牺牲其利益为代价获取稀缺资源的活动，从而在他们之间引发争执、敌对和报复等行为。

1. 分销渠道冲突类型

分销渠道冲突主要表现为渠道内冲突和渠道间冲突两大类。

（1）渠道内冲突，是指同一分销渠道内部各成员间的冲突。这种冲突分为水平渠道冲突和垂直渠道冲突两种。水平渠道冲突指的是同一渠道中同一层次的渠道成员之间的矛盾与冲突，往往发生在划分区域分销的渠道结构中。垂直渠道冲突是指同一渠道中不同层次渠道成员之间的冲突，如制造商与批发商、批发商与零售商之间的冲突，主要表现为零售商与批发商之间的利益冲突。

（2）渠道间冲突，是指两种或两种以上的营销渠道之间发生的冲突。渠道间冲突只在使用多渠道组织形式时才会出现，因而又称多渠道冲突。

渠道冲突管理的目标并不是规避所有的冲突。对良性冲突要加以合理利用，促进渠道发展；对恶性冲突要给予足够的重视，预防和化解冲突，确保渠道健康、高效运作。解决渠道冲突的一般方法有激励、沟通与说服、惩罚和分享管理权等。当冲突是长期性或尖锐的时候，可以通过协商、调解或仲裁来解决渠道冲突。

2. 分销渠道的改进与调整

分销渠道的改进与调整是指为了适应市场环境的变化，对企业原有的整个渠道系统或部分渠道系统加以修正和改进。其主要涉及以下三个层次：

（1）调整某些渠道成员。在分销渠道的管理与改进活动中，最常见的就是增减某些中间商的问题。这是渠道改进和调整的最低层次。调整的内容包括：① 功能调整；② 素质调整；③ 数量调整。

（2）调整某些分销渠道。调整的内容包括：① 对企业的某个分销渠道的目标市场重新进行定位。② 对某个目标市场的分销渠道重新选定。

（3）调整整个分销渠道系统。这是分销渠道改进和调整的最高层次。对企业来说，最困难的渠道变化决策就是调整整个分销渠道系统，因为这种决策不仅涉及渠道系统本身，而且涉及营销组合等一系列市场营销政策的相应调整，因此必须慎重对待。

互联网正在被视为一种新兴的渠道，它并非如往昔的渠道一样层次分明，谁是制造商、谁是批发商、谁是零售商在网上是难以分辨的。任何一个中间商都有可能设置网页，将商品直接展示在顾客面前，回答顾客提问，直接进行面向消费者的促销活动。这种直接互动与超越时空的电子购物无疑是分销渠道的革命，所以所有的营销经理都应该仔细审视企业的渠道营销策略，早日将互联网络纳入企业的分销渠道之中。

第五节　分销渠道的发展趋势

美国著名未来学家阿尔文·托夫勒曾经预言："电脑网络的建立与普及将彻底改变人类生存及生活的模式，而控制与掌握网络的人就是人类未来命运的主宰。谁掌握了信息，控制了网络，谁就将拥有整个世界。"事实确实如托夫勒所预言的那样，随着互联网在 20 世纪 90 年代的异军突起，互联网技术的发展对社会经济生活的各个方面，包括企业的生产和经营都产生了巨大的影响。作为企业营销系统的一个重要部分，分销渠道及其结构形式在这种影响下也正在发生着深刻的变化。可以这样说，由于互联网技术的出现，传统分销渠道模式正在受到强烈的冲击。

一、互联网的经济特性

互联网的出现使低交易成本的信息交流方式成为可能。作为信息技术的一种应用，互联网技术实质上是一种新型的信息处理技术。与传统的信息交流方式相比，互联网拉近了人与人之间的地理距离，使制造商和广大最终消费者之间的信息交流通过一条网线就能够得到实现，生产与消费之间一下子可以"面对面"。在这种信息流通方式下，制造商有可能实现与最终消费者的直接对话，而无需借助层层的中间商来实现这种沟通。对于制造商来说，这种直接的沟通方式至少在以下几个方面是传统沟通方式所无法比拟的：

（一）使企业准确掌握市场信息

在传统的信息流通方式下，最终消费者的需求信息需要经过层层中间商的收集和处理后才能到达制造商这里。在这个过程中信息很有可能出现失真，这种失真最直接的后果是制造商的产品不为市场所接受。互联网的直接信息交流方式可以把信息失真降低到最低限度，保证制造商能够生产出符合市场需要的产品。这一点对制造商来说是至关重要的。

（二）降低交易成本，提高产品竞争力

在传统分销渠道模式中，中间商一直扮演连接生产与消费的桥梁的重要角色。为了实现产品的销售和信息的沟通，这些中间环节必不可少。为了获得必要的利润，这些中间环节层层加价，使产品价格一路攀升，等到了最终消费者手中，产品价格已远远高于制造商的生产成本，这无疑损害了最终消费者的利益，也使产品的竞争力受到影响。互联网技术使生产者与消费者的直接交流成为可能，制造商通过互联网能将产品直接销售给最终消费者，减少了中间环节所带来的交易成本的增加，提高了产品的竞争力。

（三）最大限度地降低企业的库存

传统的信息流通方式需要中间环节层层传递信息，这必然使传递到制造商那里的信息具有滞后性。而制造商在获得最新的市场信息之前只能按照以往的经验数据安排生产，由此可能产生的偏差是要求制造商在任何时候都必须有一定的库存，以减小缺货成本。而在与最终消费者直接沟通的条件下，制造商可以及时获得最新的市场信息，根据市场的实际需求情况决定生产，从而减少库存甚至实现“零存货”。

（四）有助于企业提供个性化的产品

随着物质生活的逐渐丰富，人们越来越不满足于大批量生产的无个性特点的产品，而希望能消费更多体现个人特点的产品。在互联网出现之前，制造商想获得大量分散的消费者个人需求信息是非常困难的，因此产品的个性化也很难实现。互联网的普及却使产品的个性化成为可能。制造商通过互联网能够比较容易地收集消费者关于产品需求的个性化信息，这些信息有利于制造商为消费者度身定制产品，从而提高企业产品的竞争力。

二、互联网对传统分销渠道的影响

进入 21 世纪，蓬勃发展的互联网对传统的分销渠道产生了巨大的冲击。新的分销模式不断兴起，如网上零售、网上采购、在线拍卖、物流公司等如雨后春笋般涌现出来，热闹的背后有着其必然的规律——互联网对传统分销渠道的深刻影响。互联网对传统分销渠道的影响主要体现在以下几个方面：

（一）增加分销渠道

在互联网的环境下，分销渠道不再仅仅是实体的，而是虚实相结合的，甚至是完全虚拟的，即所谓的 e-distribution。在线销售、网上零售、网上拍卖、网上采购、网上配送等新的分销形式使分销渠道多元化。分销渠道由宽变窄、由实变虚、由单向静止变为互动。虚拟渠道的一个主要表现形式就是电子商店。在线销售、网上零售、网上拍卖、网上采购、网上配送等新的分销形式都是电子商店的经营方式。电子商店是电子买卖发生的场所，是传统商店的在线版，代表了网络与商业的融合。与传统商店类似，电子商店为顾客提供最终的买卖成交场所。

（二）疏通分销渠道

在互联网环境下，由于信息沟通成本低、效率高，分销渠道各环节的信息可以充分沟通。信息渠道的畅通也使各环节的主体意识到，只有相互合作，才能使各方面的利益共同达到最大化。因此，各分销渠道主体之间的关系逐渐由零和博弈转变成非零和博弈，最终创造了双赢的合作竞争关系。同时，由于虚拟渠道的介入，使分销渠道之间的竞争加剧，传统的分销渠道主体渐渐意识到原来做法的危险性，从而迫使它们放弃原来各自为政的想法和行为，从单独活动逐步走向合作双赢，最终使渠道越来越畅通。

（三）细化分销渠道

通过互联网，制造商和中间商可以直接了解消费者的真实消费需求，可以直接向消费者提供产品，可以低成本地向消费者提供定制化服务，与消费者实现互动，即一对一营销。一对一营销的兴起和实现，使分销渠道由粗放型变成集约型，分销渠道的细化是互联网时代一个显著的渠道特征。由于互联网的发展，顾客的个性化需求逐渐得以满足。但是其前提是，配送必须低成本、高效率，只有配送跟上来了，一对一营销才能真正实现。互联网对配送的高要求促使了第三方物流的发展。

（四）整合分销渠道

在互联网时代，由于制造商与消费者之间的沟通十分方便，因此，传统的中间商就显得多余了，不仅在信息沟通方面显得多余，在商品销售方面也显得多余。制造商开始钟情于直销，它们按照顾客的要求生产，在生产中应用 SCM、CRM、JIT 等先进的技术，吸引顾客参与设计，从而使产销结合得更加紧密。这种新的生产经营模式，要求分销渠道快捷高效，同时也要求产销不再脱节。但是传统的分销渠道很难满足制造商的要求，所以许多厂家只好自己建立分销渠道或委托第三方物流公司，传统的分销渠道日益显得多余，分销渠道的扁平化也渐渐成为趋势。

（五）降低分销成本

分销成本的降低是互联网带来的最直接的利益，这主要表现在降低交易成本、降低沟通成本和减少流通成本。互联网使分销渠道成本降低的功能越来越受到企业的重视，导入互联网已成为企业重构和再造渠道的一个重要目标，许多走在前面的企业已尝到了甜头。例如，思科公司 78% 的订单来自于互联网，每天网上有 3000 万美元的销售，80%的客户服务实现了电子化。在过去的几年中，运作成本已节约了 15 亿美元。

（六）提高分销效率

戴尔公司利用互联网，近两年实现了大规模客户化加工。戴尔公司在市场上捕捉每一个、每一种商业机会，在本土不仅产量超过了其他厂家，成为市场老大，而且因为更好的客户集成，获得了更高的产品利润。没有互联网，靠过去的电话接单，客户大规模化是不可能形成的。

（七）使渠道透明化

传统的分销渠道，对供应商来说，大多数情况下是不透明的，假如中间阻塞了也不知道问题出在何处，更不知道该从何处下手。但是在互联网时代，通过把互联网系统引入渠道，就可以使渠道透明起来。在互联网平台上，企业可以引进实时管理（JIT），动态跟踪产品的流通情况，在产品的运输过程中，通过引入全球定位系统（global position system，GPS），实时动态跟踪商品的在途情况，为商家的及时供货提供保障。

三、互联网渠道与传统渠道的冲突协调

当网上渠道和传统渠道——无论是 B2B 分销商主导的渠道还是传统的商店零售渠道共存时，都必将导致渠道冲突。目标领域以及认知与理解等方面的冲突都会存在。这需要由制造商来估计冲突的严重程度，并决定采取什么行动来解决这些问题。在此，介绍几种制造商在决定自己设立网上销售网站并将其纳入它的渠道组合时，如何控制由此带来的冲突的一些策略。从制造商角度讲，可以采取以下行动：

（一）开展网上经营，但对传统的零售商提供一些公司网站上所没有的优惠

例如，耐克是通过实施多个步骤将这一情况下所固有的冲突最小化的典型例子。运动鞋和运动服装制造商耐克，在 1999 年 2 月建立其网上渠道之前和之后，都与其传统零售商进行了沟通，向它们解释公司建立网上渠道不会影响零售商的销售活动和绩效。耐克对其零售商承诺说，其网上网站 nike.com 所销售产品的价格就是价格表上所列的价格，不打折扣。耐克的网站会帮助购买者找到在他们附近的零售商店去购买耐克的产品。耐克还向其最大的但一直没有好好发挥其自有网站作用的零售商提供特别的利益，如拥有多家运动用品的连锁店，像 Foot Locker 和 Champ Sports 的 Venator 集团，在 1999 年获得了可以在其所属商店及网络渠道销售耐克的 Air2 Max 运动鞋的独家经销权。通过这些行动，耐克首先阻止了其零售商可能会有的、对耐克将怎样对待它们的这种认知冲突的发生，同时通过给予其最大的零售商 Air2 Max 运动鞋等产品的独家产品专卖权，使有关经营领域方面的冲突也最小化。耐克通过在其网站向购买者推荐零售店的做法，也显示了它和零售商的共同目标。

（二）利用产品线差异化来保持传统商店零售商的市场地位

一些制造商选择对传统零售商和对网络零售商提供不同的产品线的策略来管理渠道冲突。宝洁公司就是这样一个典型的例子。宝洁的网上渠道不销售其传统的美容产品，而是销售全新产品。而这些产品也不会通过传统的商店销售。这种措施减少了领域冲突的产生：第一，消费者不能在两种不同类型的渠道中购买到相同的产品；第二，将网上销售的产品线给予截然不同的命名，以避免消费者进行价格、特性、品牌等方面的比较。这种战略与一些服装设计商所采用的战略基本相同，这些服装设计商即通过传统零售商店进行销售，同时也通过它们自己的折扣店进行销售。例如，安泰勒通过专门的 Ann Taylor 商店销售其服装，同时自己还经营着名为 Ann Taylor Loft 的折扣商店。Ann Taylor Loft 折扣商店只卖有 Ann Taylor Loft 标志的系列产品，这些服装是按照前几季流行过的设计制作的，从而避免了与全价的零售商店直接竞争。此外，还有一种策略是通过网上渠道销售整条产品线中的部分产品。如塔珀公司就采用这种策略，以此来保护其直销商的销售，这些直销商则可以向其顾客销售整条产品线的产品。

（三）运用奖赏权与传统商店零售商分享销售报酬

制造商的另一种选择是通过网上销售，但对传统的线下渠道所做的推广与销售的努力进行补偿。例如，Ethan Allen，一家美国的高档、优质而且产品线齐全的产品制造商，过去一直通过覆盖全国的300个半独立的专门商店的销售网络来服务于整个市场。这些商店只销售 Ethan Allen 的产品，但是由独立的特许商经营，不仅销售产品而且还要提供高水平的售前和售后服务。当 Ethan Allen 的董事长、首席执行官法克·凯斯瓦里决定建立网上销售渠道时，他仍与这些商店合作，让这些商店继续执行这些服务职能，即使产品是通过网上销售的。网站向所有希望网上购买的顾客提供所有产品。如果 Ethan Allen 自己送货，则顾客所在区域的商店可以分得销售额10%的佣金。如果商店提供帮助（如送货、维修、组装和退货等），则该商店可以得到25%的销售佣金。这些佣金维持了公平原则，零售商在渠道流中所做的努力越多，得到的补偿也越多。另外，网站还咨询顾客是否需要装修方面的帮助，并将需要帮助的顾客推荐到离他们最近的商店。总之，Ethan Allen 的网站在渠道流中只做那些在网上可以做得最好的环节，而将其他的步骤交给当地的特许零售商。通过引导和将顾客的售后跟进服务等工作转给零售商来为他们提供进一步的支持，公司方面的这些投资反过来也会使零售商有义务在人员和软件方面进行投资，以便能够跟进网络销售的要求。最终的结果是，零售商不把制造商的网站看成是替代它们的竞争对手，而是对它们销售努力的一种补充。

（四）避免在制造商自己的网站上进行销售

李维斯——美国牛仔裤制造商，1999年假日期间曾经进行过网上销售，但以后就将网上经营完全关闭了。李维斯宣布它只通过混合型零售商如 J. C. 彭尼和梅西的网站进行网上销售。李维斯宣称李维斯网上销售的费用很高，而且其自有的网站销售业绩也很差，其他网站还在运行中，但主要是履行促销职能，而不是进行销售。它的网站声明："Levi. com 将所有的网上销售转向选定的零售商网站，Levi. com 仍将是您了解最新款式及其他产品信息、电视促销及其他你不想错过的促销活动的最佳途径，我们将帮你找到最适合你的购买地点。如果你愿意网上购买李维斯的产品，请光临 www.j cpenney. com 和 www. macy. com。"尽管通常来讲一个像李维斯这样的公司进行网上销售可能是个不错的战略，但是如果经济利益不大，而其他网上销售商可以很好地执行这项功能的话，制造商关闭其自有网站而停止直接销售也是一个不错的选择。

总之，无论制造商采取哪种方式开展网上销售，都会引发渠道冲突。在很多情况下，这些冲突与传统的双重渠道冲突很类似。控制这些冲突的方法有多种，包括：避免两种渠道的同时使用，向传统零售商进行其他方式的投资以及利用网上渠道来加强传统渠道的市场营销能力，等等。有些情况下，当网上销售对供应方和购买方都具有很大的利益和好处时，让这些冲突存在也是值得的。采用混合渠道，让制造商的网上渠道承担渠道流中的某些环节，让传统的零售商店承担其他环节，正在成为解决由于网上销售而引发的渠道冲突的新途径。这类解决方法是利用网上及线下渠道的优势，以最低的成本为消费者提供最齐全的服务的最好方式。

【思考题】

1. 分销渠道有哪些分类标准？分别有哪些类型？
2. 零售商有哪些类型？
3. 影响分销渠道选择的因素有哪些？
4. 如何协调互联网渠道与传统渠道的冲突？

【实训题】

格力与国美之争

2004 年 2 月，成都国美为启动淡季空调市场，在相关媒体上刊发广告，把格力两款畅销空调的价格大幅度下降，零售价原为 1680 元的 1P 挂机被降为 1000 元，零售价原为 3650 元的 2P 柜机被降为 2650 元。格力认为，国美电器在未经自己同意的情况下擅自降低了格力空调的价格，破坏了格力空调在市场中长期稳定、统一的价格体系，导致其他众多经销商的强烈不满，并有损于其一线品牌的良好形象，因此要求国美立即终止低价销售行为。格力在交涉未果后，决定正式停止向国美供货，并要求国美电器给个说法。“格力拒供国美”事件传出，不由让人联想起 2003 年 7 月份发生在南京家乐福的春兰空调大幅降价事件，两者如出一辙，都是商家擅自将厂家的产品进行“低价倾销”，引起厂家的抗议。

2004 年 3 月 10 日，四川格力开始将产品全线撤出成都国美 6 大卖场。四川格力表示，这是一次全国统一行动，格力在全国有 20 多家销售分公司，其中有 5 家公司与国美有合作，产品直接在国美销售。导致这次撤柜的主要原因是与国美在 2004 年度的空调销售政策上未能达成共识。3 月 11 日，国美北京总部向全国分公司下达通知，要求各门店清理格力空调库存。通知称，格力代理商模式、价格等已经不能满足国美的市场经营需求，要求国美各地分公司做好将格力空调撤场的准备。

面对国美的“封杀令”，格力的态度并没有退让。格力空调北京销售公司副总经理金杰表示：“国美不是格力的关键渠道，格力在北京有 400 多个专卖性质的分销点，他们才是核心。谁抛弃谁，消费者说了算。”格力空调珠海总部新闻发言人黄芳华表示，在渠道策略上，格力不会随大流。格力空调连续数年全国销量第一，渠道模式好与坏，市场是最好的检验。格力电器公司总经理董明珠接受《广州日报》记者采访时表示，格力只与国美的少数分店有合作，此事对格力空调的销售几乎没有什么影响，自己的销售方式也不会为此做出改变。对一个企业来说，对任何经销商都应该是一个态度，不能因为以大欺小，格力对不同的经销商价格都是一样的。格力在各地设立自己的销售公司主要是为了在各个区域进行市场规范管理，保持自己的品牌形象，而销售公司靠服务取得合理利润，价格一直贴近市场，格力空调去年 500 万台的销量就证明了这一点，因此格力不会改变这种销售方式。对于今后能否与国美继续合作，格力坚持厂商之间的合作必须建立在平等公正的基础上，违背这种合作原则只能一拍两散。至此两大巨佬分道扬镳。

然而时隔十年，2014 年夏季国美却与格力再次握手。“消费者需要格力空调，国美就要提供消费者想要的产品。”消费者需求，是国美打破与格力十年不合作僵局的原因所在。昔日傲慢的姿态已经变成了主动合作，向供应商索取返点的模式在改变。与供应商修好，与对手展开合作，与地方商超合作。悄然间，国美正在低头。

在线上，综合平台的谋划变为专卖电器的垂直电商，避开跟天猫、京东竞争；在线下，继续向三四线城市开新店；对外开放供应链平台，变作地方商超的“代理商”与“服务商”……或许是那场股权争夺风波和2012年的亏损，让国美放低了姿态，变得务实起来。

资料来源：http://wenku.baidu.com/view/5cfb1edda58da0116c1749de.html? re=view

http://money.163.com/14/0611/15/9UFH3ER200253G87.html。

讨论问题：

1. 格力和国美为什么会有争端？
2. 在得渠道者得天下的市场，格力为什么和国美叫板？
3. 导致格力和国美分手的根本原因是什么？
4. 对于渠道冲突的管理，通过此案例你有何启示？

第十章　促销策略

【导入案例】

让迪彩体验营销模式魅力绽放

当企业确定了长远战略规划后，随之而来的就是盈利模式的确定，即企业战略营销模式的确定，若只有前者没有后者，则企业战略不过是空中楼阁的幻想。因此，确定企业的营销模式，即企业的盈利模式将成为企业至关重要的课题，也是企业生死存亡的问题。

回想国内日化行业的发展历史，自宝洁、联合利华等外资企业进入中国后，整个国内日化市场基本呈现为各自占有一定市场份额的局面。虽然后期出现过几种不错的国货产品，但大都如流星般在灿烂开放的瞬间又旋归于沉寂。该阶段是国内日化行业产品创新的尝试阶段。而后丝宝集团的舒蕾模式迅速扩张，以终端拦截的营销模式打破了这波澜不惊的死水局面，但随着宝洁公司的反扑，这场阵地战终以丝宝的失败而告终。该阶段是国内日化行业终端销售模式的创新尝试的阶段。再后来就成了一二级市场为国外品牌所垄断，形成所谓的“终端市场”，国内品牌不得不转战三四线市场，形成所谓的“流通市场”，这是国内日化企业进行渠道销售模式尝试的阶段。而最要命的是当以宝洁为首的国外品牌开始全线“扫荡式”围剿的时候，国内品牌大多不得不被压在三四线市场苦苦挣扎，举起价格屠刀自相残杀，以获取那如“刀锋般”的利润而求存活。

迪彩“体验营销”模式的出现，既是行业竞争的结果，也是企业在前进过程中寻求创新的必然选择。当然，该模式属于典型的终端销售的创新。为日化行业树立了另外一种新的销售模式。从过程形式看，迪彩模式是在以家乐福或沃尔玛为代表的“KA”店或二、三级市场中旗舰店等场所安置了一套类似洗头的设备，期望消费者在购买洗发水的时刻能享受到免费的清洗，体验迪彩产品的功效。为此目的，迪彩公司匠心独运，颇费了一番心思。这就和其他的竞争商品形成了显著的差异，以至于随后的销售额出现爆发式的增长也是意料中的事情。这也是迪彩模式的魅力所在。

体验营销的本质在于消费者对产品的价值认知度，加强了与消费者的沟通。这种认知度是由产品的诸多特性决定的。消费者要想对产品有较高的评价，必须通过自己的眼观、耳听、鼻嗅、舌触、手摸等感官的感受。最终在消费者脑海中形成对于该产品的整体冥想和评价，这种评价将决定消费者对该产品的认知。也就是若消费者通过体验觉得该产品是一假冒伪劣的低档货，那么决然是不会买的。即使知道是著名的品牌也白搭。若对该品牌从不知道，通过这种过程的体验，最终形成极高的评价，那么该产品对于该用户来说就是好产品。

所以，对于消费者来说，若能通过自己的亲身体验来证明该产品的确是好产品的话，那么将在瞬间形成购买动机。

资料来源：传播网。

第一节　促销与促销组合

一、促销

1. 促销的含义

促销，即促进产品销售。从市场营销的角度看，促销是企业通过人员和非人员的方式，沟通企业与消费者之间的信息，提升品牌形象，引发、刺激消费者的购买欲望，使其产生购买行为的活动。促销包括以下几层含义：

（1）促销的目的是引导消费，促销可以提升品牌形象，引发、刺激消费者产生购买欲望。在消费者可支配收入既定的条件下，消费者是否产生购买行为主要取决于消费者的购买欲望，而消费者购买欲望与外界的刺激、诱导密不可分。例如，看了超市外面的宣传单，有的消费者就会进去购物。消费者的购买欲望与本身的习惯、偏好有关，通过外界的刺激，就有可能说服或吸引消费者购买产品，企业利用促销这种营销工具引致消费，从而达到扩大销售的目的。

（2）促销的实质与核心是沟通信息，对于企业来说，他们需要运用各种手段，把产品的信息传递给促销的对象，这个信息传递过程的实质就是一个沟通的过程。企业通过传递信息，吸引消费者的眼球，影响其购买行为，改变其对企业的认识。

（3）促销的方式包括人员促销和非人员促销。人员促销是指企业的推销人员与消费者直接接触，通过口头解说、介绍产品等说服消费者购买产品或服务的一种促销活动。这种方式的促销活动，多是在消费者较为集中的情况下进行的，如超级市场里的试食摊位。非人员促销就是指除人员促销之外，企业通过一定的媒体传递产品或劳务等有关信息，以促使消费者产生购买欲望、发生购买行为的一系列促销活动，包括广告、公关和销售促进、直复营销等。在这种情况下，人员不宜与推销对象接触，因而又叫间接促销。非人员促销多用于消费者分布较为分散的情况。通常，企业在促销活动中将人员促销和非人员促销结合运用。

2. 促销的对象

销售渠道中，各个主体的促销对象不同，如表 10.1 所示。

表 10.1　各主体及其促销对象

主体	促销对象
制造商	批发商、零售商、消费者
批发商	零售商、消费者
零售商	消费者

根据产品供应的不同，促销的类型可以分为以下三个级别：

（1）一级：制造商分别对批发商、零售商及消费者的促销；批发商分别对零售商及消费者的促销；零售商对消费者的促销。其特点是单层次促销。

（2）二级：制造商对批发商及零售商的促销；制造商对零售商及消费者的促销；制造商对批发商及消费者的促销；批发商对零售商及消费者的促销。其特点是双层次促销。

（3）三级：制造商对批发商、零售商、消费者的促销。其特点是三层次促销。

二、促销的作用

促销是企业营销活动中重要的一环，是企业发展不可缺少的部分。促销的作用具体可以划分为如下几个方面：

1. 传递信息，提供情报

销售产品是市场营销活动的中心任务，信息传递是产品顺利销售的保证。无论是生产企业还是中间商，为了促进企业产品的销售，都需要把产品的信息传递给销售对象。这些销售对象有一些是本来就对产品有需求的，有一些原先则对产品并没有需求。企业通过提供信息、介绍产品，让市场上的消费主体了解该企业及其产品，刺激消费者的消费欲望。

2. 彰显个性，诱导需求

在市场上，即使是同类产品，其质量、样式等都会有所差别。随着社会的发展，市场的竞争愈演愈烈，同一种产品就有可能存在上百甚至上千的竞争者。为了让自己的产品在竞争中脱颖而出，促销也是一个必不可少的环节。企业通过促销活动，可以突出本企业产品的特点与优势，不仅能激发需求，还能挖掘潜在的消费者，挤占市场份额。

3. 指导消费，扩大销售

企业在促销的过程中，不仅仅传递本企业的产品信息，也是在传递同类产品的信息。消费者可以从企业的促销活动中，得到这类产品的一个情报，从而形成自己的认识。因此，企业的促销对消费者起到了教育指导作用，从而有利于激发消费者的需求欲望，变潜在需求为现实需求，实现扩大销售的功效。

4. 形成偏好，稳定销量

消费者对产品的认识都是从陌生到熟悉，企业的促销有助于其在消费者心目中的地位。当消费者对产品的需要形成并成为习惯时，企业就能保证该产品的市场份额，稳定销量。对于消费者偏爱的品牌，即使该类产品需求下降，也可以通过一定形式的促销活动，促使消费者对该品牌产品的需求得到一定程度的恢复和提高。

【小案例】

2003 年 11 月 24 日，麦当劳和“动感地带”（M-Zone）宣布结成合作联盟，并在全国同步推出了一系列“我的地盘，我就喜欢”的“通信+快餐”的协同营销活动。

2004 年 2 月 12 日，麦当劳与姚明签约，姚明成为麦当劳全球形象代言人。

2004 年 2 月 27 日，麦当劳宣布，将其全球范围内的奥运会合作伙伴关系延长到 2012 年。此举一次性地将其赞助权延长了连续两届奥运会。这为期八年的续约延续了麦当劳在餐馆和食品服务领域向各大奥运会提供独家销售权利，还可以在全球营销活动中使用奥运会的五环标志，并获得对全球 201 个国家和地区的奥运会参赛队伍的独家赞助机会。

麦当劳以上的所有措施，都是针对肯德基在中国的一些策略所展开的，并且将其进行了很好的整合营销。

2008 年北京奥运会期间开展的活动吸引了大量的消费者，在每个门店里放一台液晶电视，播放奥运会直播的节目。还有就是“中国赢，我们赢”的活动，只要在麦当劳消费，揭开包装上的标签，如“男子团体体操”的字样，只要中国队在这项比赛中夺得奖牌，从得奖牌那天起一周内，可到麦当劳任一门店换取相应的饮料或者其他东西。这些活动，大大提高了麦当劳在中国当月的销量，以及奥运会后的一个星期内的销量。并且这个活动是有中国一家保险公司承保的，也就是说，不论换多少，都有保险公司买单。

麦当劳开始本土化经营策略，并且开始大规模地推出适合中国人口味的食物，因为麦当劳很清楚，如果在中国市场战败，那么世界快餐第一名的宝座将拱手让给肯德基（百胜集团），那么世界两大快餐业巨头将在中国市场展开激烈的争夺。

三、促销组合与促销策略

（一）促销组合

促销组合就是指企业根据自身条件与市场的具体情况，把人员推销、广告、销售促进、公共关系等各种促销方式灵活地组合起来，综合运用，并最终形成一个有机的整体。

促销组合是一个整体，它里面所包含的各种促销方式都是这个整体里的一个要素。其中，某一个要素的改变就会导致整体的变化，从而产生新的促销组合。促销组合是促销策略的前提，在促销组合的基础上，才能制定相应的促销策略，因此，促销策略也称促销组合策略。

【小案例】

上海新成毛巾厂和天艺商科技医用卫生制品公司联合研制出一种抗菌毛巾解决了长期不能很好解决的老大难问题——毛巾产生的细菌感染。

新研制的抗菌毛巾，对葡萄球菌等 50 余种细菌具有预防作用，且连续使用 100 次仍能保持药效，并对人体无害。

健民理发店得知这一信息后，一方面从上海订购了大批抗菌毛巾，另一方面在店门口贴广告，昭示顾客：本店一律使用抗菌毛巾，以维护顾客身体健康。理发店的这一新招，很快吸引众多顾客，生意日渐兴隆。

1. 构成促销组合的要素

各种促销的方式，都是构成促销组合的要素，主要包括四个方面，如表 10.2 所示。

表 10.2 构成促销组合的要素及其内容

组成要素	内容
人员推销	企业的推销人员直接与消费者接触，向消费者推广产品
销售促进（营业推广）	短期性、非规则性的诱导消费的营销活动
广告促销	通过各种媒体宣传产品
公共关系	树立良好的企业形象

2. 促销组合的影响因素

各种促销工具都有其优点及不足，企业在选择促销组合时，要根据不同的需求，结合各方面的条件，制定出一个符合企业自身与市场实际需求的促销组合。影响促销组合的因素主要有如下四个方面：

（1）目标因素。企业进行促销是有目标的，根据不同的目标自然就会制定出不同的促销组合。这些目标有远期的也有近期的，有针对不同消费群体的也有针对不同地区的。例如，如果企业的目标是长期性地在某地区稳占市场，那么该企业就会注重企业的形象，促销组合就侧重于公益性广告和公关宣传。如果企业的目标是短期性的在某地扩大市场份额。那么，该企业会在某一时期激发消费者的需求，促销组合则侧重于广告促销和销售促进。

（2）产品因素。产品可分为消费品和产业用品，这两类产品面对的销售对象是不一样的。消费品是为满足自身需要而购买的一切个人和家庭构成的市场。产业用品是用于生产、转售或执行某种职能的产品，多属于技术产品市场。因此，面对这两类产品市场的促销组合也有所差异。另外，产品在生命周期不同的阶段，促销组合是不同的。产品刚进入市场时以广泛宣传及介绍产品的促销方式为主。当产品打开市场，占有一定的市场份额时，则以能为产品树立良好形象的促销方式为主。

（3）市场因素。不同市场的地域范围、消费者群体、消费者的分散程度及需求都不一样。这些不同的条件促使企业必须因地制宜、因人而异地使用不同的促销组合。例如，在一些省会城市，文化程度、文化水平及经济水平相对较高，顾客数量多而分散的市场，则多运用广告促销及公共关系两种促销方式。

（4）预算因素。企业的资金实力也是影响促销组合的因素之一，表现在企业对促销组合的预算上。资金雄厚的企业预算可以多一些，对回报率高的产品，促销的预算也可以多一些。促销这部分支出，是企业成本的一个部分，促销的费用必须在企业能负担的范围内。正因如此，企业的预算可以影响到促销组合。

（二）促销策略

促销策略是指企业通过人员推销、广告、公共关系及营销促进等方式，传递产品信息，沟通消费者，激发其对产品的需求及购买行为，以此达到销售目标的系列活动。

促销策略可分为两种：推式策略和拉式策略。

（1）推式策略。推式策略是指企业利用人员推销或销售促进的方式（见图 10.1），把产品推向分销渠道的中间商，再由中间商推向零售商，零售商推向最终消费者。这种策略方式以渠道中的各成员有良好的关系为基础。推式策略因其是沿着渠道一级一级进行的，所以被称为推式。该策略的好处是销售周期短、资金回收较快，对企业来说，可以减少风险。推式策略主要适用于以下情况：企业资金不足于展开大型的广告宣传；单个产品价格较高，如特殊品等；产品的使用方法需要进行特殊说明或示范；销售的市场比较集中等。

（2）拉式策略。拉式策略主要是针对最终消费者，它是指企业利用广告公共宣传等手段，吸引消费者的注意，激发其购买的需求及行为。当消费者有了需求，就会转向零售商，从而引致零售商需求，而零售商又会进一步转向批发商。最终，批发商把需求转向生产企业。生产企业通过这种方式，让市场需求反过来拉动零售商及批发商，所以称为拉式策略。

该策略主要适用于以下的情况：企业有足够的资金展开较为完善的广告计划；产品与同类产品有明显的区别；市场较大或分散；产品的初期需求有逐渐上升的趋势。

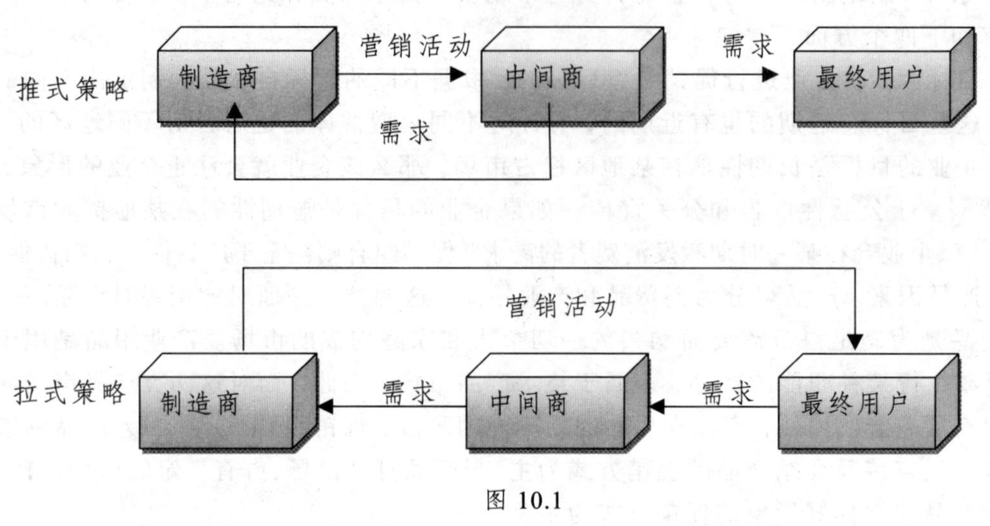

图 10.1

第二节　人员推销策略

【小案例】

有位日本商社的职员 S 先生，到美国一家机械工厂去访问，该工厂的总务科长是一位年轻人，这位总务科长不仅热情而隆重地招待 S 先生，而且对 S 先生的家庭、兴趣、爱好、出生年月日、所属的社会团体、所信仰的宗教等，都很了解。S 先生被他的敬业精神感动，尽力促成他的商社继续购买这家公司的机械产品。从此以后的数十年的时间里，双方保持着密切的交易关系。

一、人员推销的概念及特点

人员推销就是企业派出专职或兼职的推销人员，直接向可能的购买者传播和沟通信息、推荐商品和服务的推销活动。这是一种古老的推销方式，在不少西方国家至今仍然是重要的推销方式，尤其是对工业用品的推销而言，这是一种最有效的方式。在人员推销活动中，推销人员、推销对象和推销品是三个基本要素。其中前两者是推销活动的主体，后者是推销活动的客体。

（一）人员推销的优点

1. 针对性强

通过推销人员与消费者的直接接触，将目标顾客从消费者中分离出来，能可靠地发掘推销对象，把推销集中于目标顾客身上，避免了许多无效劳动。

2. 灵活性

推销人员在接近顾客前后以及在推销过程中，可根据特定对象的态度和特点，随时调整自己的推销策略与技巧，充分发挥推销者的主观能动性，保证推销效率。

3. 双向沟通

销售人员在与顾客直接接触中，一方面能将企业和产品的有关信息及时、准确地传递给顾客；另一方面又可以听取顾客的意见和要求，并迅速将其反馈给企业，指导企业经营，使产品更符合消费者的需要。

4. 指导消费

人员推销可以给消费者提供现场的消费指导。

5. 亲和力强

人员推销通过面对面的人际交往，易于联络与顾客的感情，建立友谊，争取长期买主。

（二）人员推销的缺点

一是支出较大，成本较高。由于每个推销人员直接接触的顾客有限，销售面窄，特别是在市场范围较大的情况下，人员推销的开支较多，这就增大了产品销售成本，在一定程度上减弱了产品的竞争力。

二是对推销人员的要求较高。人员推销的效果直接决定于推销人员素质的高低。并且，随着科学技术的发展，新产品层出不穷，对推销人员的素质要求越来越高。推销人员除了具备与客户沟通的能力以外，还必须熟悉新产品的特点、功能、使用、保养和维修等知识与技能。因此，对于很多企业来说，甄选和培育出理想的推销人员比较困难，而且耗费也大。

二、人员推销的任务

（一）探寻市场

推销人员应该寻求机会，发现潜在顾客，创造需求，开拓新的市场。

（二）传递信息

推销人员要及时将有关本企业产品和相关项目的信息传递给目标市场，为消费者提供购买决策的参考资料。

（三）推销产品

推销产品包括接近顾客，介绍产品，回答顾客咨询以及达成交易。

（四）进行市场调研，收集情报

推销人员在推销过程中还要收集情报，反馈信息。

（五）开展售前、售中、售后服务

为顾客提供优质的服务。

（六）分配产品

当产品短缺时，分析和评估各类顾客，然后向企业提出如何分配短缺产品的建议。

三、推销队伍的建设

企业确定了人员推销工作的任务和目标后，就面临着推销队伍的建设问题。主要包括确定推销方式，确定推销队伍的组织结构和规模以及推销人员的选择、培训和报酬等。

（一）推销方式的确定

人员推销大致可采取以下五种方式：

1. 推销员对单个买主

一个推销员当面或通过电话与某个买主进行交谈，向其推销产品。

2. 推销员对采购小组

一个推销员向一个采购小组介绍并推销产品。

3. 推销小组对采购小组

一个推销小组（包括推销经理、推销员、推销工程师等）向一个采购小组推销产品。

4. 会议推销

由企业的主管人员、推销人员同买方举行洽谈会，就双方共同关心的交易问题进行磋商。

5. 研讨会推销

召开一个由企业技术人员向买方技术人员介绍某项最新技术发展状况的研讨会，让客户了解本企业的最新研究成果，并促使其购买本企业的产品。

企业可根据具体情况（如产品特点、技术力量等），在上述诸方式中选择适当的方式。

（二）推销队伍规模的确定

推销人员的多少对企业的销售有直接关系。一般说来，推销人员越多，销售额也越多，但同时也会增加成本。

大多数西方企业都采用工作负荷量法来确定推销队伍的规模。例如，假设某企业在国内有 1000 个甲种客户和 2000 个乙种客户，甲种客户每年需要 36 次登门推销，乙种客户每年需要 12 次，每年总共需要进行 6 万次登门推销。假如平均每个推销员每年能进行 1000 次登门推销，那么该企业将需要 60 名专职推销人员。

（三）推销人员的选择、培训、评价和报酬

推销人员素质的优劣，对实现推销目标、扩大销售、开拓市场，具有举足轻重的作用。有些西方营销学家认为，优秀的推销人员至少要具备如下条件：① 了解企业。② 熟悉产品。③ 了解用户。④ 善于沟通。⑤ 技巧熟练。⑥ 观察敏锐。⑦ 应变力强。⑧ 意志坚强。因此，一些大公司招聘推销人员的条件是很高的。在仪表、年龄、文化、智商、口才等方面都有一定的要求，并且不惜重金，专门培训。

推销人员的来源有两个：一个是来自企业内部。就是把本企业内部德才兼备、热爱并适合推销工作的人选拔到推销部门工作。二是从企业外部招聘。即企业从大专院校的应届毕业生、其他企业或单位等群体中物色合格人选。无论哪种来源，都应经过严格的考核，

择优录取。

甄选推销人员有多种方法，为准确地选出优秀的推销人才，根据推销人员素质的要求，常常采用报名、笔试和面试相结合的方法。由报名者自己填写申请，借此掌握报名者的性别、年龄、受教育程度及工作经历等基本情况；通过笔试和面试可了解报名者的仪表风度、工作态度、知识广度和深度、语言表达能力、理解能力、应变能力等。

培训的内容主要有：① 企业资料。企业的历史情况、组织结构、经营战略等。② 产品知识。产品的质量、性能、用途、规格和型号以及本企业产品与竞争者产品相比较的优缺点。③ 市场情况。买方的购买动机和购买行为特点、顾客心理、竞争者的策略等。④ 推销技巧。推销程序和规则、商业语言、人际关系等。⑤ 法律常识。⑥ 技术知识。有关产品的生产技术和设计知识，有些企业聘请工程技术人员从事推销工作，在推销过程中为企业设计客户急需的新产品，收到很好的效果。总之，推销员不仅要熟悉商业知识、推销技巧和法律常识，而且应当成为本行业技术上的内行。

对推销人员进行评价的主要指标有：销售量增长情况；毛利；每天平均访问次数及每次访问的平均时间，每次访问的平均费用，每百次访问收到订单的百分比；一定时期内新顾客的增加数目及失去的顾客数目；销售费用占总成本的百分比。

推销人员的报酬应因人而异，多劳多得，对真正优秀的、成绩卓著的推销员，要不惜重金礼聘。报酬形式可采取工资制、佣金制或两者相结合的制度，也可规定推销定额，实行超额奖励制度。

四、推销的主要步骤

在众多的推销理论中，应用广泛的是“公式化推销”理论。这种理论把推销过程分为七个不同阶段（如图 10.2 所示）。

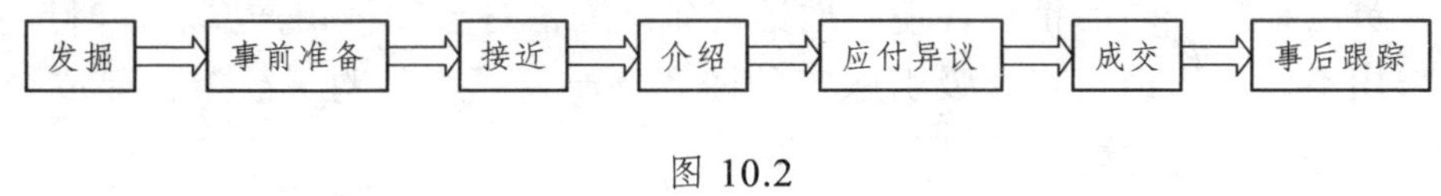

图 10.2

（一）发掘

推销工作的第一步就是找出潜在顾客。发掘有很多种办法，如地毯式访问法、连锁介绍法、中心开化法、个人观察法、广告开拓法、市场咨询法、资料查阅法等。

（二）事前准备

在走出去推销之前，推销人员必须具备三类基本知识（前已述，此略），同时要选择最佳的接近方式和访问时间。

（三）接近

接近是指与潜在顾客开始进行面对面的交谈。此时推销人员的头脑里要有三个主要目的：① 给对方一个好的印象。② 验证在预备阶段所得到的全部情况。③ 为后面的谈话做好准备。

（四）介绍

介绍阶段是推销过程的中心。任何产品都可以用某种方法进行介绍，甚至那些看不见、摸不着的产品（如保险业务），都可以用一些图形、坐标图、小册子等形式加以说明。顾客通过多种感官所接收的全部信息中，其中通过视觉得到的信息比重最大。在介绍产品时要着重说明该产品可给顾客带来什么好处。

（五）应付异议

推销人员应随时准备应付否定意见。一个有经验的推销人员应当具有与持不同意见的买方洽谈的技巧，随时有准备对付否定意见的适当措辞和论据。

（六）成交

推销人员要求对方订货购买的阶段。多数推销人员认为，接近和成交是推销过程中两个最困难的步骤。在洽谈过程中，推销人员要随时给对方成交机会，有些买主不需要全面的介绍，介绍过程中如果发现对方有购买的意愿，要立即抓住时机成交。在这个阶段，推销人员还可以提供一些优惠服务，促成交易。

（七）事后跟踪

如果推销人员希望确保顾客满意并重复购买，那么跟踪这一阶段就是必不可少的。推销人员应认真执行订单中所保证的条件，如交货期限和安装等。跟踪访问的直接目的在于了解买方是否对自己的购买感到满意，发现可能产生的种种问题，体现推销员的诚意和关心，以促使顾客做出对企业有利的购后行为。

五、推销人员的策略和技巧

推销人员应根据不同的销售环境、推销气氛、推销对象和推销产品，审时度势，巧妙而灵活地采用不同的推销策略，吸引顾客的注意，激发顾客的购买欲望，促成交易。

1. 建立和谐的洽谈气氛

推销人员与顾客洽谈，首先应给顾客一个良好的印象。要注意自己的仪表、着装，同时还应该懂礼貌、有教养，做到稳重而不呆板、活泼而不轻浮、谦逊而不自卑、直率而不鲁莽、敏捷而不冒失。

2. 洽谈的技巧

在开始洽谈阶段，推销人员应巧妙地把谈话转入正题，做到自然、轻松、适时。可采取以关心的方式入题，以赞誉的方式入题，以请教的方式入题或以夸耀的方式入题。顺利地提出洽谈的内容，引起顾客的注意和兴趣。

3. 排除推销障碍的技巧

在推销活动中，如果不能有效地排除和反思所遇到的障碍，将会功亏一篑。因此，要掌握排除推销障碍的技巧：① 排除顾客异议障碍。如发现顾客欲言又止，推销人员应减少说话，直截了当地请顾客充分发表意见，以自由问答的方式真诚地与顾客交换意见和看法。对于顾客一时难于纠正的偏见和成见，可以将话题转移；对于恶意的反对意见，可以

"装聋作哑"或用适当话语敷衍过去。② 排除价格障碍。对高价商品，应充分介绍和展示商品特色，使顾客感到"一分钱一分货"；对低价商品，介绍定价低的原因，使顾客感到物美价廉。③ 排除习惯势力障碍。实事求是地介绍顾客不太熟悉的商品，并将其与他们已经习惯购买的商品相比较，让顾客乐于接受新产品；还要通过相关群体的影响，使顾客接受新的消费观念。

4. 上门推销的技巧

（1）找好上门的对象，可以通过亲朋好友等关系介绍；可以通过报纸杂志所提供的重要线索寻找；也可以根据人们的衣着、谈吐、举止、购买行为等表现，判断其家庭、工作、职业等，捕捉合适的潜在购买者。

（2）做好上门推销前的准备工作。在上门推销之前，推销人员必须准备好三方面的资料：一是关于本企业和产品的资料，要十分熟悉，有问必答。二是关于顾客的个人要求和买方企业的情况与要求。三是关于同行竞争者的产品特点、竞争能力和市场定位等情况。

（3）掌握"开门"的方法。一是要选好上门的时间，以免吃"闭门羹"。二是可采用请熟人引荐，名片开通，同有关人员交朋友等策略，以赢得客户的欢迎。

（4）把握恰当的成交时机。应善于体察顾客的情绪，在给顾客留下好感和信用时，抓住机会发动进攻，争取签约成交。

（5）学会推销交谈的艺术。在交谈中，推销员应该谦虚谨言，注意让顾客多说话，认真倾听，表示关注和兴趣并做出积极反应。

第三节　广告策略

【小案例】

农夫山泉，甜并快乐着

1998 年，娃哈哈、乐百氏以及其他众多的饮用水品牌大战已硝烟四起，而且在娃哈哈和乐百氏面前，刚刚问世的农夫山泉显得势单力薄，另外，农夫山泉只从千岛湖取水，运输成本高昂。

农夫山泉在这个时候切入市场，并在短短几年内抵抗住了众多国内外品牌的冲击，稳居行业三甲，成功要素之一在于其差异化营销之策。而差异化的直接表现来自于"有点甜"的概念创意——"农夫山泉有点甜"。

"农夫山泉"真的有点甜吗？非也，营销传播概念而已。农夫山泉的水来自千岛湖，是从很多大山中汇总的泉水，经过千岛湖的自净、净化，完全可以说是甜美的泉水。但怎样才能让消费者直观形象地认识到农夫山泉的"出身"，怎样形成美好的"甘泉"印象？这就需要一个简单而形象的营销传播概念。

"农夫山泉有点甜"并不要求水一定得有点甜，甜水是好水的代名词，正如咖啡味道本来很苦，但雀巢咖啡却说味道好极了说明是好咖啡一样。中文有"甘泉"一词，解释就是甜美的水。"甜"不仅传递了良好的产品品质信息，还直接让人联想到了甘甜爽口的泉水，喝起来自然感觉“有点甜”。

一、广告的概念

广告就是要广而告之。它是以促进促销为目的，付出一定的费用，通过特定的媒体传播商品或劳务等有关经济信息的大众传播活动。广告包括带有经济性的广告和非经济性的广告（如政府的公益广告、慈善组织的公益广告等）。带有经济性的广告又叫商业广告，以盈利为目的广告是间接的、非人员的促销方式。

二、广告媒体

（一）广告媒体

广告媒体即广告媒介，是指广告实现其功能所借助的物质工具。所有的被企业用于传递产品或服务信息的物质工具都可以称之为广告媒体。它是广告与广告接受者之间的连接物质，也是广告宣传必不可少的物质条件。广告媒介并非一成不变，而是随科学技术的发展而发展的。科技的进步，必然使广告媒体的种类越来越多。

（二）广告媒体的种类及其特征

1. 报纸

报纸运用文字、图像等印刷符号，定期、连续地向公众传递新闻、时事评论等信息，同时传播知识、提供娱乐或生活服务，一般以散页的形式发行。报纸是最早面向公众（消费者）传播广告信息的载体，现在也仍是被经常运用的广告媒体之一。

其优越性表现在：① 影响广泛。报纸是传播新闻的重要工具之一，与人民群众联系密切，发行量大。② 传播速度快，反映及时。③ 方便低廉。报纸易于携带，价格低廉。④ 易于处置。报纸便于剪贴、保存和查找信息。⑤ 信赖性强。借助报纸的威力，能提高广告的可信度。

报纸媒体的不足表现在：① 因报纸登载的内容庞杂，易分散对广告的注意力。② 印刷不精美，吸引力低。③ 广告时效性短，重复性差，只能维持当前的效果。

2. 杂志

杂志以登载各种专门知识为主，是各类专门产品的良好的广告媒体。杂志的主要优点有：① 针对性。广告宣传对象明确，有的放矢，针对性强。② 重复性。杂志有较长的保存期，读者可以反复查看广告。③ 广泛性。杂志发行面广，可以扩大广告的宣传范围。④ 开拓性。杂志读者一般有较高的文化水平和生活水平，比较容易接受新事物，有利于刊登开拓性广告。⑤ 吸引性。印刷精美，能较好地反映产品的外观形象，易引起读者注意。

杂志媒体的缺点是：发行周期长，传播不及时。

3. 广播

广播媒体的优越性有：① 传播迅速、及时；② 制作简便，费用较低；③ 具有较高的灵活性；④ 听众广泛，不论男女老幼，是否识字，均能受其影响。

使用广告的局限性在于：① 时间短暂，转瞬即逝，不便记忆；② 有声无形，印象不深；③ 不便存查。

4. 电视

自 20 世纪 30 年代问世以来，电视不断以新的面貌面向广大观众，成为最重要的广告媒体。具体来说，电视广告媒体的优点有：① 因电视有形、有色，听说结合，使广告形象、生动、逼真、感染力强；② 由于电视已成为人们文化生活的重要组成部分，收视率较高，使电视广告的宣传范围广，影响面大；③ 宣传手法灵活多样，艺术性强。

电视做广告媒体的缺点是：① 时间性强，不易存查；② 制作复杂，费用较高；③ 播放节目繁多，易分散对广告的注意力。

5. 互联网

网络广告有其得天独厚的优势，表现在：① 互联网传播范围广，网络广告可跨越时空，具有广泛的传播力；② 内容详尽，交互查询，互动性和针对性强，无时间约束；③ 广告效果易于统计；④ 广告费用较低。

网络广告也具有先天的不足，具体表现在：① 网络广告缺乏吸引力；② 互联网的虚拟性致使网上浏览者对广告心存抵触。

6. 邮寄广告

邮寄广告的优点是：① 邮寄广告的对象明确，有较大的选择性和较强的针对性；② 提供信息全面，有较强的说服力；③ 具有私人通信性质，容易联络感情。

其缺点表现在：① 传播面较小，并有可能忽视某些潜在的消费者；② 不易引起注意；③ 广告形象较差，有可能成为“三等邮件”。

7. 基于地点的广告

如今广告出现在许多之前被认为不会出现的商业信息的场所。广告已经出现在下水道的井盖上、休息室的小隔间里、零售商店的生菜包装袋上、甚至报警器上……这些广告媒介带到消费者可能出现的各种场所，归结于基于地点的广告。

8. 附着在产品上的广告

附着在产品上的广告亦称为植入广告，是指附着在产品或服务中，并与其融为一体的广告。现实生活中常见到将广告巧妙地植入电视节目（如天气预报）、影视作品、游戏、电影中。可以说，产品植入是整合推广在数量上的巨大增长，是重要的趋势之一，而这种趋势将改变媒体的发展前景。

【小案例】

新闻联播天气预报　奏响植入广告最强音

CCTV 新闻联播《天气预报》景观广告，之所以是企业整合营销传播的黄金资源，是因为它作为电视平面广告具有许多突出优点：其一，天气关乎生产生活，天气预报关注度（收视率）高。CTR 数据显示，每天 CCTV-1 的 19:30—19:45 是收视率最高的时段，即天气预报处于 CCTV-1 频道收视最高位。其二，《天气预报》以 CCTV 和中央气象局为背书，可信度高。其三，《天气预报》景观广告具有明显的植入性，广告收视率高。将广告有机地嵌入或植入在《天气预报》栏目中，实现了广告与节目（天气预报）的无缝连接。这种植入式广告，收视“不掉线”，广告的收视率等同于节目收视率，大大提升了广告的价值。其四，稀缺性。CCTV“新闻联播天气预报”景观广告只有 35 个城市广告窗口，广告版数量有限，又不可复制和再生，所以稀缺。有且只有 35 个版块，属稀缺广告资源。

人口流动常态化，天气预报关注度增强。伴随着工业化进程的加速，我国以农村剩余劳动力为主体的流动人口规模以超常规的态势增长，加之异地大学（包括大学、中学甚至小学）就业比例的增加，可以说，近年来人口的时间上无间断性、空间上广覆盖性，使人口流动常态化。“除了‘天气预报’，我都不知道他（她）在这个城市的哪里。”亲情使然，人们关注天气变化，不仅仅收看本地天气预报，还关注异地亲人所在地的天气预报，致使天气预报倍受关注。

实践中，“招商银行”“华夏银行”“江淮汽车”“波司登”“步步高”等品牌，已经将 CCTV“动”的广告（常规视频广告）与 CCTV“静”的广告（“天气预报”平面广告）进行了有机组合，可谓是整合营销传播的成功范例。

综上，具有上述优点的 CCTV“天气预报”景观广告作为企业整合传播的佳选。CCTV“新闻联播天气预报”是影响中国的“品牌窗口”，也是企业广告投放的“品牌窗口”，传播未来，成就辉煌。

（三）媒体的选择

不同的广告媒体，所需要的广告费用及获得的广告效果都不一样，广告媒体的选择，不仅要符合企业的成本，也要结合产品的实际及市场的接受程度。从总体上讲，广告媒体的选择受以下因素的影响：

（1）产品因素。产品的档次、使用价值、性质、成本都会影响企业对广告媒体的选择。比如说为某一种模型做广告，就适宜选择有关制模方面的专业杂志作为广告媒体；而做服装类的广告，最好是有色彩的视觉广告；而日常生活用品的广告，则应该选择电视、广播等普遍而又能接触各类型消费者的媒体。

（2）媒体因素。媒体的传播是有范围的，比如，有些地方由于地理位置，不能接收某些电台；又如有些电视台的能力有限，不能在全国各地广泛被接收等。在企业资金实力允许之下，如果产品是对全国普通适用的，就可以选择全国性的电视台、报刊等；如果适用于地区性的，就可以选择传单、霓虹灯、地方性报刊等媒体。同时，在电视、广播、杂志、报纸、网络等媒体做广告有各自的优缺点，企业要在众多媒体种类中选择适当的媒体进行品牌传播，这是一个非常复杂的过程。媒体影响力的强弱决定了媒介传播价值的大小，从而决定了企业品牌传播效果的高低。

（3）费用因素。各种广告的收费都不相同，就算是同一种媒体，也会因为传播的范围、媒体的知名度而有差别。一般来说，广告的信用和预计的广告接收者数量成正比。比如说，网站的点击率越高，那么要在该网站做广告的花费就越大。

（4）消费者因素。消费者的习俗、爱好习惯不同，所接收到的广告媒体也会不同。在选择广告媒体时，还应该考虑目标市场上产品面向对象对媒体的偏好情况。一般认为，能使广告信息传到目标市场的媒体是最有效的媒体。如女性服装的广告，就适合选择女性购买者较多的杂志。一个广告如果有违道德或其内容超出了消费者可以接受的范围，不仅不能带来预期的收益，还有可能产生负面影响。

三、广告设计的原则

选择了适当的媒体，不一定就能得到良好的效果，要制作一个高品质的广告，必须遵循广告设计的原则。

（1）目标明确，有针对性。广告的目标主要使消费者知道产品，加强或改变消费者对产品的感知，最终达到扩大销售的目标。但具体的市场有具体的目标，在决定广告的内容时，必须明确目标的取向及针对的对象。例如，食品的广告，要么强调其美味，要么强调其健康，一般很少强调食品的包装，除非那个包装是市场上不常见的或特殊的专利等。

（2）符合实际，有真实性。广告的内容以产品为主，广告可能对产品进行一定程度的美化，但产品的品质、规格等都必须是真实的。不真实的广告含有欺骗成分，对消费者造成误导，更有可能会引起消费者的反感。广告的真实性体现在两个方面。一方面，广告的内容要真实，包括：广告的语言文字要真实，不宜使用含糊、模棱两可的言辞；画面也要真实，并且两者要统一结合起来；艺术手法修饰要得当，以免使广告内容与实际情况不相符合。另一方面，广告主与广告商品也必须是真实的，如果广告主根本不生产或经营广告中宣传的商品，甚至连广告主也是虚构的单位，那么，广告肯定是虚假的，不真实的。企业必须依据真实性原则设计广告，这也是一种商业道德和社会责任。

（3）符合社会常规。所谓的社会常规，包括人们的常识、道德及社会的法律等。所有的广告首先要符合国家的法律法规，才能得到承认。因为广告会对社会的风气造成一定的影响，如血腥或暴力画面可能会导致模仿等。一个广告如果不符合道德规范或不符合消费者所能接受的道德、风俗与习惯，就会引致消费者抵触的情绪。

（4）富有创新性。消费者每天处理的信息不计其数，平凡的广告不能给消费者留下深刻的印象。相比之下，创新性的广告更能吸引消费者的眼球，企业可以通过富有创新性的广告，强调或突出产品的个性。

（5）符合消费者对美感的要求。广告不仅仅是一种宣传的方式，更是一种艺术。一个好的广告应该符合大众的审美观并能给消费者带来美的感受。因此，广告设计还应该吸收来自各个学科的艺术特点，以富有美感的形式传递信息，给消费者带来舒服、自然的感觉。

四、广告效果的测定

广告追求经济效果，要知道如何改进广告，如何增强广告的效果，先要对广告的效果进行测定。广告效果测定主要从其促销的效果及传播的效果两个方面入手。

1. 促销的效果

广告的促销效果，是指广告所能带来的直接经济效果，即广告投入后所带来的产品销售额的增加或减少。对促销效果的测定又可用表 10.3 所示的几种方法。

表 10.3 促销效果测定的方法与计算公式

方法	公式	说明
增销率法	增销率=（销售额增长率/广告费用增长率）×100%	增销率越大，广告促销效果越好；反之越差
销售费用率法	销售费用率=（广告费/销售量）×100%	单位费用促销率越大，广告促销效果越好；反之就越差
单位费用增销法	单位费用增销量=（上期销量-本期销量）/广告费	单位费用增销量越大，广告促销效果越好；反之就越差
利润费用率法	利润费用率=（当期广告费用总额/当期广告后实现的利润总额）×100%	利润费用率越小，广告促销效果越好；反之就越差

2. 传播的效果

广告传播的效果不能以销售额来衡量，广告的传播效果包括：产品知名度的变化、消费者对产品认识的改变、对消费者消费行为的影响、广告传播的范围等。

对广告效果的测定，可以通过以视听率测定、消费者对广告内容记忆强度或理解的测定、消费者购买动机的测定、消费者对广告评价的测定等来完成。

第四节　公关促销策略

【小案例】

2004 年 11 月 30 日，“香港廉政公署”在代号为“虎山行”的行动中，拘捕了“涉嫌盗取公司资金”的创维董事局主席黄宏生。

当日，创维数码在香港地区被停牌，创维董事局副主席张学斌及公司多名高管当晚即召开紧急会议，商议对策，并在深圳创维大厦紧急约见媒体。

2004 年 12 月 1 日，国美、苏宁、永乐、大中四家家电连锁巨头发出声明力挺创维。

2004 年 12 月 2 日，黄宏生以百万港元被保释。

2004 年 12 月 2 日，北京松下、彩虹、三星等八大国内彩电企业发表声明，表示将优先保证创维的原材料供应。

2004 年 12 月 3 日，深圳 7 家银行分行行长聚集深圳创维大厦，表示将大力支持创维。而在公司内部，全体员工更是齐心协力共渡难关。

2004 年 12 月 5 日，创维高管在京召开新闻通报会。创维自始至终都在强调两件事：一是创维方面会积极配合香港廉政公署的调查；二是整个集团的各项事务一切运转正常，不会因此受到不良影响。

2004 年 12 月中旬，深圳市副市长到创维表态：创维本部发展非常稳定，市政府全力支持。

2005 年 1 月 1 日，创维 CEO 王殿甫的“促销”秀在京城开演。

2005 年 2 月 4 日，创维 PDP / LCD 技改项目正式获得深圳市政府财政贴息，从侧面向公众告知了政府对创维公司的信赖。如此一来，自然说服力强，公众自然信服。

2005 年 3 月 2 日，黄宏生案复审，黄宏生向法院方面提出要求，由于作为全国政协委员的黄宏生要参加近日在北京举行的全国政协十届三中全会，故希望法院方面能够允许黄宏生短暂离开香港前往北京参会，并获批准。

2005 年 8 月 26 日，创维数码（0751.HK）在香港地区发布年报，显示上一个财务年度营业额再创历史性新高，为 104.66 亿港元，较上年同期增加 13.6%；纯利为 4.03 亿港元，增长 17.8%，成倍的利润增长远远高过同行。

创维不仅实现了销售和回款的双增长，还实现了从家族式管理向现代企业制度转变的“革命”。黄宏生打破了企业家涉案被捕后企业“树倒猢狲散”的宿命。

这是一个特殊的案例，但有着普遍性。随着时代的进步，社会分工越来越密切，企业与企业之间、企业与其他社会各界之间的合作越来越密切、影响越来越深远。为此，公关日益显示出其重要性，在很大程度上，企业公关的效果如何直接决定了其未来的生存和发展。

一、公关促销的概念与特点

（一）公关促销的概念

概括而言，公关促销是一个企业组织为增进公众的信任和支持，为自身事业发展创造最佳的社会环境，在分析和处理各种关系时，应采取的一系列树立自己良好公众形象的策略、行为和结果的总和。

公关促销和人员推销、广告、营业推广等相比较，是一种新兴的但又重要的促销手段。它是企业运用公开的、合法的、符合社会道德准则的传播方式，来发展企业与社会公众之间的良好社会关系，树立企业良好的形象，取得企业的发展和社会进步，达到企业经济效益与社会整体效益高度统一的有效方法。

由此可见，公关促销包括三个基本要素：

公关主体——社会组织，如企业；

公关客体——公众，如顾客、中间商、职工、新闻界等；

公关手段——传播与沟通。

这三个内容缺一不可。

（二）公关促销的特点

1. 赢利目的的间接性

良好的公共关系，是企业推广业务和促进销售的有效工具，但它并不直接介绍、宣传和推销商品，而是通过各种公关活动，宣传企业宗旨，以自然随和的方式，把有关新产品、新服务项目的信息及企业的营销观念等传播给消费者。特别是通过一些有影响的新闻报道的传播提高企业的知名度、美誉度和信赖度，在公众中产生更为深远的影响。例如，南方某大型商场专门准备了一批雨伞，每当顾客在店里选购物品恰逢下雨时，该商场就会及时地给顾客送上一把伞，其效果不亚于“雪中送炭”。受惠者不仅本人印象深刻，而且大多会成为该商场的义务宣传员。如此细致周到地为顾客着想，顾客哪有不惠顾的道理呢？

2. 效果的长期性

虽然公关促销活动的效果并不能立竿见影，但其促销作用却具有长期效应，就像“润物细无声”的春雨一样。经过长期的不懈努力，一旦形象塑造成功，就能在较长时间、更大空间范围产生影响力，从而促进销售。当然，公关促销是一项经常性的工作，顾客对企业的认识有一个阶段性，会随着企业的活动而相应改变。所以，建立企业和产品的形象与维护其形象同等重要。

3. 对象的广泛性

公关促销的对象是极其广泛的，除了企业现实的或潜在的顾客以外，还包括其他众多社会公众。这是由企业公关促销的目标决定的。公关促销不像广告，只是为了吸引用户，诱发顾客的购买欲望，它是要向社会展示企业的良好形象。这就决定了企业公关促销的对象包括所有与企业有关系的社会群体和内部群体。因此，企业要想顺利地生存和发展，达到预定的经营目标和发展目标，就必须科学地、合理地处理各种社会关系。

4. 工作的主动性

任何一个企业都处于一个复杂的社会关系网络之中，因此，公关促销工作是一项主动性和经常性的工作。一个好的公共关系部门或人员，并不仅仅是出了问题之后才开展公共关系活动进行协调的，更多的、更经常的是积极、主动地针对有联系（包括现实的或潜在的）的群体或个人开展公关活动，及时了解公众的意见和呼声，避免损害企业声誉的情况发生。所谓“先声夺人”和“防患于未然”的工作作风，正是企业公关促销所强调的主动性和经常性。

二、公关促销的原则

（一）以诚取信的真实性原则

每一个企业都希望获得公众良好的评价，而这需要企业以积极、诚实的工作态度向公众介绍自身的客观情况才能得到。如果凭一时的吹嘘来树立企业的形象，最终会失去公众的支持，企业也难以生存。

（二）利益协调的一致性原则

企业的生存发展依赖于社会，既为社会公众提供商品和服务，同时也需要公众对其产品和服务认可并购买，还要依据社会公众提供适销对路的各种资源。企业与各界公众的关系是互相依存的关系，两者的利益从根本上讲应该是一致的。因此，开展公关促销活动，也应本着利益协调一致的原则，把企业利益与公众利益相结合，通过为社会做出贡献来赢得公众的信任，建立良好的企业形象。

（三）注重双方信息交流的原则

公关促销活动中的信息交流除了必须是及时的、真实的以外，还须是双向的、全面的，既有信息的传播，也有信息的反馈。从一定意义上讲，企业应及时发现公众的看法和意见，调节自身行为，适应环境变化。因此，信息的搜集和反馈显得十分重要。企业贯彻双向信息沟通原则的目的在于提高信息沟通的质量，以最快的速度消除沟通障碍，建立相互之间的了解、信任和支持。

三、公关促销活动的方式

（一）利用新闻媒介宣传企业及其产品

这是企业经常运用的公关促销方式。如由新闻媒介单位或企业本身编写有关企业的信息、报道，举办新闻发布会、记者招待会等。

（二）积极参与社会公众活动

企业是社会的一分子，应在广泛的社会交往中发挥自己的作用，赢得社会公众的爱戴。如参加各种文化、体育活动，参与办学、扶贫、救灾、为社区义务服务等活动。

（三）建立广泛联系，收集相关情况

企业应建立与有关组织、机构、企业的公开信息联系，及时收集有关情况。如建立与消费者联系制度，举办研究会、洽谈会、联谊会等。

（四）建设企业文化

企业形象的树立与维护需要通过全体职工的一举一动来实现。因此，企业应结合实际，有计划、有步骤地建设企业文化，将公关促销活动有效地引向更深层次。

第五节　销售促进策略

一、销售促进的概念和特点

（一）概念

销售促进，又被称为营业推广、营业提升等。它与人员推销、广告、公共关系一起被认为是四大促销组合工具。它是指企业在短期内用各种手段诱导消费者购买其产品或服务的销售活动。

（二）销售促进的特点

销售促进的手段多种多样，具有以下几个明显的特点：

1. 表达的形式较为直观

销售促进多表现为赠送、奖励、降价、试用品等直观的形式，在价格或数量上有吸引力。

2. 短期效果显著

销售促进的效果可以说是立竿见影，它表现为短时间内就能收到效果。与公共关系或广告那种需要长时间才能见效果的活动方式不同，销售促进短期效果显著。因此，销售促进适合于在一定时期、一定任务的短期性的促销活动中使用。

3. 带有局限性

大部分的销售促进都是短期的，不具有持续性，它常常是在一定时间或一定地点进行的。企业常常把销售促进作为一种辅助方式结合广告、人员推销等一起开展。

二、销售促进的方式

根据所面向的销售对象不同，采用的促销方式有所差别。销售促进的人员主要包括：消费者、中间商及推销人员。

1. 面向消费者的销售促进方式

（1）赠送样品。用试用装或赠送样品等方式把产品介绍给消费者，样品作为免费派送或与其他商品一起销售，作为附带赠品赠送。这是一种介绍、推销新产品的方式，但费用较高，对高价格商品不宜采用。

（2）优惠券。消费者在购买产品时，可获得优惠券，在下次购物的时候，优惠券可以抵偿一部分现金；又或者凭优惠券可以享受一定的折扣或获赠礼品等。这种形式有利于刺激消费者使用老产品，也可以鼓励消费者认购新产品。

（3）现场演示。企业派出或委托派出促销人员，在某些定点进行产品的现场演示，向消费者介绍产品。

（4）抽奖促销。消费者在购买某些指定的产品或购买足够的金额，就能获得抽奖的资格，奖品可以是实物奖，也可以是现金奖。企业通过一种奖励的方式来鼓励消费者购买其产品。

（5）包装促销。企业把产品组合包装或搭配包装起来，以优惠的价格出售。

（6）展览会。各类展览会上，现场展出企业的产品，消费者可以在展览会上看到齐全的产品并购买。

（7）分期付款企业允许消费者借助各种信贷方式，把应该一次支付的款项分开几次支付。

2. 面向中间商的销售促进方式

（1）销售折扣。为了鼓励和维持与中间商之间的友好合作，给予中间商一定的折扣，这些折扣包括会员和现金上的折扣。主要针对有稳定合作关系的批发商或零售商。

（2）推广津贴。中间商帮助企业推广产品，帮助企业顺利地开展销售，企业给予一定的推广津贴。这些津贴包括广告的津贴、降价的津贴等。

（3）销售奖励。企业在多个中间商中，选取销售本企业产品的销量较好的一个或几个中间商，实行奖励，包括实物奖和荣誉奖等。这种方式能刺激经销业绩突出者加倍努力，更加积极主动的经销本企业产品,同时也有利于诱使其他中间商为多经销本企业产品而努力，从而促进产品促销。

（4）业务会议。定期举行多方参加的购销业务会议，在会议中促使集中订货。

（5）免费扶助。对某些缺乏资金或打算建立长期合作关系的中间商免费提供扶助。这些扶助包括：帮助强化销售网络、代培销售人员等。

3. 面向推销人员的销售促进方式

（1）销售分红。推销人员完成了企业要求完成的销售指标后，对于超出指标的部分，企业按一定的比例折合成红利返还给推销人员。这种方式能极大地提高推销人员的积极性。

（2）销售竞赛。在众多推销人员中，发起销售竞赛，对于销售额名列前茅的推销人员，给予奖金、免费旅游、赠送购物券等奖励。

（3）免费培训。为推销人员免费提供培训、技术指导，鼓励他们积极地开拓市场，努力进取。

三、销售促进的推广和实施

销售促进的推广及实施，就是指销售促进的实现步骤，主要包括如下方面：

1. 确定销管促进的目标

要确定目标，首先就要明确对象是哪一方，要达到的目标（包括销售额、利润等）是什么。只有明确了目标，才能进行下一步的工作。

2. 选择适当的销售促进方式

在众多销售促进的方式中，选择适合企业及市场的销售促进的方式，结合各种情况的前提下，构想新的销售促进方式。

3. 确定销售促进的配合安排

要把促销的其他方式（人员销售、广告、公共关系）有机结合起来，从而增强推广的效果，让推广实施得更大、更好。

4. 确定销售促进推广的时间与期限

有了具体的目标与实施方式之后，要定一个好的销售时机。有些季节性明显的产品，就应该在换季的时候进行销售促进活动。如果推广的时间过长，消费者就会失去新鲜感；如果过短，就会对产品产生怀疑。因此，必须制定一个合理的推广时间段。

5. 评价销售促进的效果

各种促销策略都应该有一个评价的环节，销售促进也不例外，对销售促进实施的效果进行评价，有利于企业扬长避短，总结成败得失。对实施效果的评价可以从购买人数、消费者反馈意见、销售额等几方面展开。

第六节　直复营销与新媒体营销

一、直复营销的概念和种类

直复营销是指销售者为了从潜在顾客或消费者那里得到电话、邮件或者亲自拜访的反应，使用一种或多种媒体对目标群体施加直接影响以促进产品或服务交易的所有活动的总称。由此，直复营销是指企业与目标顾客之间直接沟通以产生反应或交易的一种营销形式，是一种不通过中介人而使用顾客直接渠道来接触顾客并向顾客传递产品或服务的营销方式。

随着信用手段和信息技术的快速发展，直复营销作为一种促销方式，其做法早已不再局限于传统的邮购活动。可以说，伴随着电话、电视以及互联网等广泛普及和应用，直复营销形式变得越来越丰富。

（1）直接邮寄。营销人员把信函、样品或者广告直接寄给目标顾客的营销活动。

（2）目录营销。营销人员给目标顾客邮寄目录，或者备有目录随时供顾客索取。

（3）电话营销。营销人员通过电话向目标顾客介绍商品或服务。

（4）直接反应电视营销。营销人员通过电视介绍产品。

（5）直接反应广播营销。广播既可以作为直接反应的主导媒体，也可以与其他媒体配合使用，使顾客对广播进行反馈。

（6）直接反应印刷媒介营销。通常是指在杂志、报纸和其他印刷媒介上做直接反应广告，鼓励目标顾客通过电话或回函订购，从而达到提高销售的目的。

（7）网络营销。企业通过互联网开展营销活动。

二、直复营销的优缺点

直复营销的优点主要表现在：一是针对性强；二是市场细分与选择精准；三是个性化；四是及时性；五是灵活性；六是重复使用率高；七是成本低；八是易于测量结果。

直复营销的缺点表现在两个方面。对消费者而言，一是侵犯隐私；二是欺诈；三是后续服务不兑现。这些都会导致消费者愤怒，也会相当程度地破坏社会诚信体系。对营销企业而言，直复营销的缺点，一是因涉嫌侵犯顾客隐私、可能或现实的欺诈等导致企业或品牌形象下降；二是因顾客信息变化而带来的准确性降低；三是费用增加、成本上升；四是顾客或潜在顾客产生逆反而拒收。

三、互联网与新媒体营销

互联网是直复营销的重要载体，更是新媒体营销中企业与顾客互动的重要载体。互联网为营销者和消费者提供了更好的互动和个性化的机会。不久的将来，几乎所有的营销活动都会使用重要的互联网要素。

与新媒体相关的营销平台包括微博（微信）、社交网络服务、基于位置的服务、搜索引擎、视频分享平台，从而衍生出微博（微信）营销、SNS 营销、LBS 营销、搜索营销及视频营销等。

1. 微博（微信）营销

微博（微信）营销是目前发展最迅速、最具煽动性的新媒体，由于成本投入少、互动性强、传播速度快等特点，已成为企业特别是中小企业产品发布、促销信息传播、活动公告宣传、危机公关处理的首选平台，最终发展成长为企业的自媒体。以新浪微博为例，截止到 2013 年 7 月底，在新浪认证的企业微博近 32 万家，2013 年 8 月 5 日新浪与拥有 900 万家淘宝商户的阿里巴巴共同推出的新浪微博淘宝版，则是将这一营销模式发挥到了极致，表现为当用户账户绑定后，微博用户可直接登录淘宝平台完成交易、支付等功能，实现新浪微博与淘宝账户的互通。

2. LBS 位置营销

LBS 是通过电信移动运营商的无线电通信网络或外部定位方式获取移动终端用户的位置信息（地理坐标或大坐标），在 GIS 平台的支持下，融合行为、时间与地理三位一体，为用户提供相应服务的一种增值业务。LBS 不仅让用户实时了解所在位置、周边的地理咨询，而且为商家提供了其主导的营销平台，企业与消费者可以通过该平台进行自由的多向交流：一旦消费者进入某一企业的指定区域，便会自动接收到该企业的咨询，还可经由类似 SNS 的信息交流平台，向邻居及企业反馈实际消费行为，为企业的服务改进提供价值参考，让企业真正实现以 LBS 为交流平台的无障碍 B2C 自营销。2013 年地理信息开发者大会上，SOSO 街景地图发布的街景导航与二维码进行结合，用户使用微信扫描后即可查看目的地实际街景并导航前往，还可以通过微信、微博、短信与朋友实现分享，让用户的名片、微生活会员卡、快递单、电子通讯录变得“会导航”，这对生活在日益拥堵的一线或者二线城市消费者而言，实现便捷快速到达消费地点的路线查询与导航无疑具有很大的吸引力。

3. 视频营销

YouTube 首创为网友提供上传视频的互动模式平台，启发后续的优酷、土豆等国内很多视频网站的开发和成长。市场监测机构的调查显示，在网上浏览视频的消费者比例已经达到 36.3%，网络视频 24 小时全天候的特点是网络视频广告更加多元和灵活，如网络视频前的贴片广告、视频中的植入式广告，以及企业创作的供网友传播的病毒式视频等，都充满着想象空间。例如，2012 年百事可乐创作的贺岁巨制“把乐带回家”广告一经上传到优酷网，立即引起消费者的疯狂点击、分享与评论，类似的保洁公司潘婷广告无论是泰国版还是俄罗斯版都创造了相似的广告传播效果。

还有，口碑营销也常常是借助新媒体包括社交媒体等运作的；短信、飞信和微电影等也是使用频率很高的新媒体传播形式。

【延伸阅读】

小案例一：

太麦克斯手表的广告是由该厂的推销员走访商店时，突然把表摔到地上，或一下子浸到水里，以证实防震防水性能。电视广告中还有将这种手表拴在飞奔的马尾巴上，或是将手表从 40 多米高处投入海水任凭风浪拍打的惊险镜头。靠这种扣人心弦的新奇广告方式，太麦克斯进入非洲市场不到一年，就售出一万多只。

小案例二：

在一次规模宏大的食品展销会上，罐头食品公司摊位不幸被排在会场最偏僻的阁楼上。参观的人大多懒得登楼，第一个星期内，该公司无人问津。总经理汉斯急中生智，创出新招。第二个星期开始时，展览会场前厅的地毯上，不时出现一个小小的铜牌，铜牌上写道：“谁拾到这块铜牌，可拿到阁楼上的罐头食品摊去换取一件纪念品。”于是，阁楼上从此挤得水泄不通。热闹带来了生意，这种情况一直维持到结束。结果，罐头食品公司的销售额比位于楼下最佳位置的摊位还高得多。

小案例三：

美国西雅图有个姑娘叫玛莉，从外地学到栽种凤尾菇的新技术，她既会生产成品菇，又会培育菇种。可是刚开始的时候，由于当地消息闭塞，不要说凤尾菇怎样吃法，就连凤尾菇的样子也没有人见过，这样，凤尾菇的销路自然就成问题。玛莉出了个点子，同当地一家饭店联营，廉价提供凤尾菇并亲自下厨炮制几味以凤尾菇为原料的菜式，然后又当众介绍凤尾菇的烹饪方法。这一招，使凤尾菇身价倍增，销路甚畅，于是，栽种凤尾菇就成为一项有利可图的事业。可是，来找玛莉买菇种的人寥寥无几。何故？原来，大家都不会种菇，生怕弄得不好血本无归。玛莉又生一计，当众张榜传授种菇技术，并且声明：谁到她那里要菇种不用立即付款，等到种菇成功赚了钱才按九折结算。这一招确实灵验，买家接踵而来。仅仅一年，玛莉光是卖菇种就成了百万美元户。

小案例四：

1982 年，美国政府取消了只有美国电话电报公司才能销售和出租电话机，而不允许私人购买电话机的规定，这样一来，为了工作和生活方便，美国 8000 万个家庭和其他公私机构，都争相购买电话机。我国香港地区的厂家获悉这一消息，立即有针对性地快速应变，让原来生产收音机、电子表的厂家快速转产，全力生产电话机并迅速打入美国电话机市场。结果短期内出口金额一下子达到 1.8 亿港元，比前一年增长了 19 倍之多。一些厂家着着实实地赚了一大笔钱，提高了竞争能力。

小案例五：

《星球大战》是著名导演乔治·卢卡斯的杰作。1971 年，他萌生拍这样一部科幻片的念头，于是从 1973 年起开始全力拍摄，至 1975 年停机。但他没有立即公映，而是采取全线出击的战略，先写一部相同内容的小说，到 1976 年 10 月，小说写好了。又过了 6 个月，在与各出版社接洽好后，电影开始在各地上映。与此同时，出版社出的廉价本、试销本、平装本、精装本、连环画等，充斥了美国的出版发行市场。

“整个美国好像疯了”，20 世纪福克斯公司的一位工作人员这样说，“电影院前排队买票的人多得令人难以置信”。与此同时，小说也占据畅销书之首。

由于《星球大战》如此受欢迎，之后出版社又将它的续篇《帝国反击战》上市了，同样引起轰动。此外《外星人》《星球旅行》等也纷纷出现。与《星球大战》有关的唱片、招贴画、漫画、饮料、衣服、玩具激光枪、玩具机器人、棋类游戏等，令人眼花缭乱，使《星球大战》达到了可以看、可以读、可以听、可以玩的程度。

小案例六：

以二择一法是将顾客视为已经接受你的商品或服务来行动的。在这个前提下，你可以向顾客提出两种选择的问题，任顾客自由选择。比如：“先生，您喜欢黄色的那一件，还是喜欢蓝色的那一件？”“小姐，您看这两种护肤霜都是获奖新产品，不知您更喜欢哪一种，是‘佳丽’还是‘大宝’？”“太太，您看什么时候给您送货最恰当？是今天下午，还是明天上午呢？”这样的话，有一种先声夺人的心理催眠效应。顾客往往被牵着鼻子，在两者中择取其一。

【思考题】

1．人员推销的任务和特点是什么？人员推销的步骤有哪些？

2．什么是公关促销？公关的原则有哪些？公关促销的原则有哪些？

【实训题】

恒源祥广告之争

1927年，沈莱舟在上海创立了恒源祥。"恒源祥"是目前全球最大的绒线制造商，2009年，恒源祥入选中国世界纪录协会世界最大绒线制造商。涉及家纺、针织、服饰三大产业板块，有上百家联盟体工厂、4000多家经销网点，拥有2000多个规格品种的纺织类综合性集团公司。1999年时"恒源祥"品牌的无形资产约5000万元，目前的评估价值约6亿元。旗下成立于1998年的恒源祥服饰公司经过6年的发展，目前公司主要经营男装、女装和童装以及装饰配件四大类项目，拥有十几家生产工厂及服饰生产流水线设备。

2008年春节期间，奥运赞助商恒源祥曾经推出12生肖的广告。在这则长达1分钟的恒源祥电视广告中，由北京奥运会会徽和恒源祥标志构成的画面一直静止不动，广告语则由原来的"恒源祥，羊羊羊"，变成了由童声念出的"恒源祥，北京奥运会赞助商，鼠鼠鼠"(以下依次将十二生肖叫了个遍，直至猪猪猪)。其单调的创意和高密度的播出，遭受到许多观众炮轰。并在网上引起一片责骂，被网民评为"挑战观众忍耐极限"。根据MSN在2月20日进行的共有1117位网友参与的网上调查，其中只有占4.92%的网友认为恒源祥"贺岁广告""挺有意思"，几乎一半人表示"非常不舒服，赶快换台"，近三成网友断定"恒源祥的形象就这么毁了"。与此同时，上海新民网部分网友甚至发出"抵制购买恒源祥商品"的帖子。"挨骂就是营销！"2008年2月14日，恒源祥集团广告部一人士接受《中国经济周刊》电话采访时毫不隐讳"这个效果，意料之中"。

2008年的恒温祥惹来一片非议，2009年同样如此：

"我属牛——牛牛牛！我属虎——虎虎虎！我属兔——兔兔兔！"这是恒源祥的新版广告，足足一分钟内就是牛牛牛、虎虎虎、兔兔兔，十二生肖每个念三次，听起来简直就是感官的疲劳轰炸，不少观众实在痛苦、无奈、想撞墙。

早在2008年恒源祥用旧版十二生肖广告"折磨人"的时候，就有人指出，为了获取知名度的广告实属低层次的广告战略，况且，恒源祥为了达到家喻户晓的知名度而"折磨"广大的电视观众，只能让人产生反感而导致对该品牌的疏离。没想到，今年牛年春节刚一到来，恒源祥竟然又再次卷土重来，让正沉浸在春节喜庆气氛中的观众痛苦不堪。

据说，去年恒源祥投放旧版十二生肖广告之后，获得一条"成功"经验：虽然挨骂却达到了家喻户晓的效果。如果能够珍惜自己的企业形象，提高广告创意水平，它就不该再次肆无忌惮地卷土重来。观众想耳根清净些，究竟有多难？

资料来源：http：//baike.baidu.com。

讨论问题：

1．你认为恒源祥广告能起到什么样的效果？

2．结合案例，谈谈你对企业的广告道德或商业道德的看法。

第十一章　营销管理

【导入案例】

区域冲货问题是所有企业面临的共同问题，娃哈哈也不能避免。中国市场幅员广阔，各省区之间由于经济状况、消费能力及开发程度的不同，产品的销售量差异极大，如浙江与江西、安徽毗邻而居，经济总量却相差数倍。娃哈哈在三省的销量各有不同，为了运作市场，总部对各省的到岸价格、促销配套力度和给予经销商的政策也肯定有所差异，因而，各经销商根据政策的不同，偷偷地将一地的产品冲到另一地销售的情况便难免发生，这种状况频繁出现，必将造成市场之间的秩序紊乱。如蚁噬大堤，往往在不经意间让一个有序的市场体系崩于一夕，在过去十多年中，已有无数企业因此莫名坠马，一蹶不振。

为此，娃哈哈成立了一个专门的机构，巡回全国，专门查处冲货的经销商，其处罚之严为业界少有。宗庆后及其各地的营销经理到市场行走时，第一要看的便是商品上的编号。一旦发现编号与地区不符，便严令要彻查到底。

可是，要彻底解决冲货问题，治根之策，还是要严格分配和控制好各级经销商的势力半径。一方面充分保护其在本区域内的销售利益，另一方面则严禁其对外倾销。近年来，娃哈哈放弃了以往广招经销商、来者不拒的策略，开始精选合作对象，从众多的经销商中发展、扶植大客户；同时，有意识地划小经销商的辐射半径，促使其精耕细作，挖掘本区域市场的潜力。

企业的市场营销管理过程是企业市场营销的计划、组织、执行和控制的过程，是企业根据外部环境变化，结合自身资源特点，不断地制定、调整和修正营销战略，以实现营销目标的管理活动。市场营销计划是企业市场营销活动的基础，而市场营销计划的成功实施离不开有效的市场营销组织，市场营销控制则是市场营销活动能够按照计划实现的重要保证。

第一节　市场营销计划

一、市场营销计划的概念

市场营销计划是企业指导、协调市场营销活动的主要依据。市场营销计划是在对企业市场营销环境进行调研分析的基础上，按年度制定的企业和各业务单位对营销目标以及实现这一目标所采取的策略、措施、步骤的明确规定和详细说明。

“市场营销计划”是一个统称。从特定层面来看，它一般可以分为品牌计划、产品类别市场营销计划、新产品计划、细分市场计划、区域市场计划、客户计划等。

市场营销计划与企业战略计划之间的区别在于：市场营销计划属于企业的职能计划之

一，是企业整体战略规划在营销领域的具体化；而企业战略计划仅仅是企划工作的始点，它引导制订更周密、更完整的计划以完成组织的目标。

市场营销计划是指导和协调市场营销活动的主要工具，是企业市场营销活动顺利进行并取得良好经济效益的前提。企业必须依据每一次的市场营销活动精心地准备计划，并分析、预见实施中可能出现的各种问题，设置防范措施，这样才能使企业的市场营销活动取得预期的效果。

二、市场营销计划的作用

第一，市场营销计划是企业对未来市场营销活动的规划和行动策略，有利于企业对整个营销活动的有效控制。

第二，市场营销计划可以减少企业市场营销活动的盲目性，使企业有明确的营销目标，并且使企业能够明确地知道应该通过何种营销手段来达到该营销目标。

第三，科学合理的市场营销计划可以使企业更好地协调各部门、各环节的关系，使各部门的行动保持一致，从而促使企业营销目标的实现。

总之，市场营销计划是企业市场营销活动的基础和关键，企业只有制订出科学合理的市场营销计划，并且有效地执行市场营销计划，才能达到预期的营销目标。

三、市场营销计划的内容

制订一个营销计划，往往要经过对背景或营销现状的描述，进行 SWOT 分析（即企业内外部优劣势分析），拟订营销计划的目的和目标，确定实现目的、目标的战略，并且制定一套在战略指导下有机整合的营销组合策略，围绕该策略制定一个详细的、有可行性的行动方案，以及计划和方案的实施控制步骤。因此，市场营销计划的内容主要包括以下八个部分：

1. 内容概要

内容概要是对营销计划的主要目标和措施的简短概括，让人一目了然地抓住计划的要点。

2. 当前营销状况

目的是使管理部门迅速了解这部分内容，主要提供产品目前营销状况的有关背景资料，包括市场、产品、竞争、分销和营销环境状况的分析。

（1）市场状况分析。分析有关目标市场规模、消费状况和成长性的有关数据以及顾客的需求状况等。

（2）产品状况分析。分析目前产品的品种、品牌、包装、销售价格、市场占有率、成本、费用和利润率等方面的状况。

（3）竞争状况分析。分析竞争者的数量、规模、最主要竞争对手的情况、竞争者的目标、市场份额、产品质量、价格、营销战略和其他状况，通过对竞争者的分析，找到企业自身的竞争优势，从而了解竞争者的意图、行为，判断竞争者的变化趋势。

（4）分销状况分析。这一部分需要描述公司产品所选择的分销渠道的类型和在各种分销渠道上的销售状况、销售策略等。

（5）营销环境状况分析。营销活动不是发生在真空里，而是发生在一个充满大量不可控因素的环境中，这些因素包括法律法规、社会状况、经济条件、技术因素和竞争因素等。市场营销的一个重要工作就是发现并利用市场机会，而市场机会来自营销环境的变化。成功的营销者能够意识到环境的变化，并且能决定如何利用这些变化。营销环境状况的分析主要是对营销环境的状况和主要发展趋势做出简要的评价。

3. 风险与机会

在这项分析中，必须把对企业机会与威胁的分析与对企业优势与劣势分析结合起来进行，这样才能使这项分析真正给企业带来赢利的机会，回避可能遇到的风险，一个市场机会能否成为企业的营销机会，关键在于这个机会是否与企业在目标和资源方面的优势相匹配，如果企业在这方面具备优势，那么就应当充分发掘和利用这个市场机会。因此，在市场营销计划中要对市场机会和风险进行科学、详细的预测、分析和判断。

首先，要进行机会/威胁分析，通过对外部环境变化趋势的分析，识别出有利于企业发展的市场机会以及可能影响企业经营，甚至危及企业生存的主要环境威胁。

其次，要进行优势/劣势分析，通过对内部经营环境和条件的分析，明确本企业相对于竞争者所具备的战略优势和劣势。

4. 确定市场营销目标

营销目标是企业制定营销战略和营销计划所实现的目标。确定企业的市场营销目标，是市场营销计划的核心内容。营销目标必须是明确的，而不是模糊的；营销目标必须是一种在执行中可以测量的行动，而不是难以控制的变量；营销目标必须是可以行动的方案，而不是一个空洞的想法；营销目标必须是现实的，不切实际的目标在开始行动之前就注定会失败；营销目标必须考虑到时间因素，也就是必须考虑开始的时间和结束的时间；营销目标还要具备一定的开拓性。

营销目标可以由销售收入、销售增长率、销售量额、品牌知名度、分销范围等指标构成。

5. 营销战略

为了实现营销目标，企业必须制定营销战略和行动计划，营销战略包括目标市场选择和市场定位战略、营销组合战略等。

第一，目标市场选择和市场定位战略是指明确企业的目标市场，即企业准备服务于哪个或哪几个细分市场。如何进行市场定位，确定何种市场形象。

第二，营销组合战略即企业在目标市场上所采取的具体的营销策略，包括产品策略、价格策略、渠道策略和促销策略。产品策略包括提出新增产品项目构想，确定各产品项目在质量、款式等方面的具体要求等；价格策略是指企业要如何确定产品的价格；渠道策略主要是确定分销渠道的安排及费用预算；促销策略包括选择促销手段，确定促销组合及促销费用等。

6. 营销行动方案

为了有效实施市场营销计划，市场营销部门以及有关人员需要制定详细的行动方案。

因此，这部分内容是对各种营销战略的具体实施制定详细的行动方案，即阐述以下问题：将做什么；何时开始；何时完成；由谁来做；成本是多少等。

7. 营销预算

一定的市场营销组合决策需要一定的营销费用开支，而且总的营销费用支出还要合理地在市场营销组合的各种手段间进行预算分配，企业总的营销费用预算一般是基于预期销售额的一定比率确定的。最后，公司要分析为达到一定的销售额或市场份额所必须要做的工作以及计算完成这些工作的费用，以便确定营销费用总开支，并将营销费用在各职能部门或各营销手段之间进行分配。

事实上，市场营销计划中的营销预算部分就是要列出一张实质性的预期损益表，在收益的一方面要说明预计的销售和平均价格，在支出的一方面要说明生产成本、分销成本和营销费用。收入和支出的差额即是预期利润。企业的各业务单位做出营销预算后要送上级主管审批，经批准后，该预算就是材料采购、生产调度、劳动人事以及各项营销活动的依据。

8. 营销控制

营销计划的最后一部分是对计划的检查和控制，目的是监督计划的进程。一般地，计划的定期营销控制工作，即各个战略业务单位的业绩定期考核目标和预算是按月份或季度分别制订的。凡未完成计划的部门，其主管人员必须说明原因，并提出改进措施，以争取实现预期的目标，从而使组成整个营销计划的各个部门的各项工作得到有效的控制，保证整个计划能井然有序、卓有成效地付诸实施。

拥有营销计划并不能一定保证成功，在市场营销计划的实施中，会出现一些这样或那样的问题，以至于好的市场营销战略、战术不能带来期望的业绩。营销计划中常见的问题主要表现在以下七个方面：

（1）市场营销计划中缺乏足够的现状分析。现状分析是一个完整计划的基础，缺乏本企业和竞争者的重要信息会导致战略计划的短视。这就要求企业平时就做好有关信息的收集整理工作，而不是到制订战略计划时才临时抱佛脚。

（2）营销目标不现实。企业最高管理层不能根据其主观愿望来规定目标水平，而应当根据对市场机会和资源条件的调查研究和分析来规定适当的目标水平。低估或高估企业的目标，都不会给企业带来满意的结果。

（3）市场营销计划中没有足够的细节分析。企业的目标也许制订得很好，但战略及其实现步骤如果不完善、不具体同样也是不够的。企业的战略计划应分层次、具体化、数量化，说明什么任务、何时和何人来实施计划，这样便于企业的最高管理层管理计划的执行和进行过程控制。

（4）市场营销计划因循守旧，维持现状。企业的营销计划如果每年都一样，也不会给企业的发展带来好的结果。因为企业自身在发生变化，市场环境在发生变化，竞争对手的实力与结构也在发生变化。因此，企业的市场营销计划必须根据市场环境的变化不断地调整。

（5）缺乏具体、明确的行动方案，计划没有被实施。如果企业的营销管理者制订了一个好的计划后，却从来不采取任何行动来实施它，其结果只能让计划形同虚设。

（6）竞争者出乎意料的行动。竞争者有力竞争的标志是它们能够根据自身特点灵活而又果断地采取行动。企业绝不能低估竞争对手，应该留有足够的余地来调整企业的战略计划和预算。

(7)没有评估战略计划进程。调节战略计划的唯一途径是评估各阶段应该做什么和不应该做什么，以便发现问题并及时解决。

第二节　市场营销组织

企业的市场营销战略和计划制定出来以后，如何使之变为现实，是企业营销成败的关键。这就要求企业设置与市场营销战略计划的实施相适应的组织结构与体系，合理安排和调配企业各种资源，以保证计划的顺利实施。

一、市场营销组织概述

(一)市场营销组织的含义及其目标

市场营销组织是指企业内部涉及市场营销活动的各个职能单位及其结构。市场营销组织中各个职能单位与营销活动紧密相关，并且各职能单位通过其组织结构结合起来，这就使市场营销活动不是各个职能单位的独立活动，而是各职能单位相互作用的结果。

市场营销组织的目标主要有三个：第一，市场营销组织必须能够对市场需求做出快速反应；第二，市场营销组织的目标是使市场营销效率最大化；第三，市场营销组织必须能够代表并维护消费者利益。

(二)市场营销组织的典型形式

现代企业的市场营销部门是随着市场营销观念的发展，长期演变而形成的产物。它大体经历了以下五种典型的形式：

1. 单纯的推销部门

企业组织设置以生产部门为主，销售部门的职能仅仅是在推销生产部门生产的产品，具体表现为“生产什么，就卖什么”，销售部门对产品生产没有发言权。但是，简单的销售部门只适合需求比较单一、选择性较小且同质性较高的产品销售。

2. 具有辅助性职能的推销部门

20世纪30年代以后，市场上产品数量得到了较大的增加，消费者在购买商品时有了更多的选择机会，且由于生活水平的改善和提高，消费者开始注意同类产品在质量上的差异，并对创新的产品表现出极大的兴趣，他们宁愿花高一点的价钱去购买质量较高和比较新型的产品。这样一来买卖双方的关系发生了微妙的变化，生产者对消费者在产品质量和类型上的要求，再也不能熟视无睹了；否则他们的产品就会滞销，甚至会卖不出去。于是，生产者开始注重从消费者的需求出发来改进产品质量并大力进行产品创新。这一时期，企业经营观念由生产导向型变为产品导向型，企业内部兼具营销职能的销售部门出现了，但仍缺乏主动推销意识。

当公司业务拓展至新的地区或增添了新的客户类型时，公司此时需要增加某些新的营销职能。销售经理此时就需要请这些方面的专家来处理这些营销事务，他会设立一个营销部来负责诸如市场调研、广告等营销活动。

3. 独立的市场营销部门

随着工业化革命的深入和机械化程度的提高，大量产品充斥市场，出现了供大于求的现象。买卖双方的位置也因此发生了显著的变化，市场状态由原来的卖方市场转化成买方市场。生产者的工作重点是使用各种推销和促销手段去刺激消费者购买自己的产品，于是，企业经营管理观念由产品导向型转变至推销导向型，企业开始设立独立的营销部门，力求把产品能尽快地大量推销出去。在这个阶段，企业设立了一个相对独立于销售副总的营销部门，负责营销调研、广告等营销活动，为企业寻找新的发展机会。

公司的持续发展增加了它在营销职能上的投入，如市场调研、新产品开发、广告和促销、售后服务，这些都和营销人员的活动有关。公司总经理发现了单独设立营销部的好处，营销经理直接向总经理或执行副总经理汇报工作，在这一阶段中，营销、销售两部门成为组织中两个独立的但工作又必须紧密联系的部门。

4. 现代市场营销部门

市场竞争变得日益激烈，而消费者却变得越来越挑剔。产品的卖方不仅必须使其商品具有竞争能力，而且更重要的是要真正认清消费者的需求，刺激和满足顾客的欲望，把顾客作为整个市场活动的起点和中心，一切从顾客出发，经营企业的推销观念逐渐演变为市场营销观念。在企业内部，营销部门和销售部门之间的关系常常带有互不信任和相互竞争的色彩。虽然销售和市场营销部门的工作应是目标一致的，但平行和独立又常常使它们之间充斥着竞争和矛盾。如销售经理注重短期目标和销售额，而市场营销经理注重长期目标和开发满足消费者长远需要的产品。销售人员为完成营销计划，花费时间在面对面的推销上，从短期利益考虑问题，并努力完成销售定额；营销人员则是依赖营销调研，努力确定和了解细分市场，花费时间在计划上，从长计议产品利润和市场份额。由于两者之间冲突太多，最终导致公司总经理将它们合并为一个部门，这就是现代营销部门的雏形。

5. 现代市场营销企业

一个企业可能已经设有现代化的营销部门，但还不能说它是完全意义上的现代营销企业。事实上，一个公司营销的成败除了需要出色的营销部门外，还取决于公司中的其他主管人员怎样看待营销功能，以及公司其他部门对顾客的态度和它们的营销责任，所以，公司所有的管理人员都要认识到企业的一切工作是“为目标顾客服务”的，在观念及组织权责上，市场营销部门的功能并不大于其他部门的功能。其他部门听从及支持市场营销部门，是因为市场营销部门更能较好地传达消费者的需求和更直接地面对消费者，公司上下形成一致的营销理念，这样的企业就可称为现代市场营销企业。

二、影响市场营销组织设置的因素

1. 市场特点

由于外部环境是企业的不可控因素，市场营销组织的设置必须首先考虑当前企业所面临的外部环境及其发展趋势，外部环境包括政治、经济、社会、文化、科技等因素，其中市场因素对企业的影响最大。

2. 企业规模

企业规模决定了营销组织设置层次的多少。小规模企业的营销组织较为简单，销售人员只有几个到十几个；大企业的营销组织层次多，所管理的营销人员多，管理范围广。

3. 产品类型

企业生产产品的类型也会影响营销组织的设置，尤其是影响营销工作的侧重点选择。例如，工业品和消费品生产企业的营销组织都倾向于产品型的组织结构，但工业品多采用人员推广的促销形式，消费品多用广告和分销，这样在岗位设置和人员配合上就会有较大差异。

第三节　市场营销执行

企业制订出市场营销计划、设计好市场营销组织后，就必须考虑如何将市场营销计划转变为具体的市场营销活动，从而实现企业市场营销计划中所确定的营销目标。这就是市场营销执行要解决的问题。

一、市场营销执行的概念

市场营销执行是将营销计划转变为具体营销行动的过程，即把企业的各种资源有效地投入到企业营销活动中，完成计划规定的任务，实现既定目标的过程。制订市场营销战略和市场营销计划是解决企业市场营销活动“做什么”的问题，而市场营销执行则是解决“怎样做”的问题。

二、市场营销执行的过程

市场营销执行过程包括以下五项工作：

（1）要制定行动方案。市场营销执行的行动方案应明确市场营销战略实施的关键性决策和任务，并将执行这些决策和任务的责任落实到具体的个人或小组。

（2）构建市场营销执行的组织结构。市场营销执行的组织结构必须同企业整体战略相一致，必须同企业自身的特点和环境相适应。

（3）要制定决策和报酬制度。为实施市场战略，企业还必须制定出相应的决策和报酬制度，以激励市场营销人员积极执行市场营销计划。

（4）开发人力资源。市场营销战略最终是由企业内部的工作人员来执行的，所以人力资源的开发非常重要，这涉及人员的选拔、安置、考核、培训和激励等问题。在选拔和考核市场营销人员时，应注意将适当的工作分配给适当的人员，做到人尽其才。

（5）建设企业文化。企业文化代表一个企业内部全体人员共同持有和遵循的价值标准、基本观念和行为准则。良好的企业文化可以使市场营销计划得到更有效的贯彻和执行。

第四节　市场营销控制

在市场营销计划实施的过程中，为了保证组织活动的过程和实际绩效与计划内容相一致，企业的管理者必须对营销计划的实施进行控制。控制是组织在动态的环境中为保证既定目标的实现而采取的检查和纠偏的活动或过程。市场营销控制是市场营销管理的重要步骤，在营销计划的实施过程中，常常会出现许多意外情况，所以必须严格控制各项营销活动，以确保企业目标的实现，市场营销控制是企业进行有效经营的基本保证。

一、市场营销控制的含义

市场营销控制是指衡量和评价营销策略与计划的成果，以及采取纠正措施，以确保营销目标的实现。市场营销经理经常检查市场营销计划的执行情况，看看计划与实际是否一致，如果不一致或没有完成计划，就要找出原因所在，并采取适当措施和正确行动，以保证市场营销计划的实现。市场营销控制有四种主要的控制类型，即年度计划控制、赢利能力控制、效率控制和战略控制。

二、市场营销控制的步骤

市场营销控制是营销管理的主要职能之一，是营销管理过程中不可缺少的一个环节，它具有动态性和系统性的特征，包含以下五个具体步骤：

1. 确定应评价的营销业务范围

企业通常要评价市场营销业务的各个方面，包括人员、计划、职能等，甚至要评价市场营销全部工作的执行效果。在界定的范围内，再根据具体工作需要有所侧重。

2. 确定衡量标准

评价工作要有一个总的衡量标准，借以衡量营销目标和计划的实施情况。衡量的标准是企业的主要战略目标以及为此而规定的战术目标，如利润、销售量、市场占有率、顾客满意度等指标。当然这些指标不是一成不变的，同一企业不同时期标准可能会不一样，不同的企业也有不同的标准。

3. 明确控制方法

基本的控制方法是建立并积累与营销活动相关的原始资料，如各种资料报告、报表和原始账单等，它们能及时、准确、全面、系统地记载并反映企业营销的绩效。还有一种方法是直接观察法。选择哪一种方法，根据实际情况而定。

4. 按标准检查工作进度

按标准检查工作进度的目的是对工作完成好的部门要给以总结，在以后的工作中推广，任务完成较差的要及时找出问题，下一步再针对问题提出解决方案。

5. 及时纠正偏差并提出改进建议

这项工作是对工作绩效进行差异分析、对比分析，针对问题提出解决方案，及时纠正任务执行中的偏差。

三、市场营销控制的内容

（一）年度计划控制

年度计划控制由企业高层管理人员负责，主要检查市场营销活动的结果是否达到了年度计划的要求，旨在发现计划执行中出现的偏差，并在必要时采取调整和纠正措施，保证年度计划的顺利执行。

年度计划控制的主要目的是促使年度计划连续不断地推进，发现企业存在的问题并及时解决，作为年终绩效评估的依据。企业高层管理人员往往借助年度计划控制监督各部门的工作。许多企业每年都制订相当周密的计划，但执行的结果往往与目标有一定差距，这说明，计划的结果首先取决于计划的正确性，其次取决于计划执行与控制的效率。

一般地，企业营销年度计划控制系统包括四个主要步骤：

第一，制定标准。管理者要确定年度计划中的月份目标或季度目标。

第二，绩效测量。管理者要监督营销计划的实施情况。

第三，因果分析。如果营销计划在实施中有较大的偏差，则要去找到出现偏差的原因。

第四，改正行动。发现问题后，应在计划实施过程中及时查找原因，并加以纠正。同时，采取必要的补救或调整措施，以缩小计划与实际之间的差距。

一般而言，企业的年度计划控制包括销售分析、市场占有率分析、市场营销费用率分析、财务分析和顾客态度追踪等内容。

【延伸阅读】

1. 销售分析

销售分析就是要衡量并评估企业的实际销售额与计划销售额之间的差异情况。这种关系的衡量和评估有两种主要方法：一种是总量差额分析方法，这种方法用于分析不同影响因素对销售业绩的不同作用；另一种是个别销售分析方法，这种方法着眼于个别产品或地区销售额未能达到预期份额的分析，即从产品、销售地区等方面考察未能达到预期销售额的原因。

2. 市场占有率分析

企业销售额的绝对值并不能说明企业与竞争对手相比的市场地位状况，企业的销售绩效并未反映出相对于其竞争者企业的经营状况如何。例如，企业销售额增加了，可能是由于企业所处的整个经济环境的改善，也可能是因为企业的市场营销工作较之竞争者有相对改善。因此，需要通过对企业的市场占有率这个可比性指标的分析，来反映企业相对于竞争者的市场地位。

3. 市场营销费用率分析

营销费用率是指市场营销费用占销售额的比率。年度计划控制要确保企业不会为达到其销售额指标而支付过多的费用，关键就是要对市场营销费用与销售额的比率进行分析。市场营销费用对销售额之比是一个系列化指标，其中包括销售队伍费用对销售额之比、广告费用对销售额之比、促销费用对销售额之比、营销调研费用对销售额之比及销售管理费用对销售额之比。

4. 财务分析

财务分析主要是通过一年来的销售利润率、资产收益率、资本报酬率和资产周转率等指标了解企业的财务情况。市场营销管理人员应就不同的费用对销售额的比率和其他的比率进行全面的财务分析，以决定企业如何以及在何处展开活动，获得赢利。尤其是利用财务分析来判断影响企业资本净值收益率的各种因素。

5. 顾客态度追踪

顾客态度追踪指企业通过设置顾客抱怨和建议系统、建立固定的顾客样本或者通过顾客调查等方式，了解顾客对本企业及其产品的态度变化情况。企业主要利用顾客投诉和建议制度、典型客户调查以及定期的用户随机调查来追踪顾客的态度。

（二）赢利能力控制

除了年度计划控制之外，企业还需要进行赢利能力控制。赢利能力控制是由企业内部负责监控营销支出，由营销主管负责营销活动，通过分析不同产品、销售地区、顾客群、销售渠道、订单大小等分类的实际获利情况，从而使企业决定哪些营销活动应当适当扩大，哪些应缩减，甚至放弃。通过赢利能力控制所获取的信息，有助于管理人员决定哪些产品或市场营销活动应该扩展、减少还是取消。

赢利能力控制分析的目的是为了找出影响企业赢利的原因，以便采取相应措施，排除或削弱不利因素。进行赢利能力分析，首先，将损益表中的有关营销费用转化为各营销职能费用，如广告、市场调研、包装、运输、仓储等；其次，将已划分的各种营销职能费用按分析目标，如产品、地区、客户、销售人员等分别计算；最后，要拟订各分析目标的损益表。

【延伸阅读】

企业营销赢利能力的考察指标主要有以下几个：

（1）销售利润率：

销售利润率＝本期利润÷销售额×100%

（2）资产收益率：

资产收益率＝本期利润÷资产平均总额×100%

（3）净资产收益率：

净资产收益率＝税后利润÷净资产平均余额×100%

（4）资产管理效率：由资产周转率和存货周转率两个指标来考察。

资产周转率＝产品销售收入净额÷资产总额平均余额

其中：资产总额平均余额＝（资产总额期初余额＋资产总额期末余额）÷2

存货周转率＝产品销售成本÷存货平均余额

（三）效率控制

如果赢利能力分析显示出企业某一产品或地区所得的利润很差，那么企业就应该考虑该产品或地区在销售人员、广告、分销等环节的管理效率问题。效率控制的任务是提高人员推销、广告、促销、分销等工作的效率。

1. 销售人员效率

销售人员效率包括：每个销售人员每天平均的销售访问次数；每次会晤的平均访问时间；每次销售访问的平均收益；每次销售访问的平均成本；每次访问的招待成本；每百次销售访问而订购的百分比；每时期的新顾客数；每时期流失的顾客数；销售成本对总销售额的百分比。

2. 广告效率

广告效率包括：每一媒体类型、每一媒体工具接触每千名购买者所花费的广告成本；顾客对每一媒体工具注意、联想和阅读的百分比；顾客对广告内容和效果的意见；广告前后对产品态度的衡量；受广告刺激而引起的询问次数。

企业高层管理者可以采取若干步骤来改进广告效率，包括：进行更加有效的产品定位；确定广告目标；利用电脑来指导广告媒体的选择；寻找较佳的媒体以及进行广告后效果测定等。

3. 促销效率

促销效率包括：由于优惠而销售的百分比；每一销售额的陈列成本；赠券收回的百分比；由于示范而引起询问的次数。同时企业应观察不同促销手段的效果，并使用最有效果的促销手段。

4. 分销效率

分销效率包括：对企业存货水平、仓库位置及运输方式进行分析和改进，以达到最佳配置并寻找最佳运输方式和途径。

效率控制的目的在于提高人员推销、广告、促销和分销等市场营销活动的效率，市场营销经理必须关注若干关键比率。这些比率表明上述市场营销职能执行的有效性，是企业应该如何采取措施改进执行情况的依据。

（四）市场营销战略控制

市场营销战略控制是指企业根据自己的市场营销目标，在特定的环境中，按总体策划过程所拟定的可能采用的一系列行动方案。战略控制的目的是确保企业目标、政策、战略和措施与市场营销环境相适应。因为在复杂多变的市场环境中，原来制定的目标和战略往往很快就过时了。因此，每个企业都应利用一种被称为“营销审计”的工具，批判性地定期重新评估企业的战略计划及其执行情况。

第五节 市场营销审计

市场营销审计实际上是在一定时期内对企业全部市场营销业务进行总的效果评价。其主要特点是，不限于评价某一些问题，而是对全部活动进行评价。营销审计不是只审查几个出问题的地方，而是覆盖整个营销环境、内部营销系统以至具体营销活动的所有方面。营销审计通常是由企业各个相对独立的、富有经验的营销审计机构定期进行的，而不是出现问题时才进行营销审计。营销审计不仅能为那些陷入困难的企业带来效益，而且同样能为那些经营卓有成效的企业增加效益。一次完整的营销审计活动主要由以下六个部分组成：

（1）营销环境审计。市场营销必须审时度势，必须对市场营销环境进行分析，并在分析人口、经济、生态、技术、政治、文化等环境因素的基础上，制定企业的市场营销战略。

（2）营销战略审计。企业是否能按照市场导向确定自己的任务、目标并设计企业形象，是否能选择与企业任务、目标相一致的竞争地位，是否能制定与产品生命周期、竞争者战略相适应的市场营销战略，是否能进行科学的市场细分并选择最佳的目标市场，是否能合理地配置市场营销资源并确定合适的市场营销组合，企业在市场定位、企业形象、公共关系等方面的战略是否卓有成效，所有这些都需要经过市场营销战略审计的检验。

（3）营销组织审计。市场营销组织审计，主要是评价企业的市场营销组织在执行市场营销战略方面的组织保证程度和对市场营销环境的应变能力。

（4）营销系统审计。企业市场营销系统包括对市场营销信息系统、市场营销计划系统、市场营销控制系统和新产品开发系统等的全面审计。

（5）营销效率审计。它是对企业各个营销单位的获利能力和各项营销活动的成本效率进行分析，也即获利性分析和成本效益分析。

（6）营销职能审计。市场营销职能审计是对企业的市场营销组合策略因素（即产品、价格、分销、促销）效率的审计。

【延伸阅读】

营销执行是一个艰巨而复杂的过程。一项研究表明，90%被调查的计划人员认为，他们制定的战略和战术之所以没有成功是因为没有得到有效的执行。具体而言，营销执行中所存在的问题主要如下：

1. 计划脱离实际

现实中，我们常常会听到一线销售人员和营销管理人员抱怨营销计划脱离实际，纸上谈兵居多，实际指导性有限，无法按计划去执行，无法实现既定的预期目标。

企业的营销战略和营销计划通常是由上层的专业计划人员制订的，而执行则依赖于一线销售人员和营销管理人员。这两类人所处的位置和考虑问题的出发点会有所不同，如果缺乏有效的沟通与协调，结果会是专业计划制定人员更多考虑总体战略，而对营销执行中的细节考虑不足，营销计划极易过于笼统或流于形式，有时甚至会由于计划制订人员与一线人员的对立而导致计划脱离实际。

应该说，一线人员的高度参与能更好地保证营销计划的执行与实施。营销分析与营销计划的过程中要主动邀请一线人员参与，毕竟一线人员更贴近市场更贴近消费者。

2. 长短期目标无法统一

营销战略考虑的是企业的长期目标，通常涉及今后三至五年的经营活动。对于执行层面来说，更多涉及的是年度营销计划，甚至是季度月度营销计划，而且，一线销售人员和营销管理人员的绩效评估标准大多是年度评估指标，如销售量、市场占有率或利润率等，因此，营销执行人员倾向于短线行为，容易与长期目标发生冲突。

企业希望营销执行人员能更长远地处理执行中的一些问题，不过这更多是一厢情愿，现实操作中很难要求营销执行人员做到这点。可行的建议是企业尽可能地淡化短期评估指标对营销执行的负面影响，引导营销执行人员把精力集中到营销执行的具体流程中去，有过程自然就有结果。还有就是在制订营销计划时要充分考虑企业长短期目标的统一。

3. 缺乏具体明确的营销执行方案

对有些企业来说，营销计划就是营销指标和口号的组合，无法给予营销执行人员足够的指导和支持。营销执行人员拿到营销计划之后并不能直接转化为自身工作的行动方案，会有隔靴搔痒之感。

如果营销计划缺乏企业内部各部门之间协调的具体行动方案，则将会大大提升营销执行的难度。毕竟，营销计划的实现并不是营销部门单独可以承担的，还需要生产部门、财务部门等企业内部部门的大力协作和支持。营销执行人员在外需要面对客户或消费者，倘若还需要亲自与企业内其他部门进行沟通协调，效率既不高又使其为难。

【思考题】

1．营销计划包括哪些内容？

2．市场营销控制的内容有哪些？如何实施？

3．简述企业营销组织的类型。

【实训题】

资料一：某杏仁露饮料公司20××年度计划

1. 计划概要

20××年，本公司要继续保持销售和利润高速增长，销量目标为10万吨，合同销售额10亿元，利润目标为1亿元，分别比去年增长50%。这一目标实现的途径是，继续扩大北方根据地家庭消费市场和注重提高营养保健人群的销量，以及对华东、西南三省市（上海、江苏、四川）新市场的开拓，同时用“热了更好喝”创造一个饮料消费的“冬季市场”（把淡季变成旺季）。因此，本年度的费用预算为1.5亿元，比去年增长60%（费用率比去年增长20%），增长部分主要用于开拓新的地理市场和创造“冬季市场”的广告宣传。

2. 状况

（1）基本情况：营养型饮料（包括水果饮料、植物蛋白饮料、茶饮和液态奶）约占整体饮料市场的20%，即160亿元，其中植物蛋白饮料约占整体饮料市场的5%，即40亿元，预计未来几年营养型饮料（及植物蛋白饮料）均将以年30%左右的增长率增长。营养型饮料主要消费者是大中型城市及沿海发达地区中小城镇的老人、少年、儿童、青年女性，同时由于人们收入的增长，消费场所已由餐饮娱乐场所发展到家庭小宗购买（成箱、大包装），人们（尤其是家长）希望饮料不仅能够解渴、好喝，而且要有营养，有保健功能更好，但对此不是特别在意，这也不是购买植物蛋白饮料的主要诱因。对本公司来说，最大的问题是，杏仁露的口味南方人很难习惯，说服南方人接受此口味是一个艰巨任务，而且不确定是否能够和值得去完成。

（2）行业及本公司（品类）销售和利润状况：从饮料行业及本公司过去几年的销量、价格、边际利润和净利润表中（表略）可以看出，整体饮料市场以年均 20%的增长率、营养型饮料市场以年均 30%的增长率增长，但边际利润和净利润却以 10%的比率下降，如何控制价格降低、费用成本提高将愈加重要。

（3）竞争状况：本公司面临的主要竞争对手是碳酸饮料的两大国际品牌 A 公司和 B 公司，水饮料市场的两大国内全国性品牌 C 公司和 D 公司，营养型饮料的一家全国性品牌 E 公司和三家北方区域性品牌 F 公司、G 公司和 H 公司，而后四者既是竞争对手，又是共同开拓营养型饮料市场和打击低价仿冒者的同盟军。以上 7 家主要竞争对手的基本情况和本年度预计计划详见附表（表略）。

（4）分销状况：本公司的渠道模式一是要继续优化各地区、各渠道一级批发商网络并帮助和督促其提高素质；二是要继续加强对 A、B 类零售商的深度分销；三是对部分要求直供的大型连锁超市实施直供试点，但供货价格要比一批高 2%，这两个点留作对直供连锁超市的店头推广、促销费用。另外，要留出 1% 的机动渠道促销资源和 1% 的年底渠道奖励。

（5）客观环境状况：随着人们收入的提高，饮料尤其是营养型饮料的家庭消费将越来越多，但随着技术和设备的引进，茶饮料和液态奶市场份额将高速增长。前者给本公司将带来机会，后者将带来威胁。

3. SWOT 分析

（1）机会：

① 社会越来越重视饮料的营养价值；

② 家庭饮料消费市场快速增长。

（2）威胁：

① 茶饮料和液态奶市场份额的快速成长；

② 渠道冲突造成的渠道利润降低有一定的解决难度和风险；

③ 南方市场的口味习惯障碍很大；

④ 仿冒品低价抢夺市场。

（3）优势：

① 北方市场品牌和销售网络有较大的根据地优势；

② 上市后的资金优势；

③ 量大后包装物成本降低优势；

④ 本饮料“热了更好喝”的独特卖点优势（竞争者大多不能热了喝，个别可以热喝的品牌也未提出此一卖点），很可能创造一个独有的“冬季市场”。

（4）劣势：

① 本公司不熟悉即将要进入的华东和西南三省市场，而且尚未定出有效的说服南方人接受杏仁口味的方法；

② 尚无家庭大包装产品线；

③ 各地区一线办事处普遍缺乏足够的宣传推广经验，而且总部也没有一个称职的广告代理全面协助。

4. 目标

财务目标：

（1）15%的税后年投资收益率；

（2）10%的净利润；

（3）1.2 亿元的销售量。具体来说：① 销售量 10 万吨；② 销售额 10 亿元（税后）；③ 1.2%的市场份额；④ 15%以内的费用率；⑤ 品牌知名度北方市场达到 70%，南方三省市场达到 20%；⑥ A、B 类零售店数量提高 20%，效率（单店年均销售额）提高 30%；⑦ 销售价格与去年持平；⑧ 顾客百分百满意。

5. 战略战术

（1）目标市场：① 家庭市场；② 注重营养保健的老人、少年、儿童、青年女性。

（2）品牌定位：营养保健型饮料，冰了、热了更好喝。

（3）产品线：铁罐 196 mL×24 纸箱装，马上考虑未来是否应增加铁罐和利乐纸大包装产品线。

（4）价格：高于同类非名牌产品 15%，比 355 mL 装碳酸饮料（替代品）单罐价高 10%。

（5）分销：重点通过一批和深度分销将 A、B 类零售店覆盖率提高 20%，效率提高 30%，并试点部分连锁超市直供。年中和年末各留出 1%的渠道促销奖励资源。

（6）销售队伍：数量提高 30%，新人优先选择刚毕业的中专以上毕业生，1 个月时间上岗前培训，同时加强对办事处经理的广告宣传与市场推广培训，薪资制度不变，加强全指标考核而不仅仅是销量考核，仍保留 20%左右的年底机动奖金比例。

（7）广告宣传：广告预算提高 30%，重点做“家庭篇”和“热了更好喝篇”。

（8）销售促进：促销预算增多 40%，重点用于店头推广、赠品（包括对餐饮场所赠送热饮机）和品尝活动。

（9）市场研究与信息系统：增加 50%的费用用于市场研究、情报收集和内部信息系统建设。

6. 行动计划

（略）

7. 预计损益表

详细损益表略，目标中也有说明。特别说明的是要在总费用预算中留出 10% 的机动费用，应对市场变化。

8. 控制

各级部门及负责人负有年度计划与预算控制的责任。事先应对年度目标及费用预算按产品、地区、时段分解，并在实施过程中严肃评估、修正和监控，以保证年度计划与预算目标的达成。

讨论问题：从以上年度中我们能获得什么经验？

资料二：欧洲迪斯尼的问题

4月初，顾问小组带着他们的研究结果回到艾斯纳的办公室。对于欧洲迪斯尼的问题，他们提出了六个关键要点：管理自大、文化差异、环境和地方因素、法国劳动力问题、财务和最初业务计划、美国迪斯尼的竞争。他们认为，尽管这些要点不是可以全部修正的，但深刻理解欧洲迪斯尼的失败原因，有助于管理人员保持清醒的头脑，不至于在以后的经营中重蹈覆辙。

1. 管理自大

“BigMais，Coke 及好莱坞在欧洲的成功，使迪斯尼决心建立欧洲迪斯尼，他们认为欧洲公众对美国进口产品的需求是没有限制的。”然而，它却忽略了事实上“法国人排斥美国文化”。“封闭的乐园使法国人不能留下自己的印迹。而迪斯尼正以一种轻弃、不敏感，难以令人忍受的管理风格‘出口’美国的管理体制、经验及价值。”美国人真是很有野心，并且认为：因为他们是迪斯尼，就一定会成功，好像他们过去一贯如此似的。在这种前提下，欧洲迪斯尼很快以“Cutual Chernoby”闻名，并引起了法国人的敌视。美国管理层傲慢的管理作风与方式使员工士气低落，也是造成游客减少的原因之一。

报告还进一步指出，美国管理的傲慢甚至造成了管理队伍中美、法人士敌对情绪的滋生。美国管理人员罗伯特·菲茨帕里克（Robert Fitzpatrick）由于与一名法国姑娘结婚，最后竟然因此而丧失了美、法双方的信任。

2. 文化差异和营销问题

顾问团队中的营销战略专家提出了欧洲迪斯尼与美国迪斯尼在文化及营销方面存在的差异：

（1）平均逗留时间的差异。

欧洲人在欧洲迪斯尼的平均逗留时间为两个白天加一个晚上。他们往往第一天早上到，第二天早上结账。而美国游客的平均逗留时间为四天。这一差异主要是由于停车场的数量造成的。与美国的多个停车场相比，欧洲迪斯尼只有一个停车场，再加上高昂的停车费，使得欧洲游客来也匆匆，去也匆匆。

（2）高度季节性的游客。

欧洲迪斯尼的游客呈现典型的季节性，夏天小孩子放假时是高峰期，没有假日时则是低谷。与美国人不同，他们喜欢较长的假期，不愿意总是带孩子出去度假，而美国人外出度假的频率要比欧洲人高得多。

（3）国内食品饮食不尽如人意。

欧洲迪斯尼的食品收入与其他公园相比水平很低。这主要是由于以下两个错误假设造成的：

① 认为欧洲人一般不吃早餐；

② 完全效仿美国迪斯尼，乐园内不提供酒类及酒精类饮料。

事实上，大部分欧洲人寻求合理丰盛的早餐，较少的餐厅及昂贵的快餐食品限制了这部分需求。此外，与美国不同的是，酒在欧洲被认为是日常生活进餐的必需部分，园内餐馆不提供酒类饮料，无疑不符欧洲人的生活习惯。

（4）纪念品价格低。

欧洲迪斯尼乐园的纪念品销售收入大大低于美国和东京迪斯尼乐园，尤其是东京迪斯尼乐园。最主要的原因是欧洲人对购买纪念品毫无兴趣，而不像日本人热衷于购买纪念品作为礼物赠给亲朋好友。

（5）交通运输设施不足。

欧洲迪斯尼的交通设施由于初期大大低估了学校、团体的集体旅游而明显不足。

3. 环境及定位

环境方面的专家就欧洲迪斯尼存在的问题提出两点看法：

（1）迪斯尼选择设在北欧中部，这一地区一年中仅有六个月适合户外活动。欧洲迪斯尼为此建设了大量房间，并在淡季为了吸引游客而大打折扣，然而这从另一个侧面反映出定位的错误。而且在淡季为增加游客量，究竟是采取价格变动，还是运用其他的营销促销工具还有待研究。

（2）错误的地理位置选择。欧洲迪斯尼建在巴黎西郊，虽然现在大部分的巴黎游客居住在城西，但长期来看，人口增长将集中在巴黎东部。虽然最初研究项目时，法国一方曾提出这一问题，但美方人员的盲目自信，视为耳旁风，造成了今天难以改变的局面。

4. 法国劳动力问题

法国劳动力经济学家指出，对法国有关劳动力法律的无知是造成欧洲迪斯尼劳动力成本大大高于美国迪斯尼的主要原因。在美国，针对迪斯尼的季节性，管理人员采用星期工作制及年度工作制来安排员工。这样既保证人员配套的高度灵活性，以满足高峰时期游客的需求，又具有相当的经济性。然而，法国有关的法律对此却缺乏灵活性的规定。对这一法律方面差异的忽视造成了欧洲迪斯尼过高的劳动力成本。

5. 财务和最初业务计划

财务专家提出的报告主要包括以下几个问题：

（1）最初的财务计划方案过于乐观和复杂。这一计划主要依赖于迪斯尼周围的写字楼和旅馆而不是乐园自身来获利，因而整个财务计划不容许有任何失误。此外，园内建筑方面的超额支出进一步加大了成本，愈加难以取得预期的回报。

（2）最初计划认为财务风险低，并计划于20世纪80年代中期实施。考虑到那时美国市场融资形势很乐观，于是迪斯尼决定将大量的股份卖给个人投资者。

（3）严重的欧洲经济衰退，法国房地产市场滑坡及欧洲货币对法郎的重新估价，使最初计划得以实施的基本条件全部丧失。

（4）严重的定价错误。随着各项成本的增加，为了完成预期的目标，欧洲迪斯尼盲目提价。法国迪斯尼乐园的门票为42.25美元，而美国、日本的迪斯尼日常门票仅30美元；旅店定价很高，平均一间房间约需340美元，相当于巴黎高级旅店的消费水平；乐园内部，食品定价高居不下。

6. 来自美国迪斯尼乐园的竞争

法郎的坚挺，美元的虚弱，使去美国尤其是去佛罗里达旅行的费用对欧洲游客来说并不十分昂贵。奥兰多温暖的天气，明媚的阳光，正宗的美国迪斯尼无一不在吸引着欧洲的游客。结果美国迪斯尼乐园反倒成为欧洲迪斯尼乐园强有力的竞争对手。

一大堆的问题摆在艾斯纳的面前，该怎么办呢？

资料来源：吴晓云，许晖，《工商管理市场营销案例精选》，天津大学出版社2001年版。

讨论问题：

1．迪斯尼公司在整个欧洲迪斯尼计划中，犯了哪些错误？

2．你对解决欧洲迪斯尼的问题有何建议？

3．从欧洲迪斯尼的惨淡经营中，我们应吸取哪些教训？

第十二章　服务营销

【导入案例】

花旗银行——服务营销的“领头羊”

花旗银行（Citibank）迄今已有近200年的历史。进入21世纪，花旗集团（Citigroup）的资产规模已达9022亿美元，一级资本为545亿美元，被誉为“金融界的至尊”。时至今日，花旗银行已在世界100多个国家和地区建立了4000多个分支机构，在非洲、中东，花旗银行更是外资银行抢滩的先锋。

花旗的骄人业绩无不得益于其1977年以来服务营销战略的成功实施。

1977年花旗银行副总裁列尼·休斯坦克的一篇名为《从产品营销中解脱出来》的文章，揭开了花旗服务营销研究的序幕。他写道：“服务营销的成功需要有新的理论来支撑。如果把产品营销理论只是来个改头换面，就应用到服务领域，营销问题还是难以解决。服务行业中缺少相关营销理论，恐怕与市场营销本身的近视不无关系吧？”这段话足以说明，在同行中，甚至在整个服务领域，花旗银行的营销是领先一步的。

多年以来，银行家们很少关注银行服务的实质，强调的只是银行产品的盈利性与安全性。自20世纪70年代起，花旗银行开创性地从消费品公司的领袖宝洁引入营销经理制，树立起营销理念。而今，我们可以看到花旗银行能提供多达500种金融服务，银行服务就如普通商品一样琳琅满目，让顾客任意选购，而且服务至上。借着1997年与旅行者公司的合并，花旗真正成为一个银行金融百货公司。

在20世纪90年代的几次品牌评比中，花旗都以它卓越的金融服务位列金融业的榜首。今天，在全球金融市场步入竞争激烈的买方市场后，花旗银行更加大了它的银行服务营销力度，同时还通过对银行服务营销理念的进一步深化，将服务标准与当地的文化相结合，在加强品牌形象的统一性时，又注入了当地的语言文化，从而使花旗成为行业内国际化的典范。

早在20世纪70年代，当时全球经济在第二次世界大战结束后的几十年中得到了飞速发展，人民生活水平不断提高，服务业由此得到迅速发展。营销理论界对服务营销的特性开始予以越来越多的关注。

第一节　服务与服务业

一、服务的定义

市场营销学界对服务概念的研究大致是从20世纪五六十年代开始的。区别于经济学界的研究，市场营销学者把服务作为一种产品来进行研究。然而，要准确地界定服务的概念并非易事，因为服务是一种复杂的现象，其含义可以从产品附加服务一直扩展到完全无形的信息服务。营销学家菲利普·科特勒就曾经说过："任何业务都可以看成是服务，假如你是一家化学品公司，你从事的就是化学产品服务业务。"

1960年，美国市场营销协会（AMA）最先给服务下定义为："用于出售或者是同产品连在一起进行出售的活动、利益或者满足感。"这一定义曾被广泛采用。但与此同时，其他学者也从不同的角度提出了自己的定义，其中比较有代表性的有美国服务营销专家克里斯蒂·格鲁诺斯，他认为："服务一般是以无形的方式，在顾客与服务对象、有形资源、商品或服务系统之间发生的，可以解决顾客问题的一种或一系列行为。"菲利普·科特勒则认为："服务是一方能够向另一方提供基本上是无形的任何行为和绩效，并且不导致人和所有权的产生。他的生产可能与某种物质产品相联系，也可以毫无联系。"

很显然，关于服务至今尚未有一个能为人们所普遍接受的权威性的定义。事实上，无论是AMA的定义还是其他学者的定义，他们都强调了服务作为一种无形产品，能够满足购买者的欲望、为购买者带来利益。与提供有形产品最大的区别是，服务提供的是产品的使用权，并不涉及所有权的转移。

二、服务的基本特征

把服务当作一种产品来理解，是服务营销理论的基础。但是为了将服务同有形产品区分开来，自20世纪70年代以来，西方市场营销学者从产品特征的角度来探讨服务的本质。服务的基本特征概括起来体现在四个方面：无形性、差异性、不可分离性和不可贮存性。

1. 无形性

无形性是服务最明显的特点，它往往看不见、摸不着，是一种或一系列的行为过程。

针对无形的服务，消费者会在潜意识中产生种种不同于实物商品的理解。一方面，由于服务的提供者自己也很难事先向他的顾客进行描述和展示，所以顾客在购买服务前，往往不能确定他将得到什么样的服务，这导致顾客在购买服务产品时面临着产品质量达不到预期的风险。另一方面，服务产品质量的评价很大部分取决于顾客自我的心理感受和主观评价。例如，同一场音乐会可能使一部分听众如痴如醉，而另一些听众则昏昏欲睡，因此，不像有形产品那样，可以根据一些外在的技术标准来衡量其质量，针对服务产品，人们很难找到一个客观的质量评价标准。

服务产品的无形性增加了企业营销沟通工作的难度。企业很难向顾客完整地展示服务，以刺激购买。沟通工作的重点是要"化无形为有形"，借助各种方法、手段、实物乃至人员来展示服务。

2. 差异性

在向顾客提供服务型产品时，即使是同一个服务人员，也会由于个性、心理等方面的原因，而引起服务质量的波动和变化；况且由于消费者直接参与服务生产和销售过程，所以消费者的知识、经验、诚实和动机影响着服务行业的生产力，影响着服务产品的质量和效果。因而，差异性是指服务的构成成分及其质量水平经常变化，难以像有形产品那样实现标准化。

服务的差异性对企业而言意味着经营风险，有碍于企业树立持续、稳定的企业形象，这样对企业开展营销活动带来一定的阻力。但标准化并不是一成不变的目标，服务的差异性在一定条件下可以转化为竞争优势和发展机遇。譬如，针对多样化需求提供个性化服务，正是未来服务业务发展的一种潮流。

3. 不可分离性

有形的实物产品制造出来以后，先储存，再通过分销，最后由消费认购以及消费掉。也就是说，有形实物产品从生产、流通到最终消费的过程中，往往要经过一系列的环节，生产与消费的过程具有一定的时间间隔，即生产与消费是可分割的。

服务的不可分离性是指服务的生产和消费过程不可分离，通常是同时进行的。很多情况下，消费者直接参与生产过程，如理发、美容；而在另一些情况下，虽然生产和消费可能在空间上有所分离，如餐饮业，但服务提供与消费需求仍然相互对应，不可分割。

服务的不可分离性特征表明，顾客只有而且必须加入到服务的生产过程中，才能享受到服务；而且一个出售劳务的人，在同一时间只能在一个地点提供直接服务。因此，直接销售通常是服务唯一的销售途径。

4. 不可贮存性

服务一般是即时生产、即时消费、不能贮存的。如果生产量大于需求量，多余的服务将会消失，而不能转换为下一个阶段的供给。如旅游饭店不能将淡季空余的床位贮存起来，用于满足高峰期的需求。

服务的不可贮存性使服务产品的供求矛盾显得格外突出：在需求不足的情况下，设备、人员会被闲置；而在需求高峰时又可能无法满足全部的需求。如何使波动的需求同企业持续的生产能力相匹配，成为服务营销管理的一个难题。

从上面的四个基本特性可以看出，服务的“无形性”是最根本的特征，其他特征都是由此派生而来的。服务同有形产品的差异决定了服务营销有自己特殊的策略和方法。

三、服务的分类

顾客消费意识的成熟促进了服务业的发展，并在市场中建立了服务和产品的同等地位。制造型公司已经深深卷入到服务之中，而服务性公司也需要产品来实现其服务。市场经济发展到今天，营销者也很难清晰地划分商品营销和服务营销。

服务的含义很广，各种服务之间也存在很大差异，对服务分类的目的在于概括出不同行业中服务的共同特征，从而有助于企业管理人员了解消费者的需求，并有利于采取有效的服务营销策略。

多年来，人们试图从不同角度对服务进行划分。在这里，笔者认为有以下三种划分方法最值得关注：

1. 按顾客在服务过程中参与程度的高低划分

按顾客在服务过程中参与程度的高低，可将服务划分为三大类：高接触性服务、中接触性服务和低接触性服务。所谓高接触性服务是指顾客参与全部或大部分服务过程，如电影院、公共交通和学校中提供的服务；中接触性服务则如银行、律师事务所中提供的服务，顾客只是在一段时间里参与服务过程；低接触性服务则指顾客与服务的提供者不直接接触，仅通过仪器设备传递服务的类型，如信息中心、邮电通信行业提供的服务。一般而言，顾客的参与程度越高，对服务的需求程度会越大，对企业服务水平的要求也越高。

2. 根据提供服务的工具划分

根据提供服务的工具不同，将服务分为以机器设备为主和以人员为主两类。以机器设备为主的服务，如自动售货机提供的服务；以人员为主的服务则指服务人员在服务过程中起主导作用。这类服务又可分为三种：一是非技术性服务，如看护小孩、修剪草坪；二是技术性服务，如修理电器；三是专业性服务，如法律咨询。

3. 根据顾客选择服务自由度的大小划分

根据顾客选择服务自由度的大小划分为标准化服务和非标准化服务两大类。在标准化服务中顾客选择余地很小，需求可能得不到完全满足。如公共交通提供的服务是按一定路线，乘客只能在固定的地点下车。非标准化服务顾客选择的余地很大，需求可以被完全满足，如理发服务中顾客可以根据各自的要求任意选择发型。越是非标准化的服务，顾客满足程度越高，相应的企业营销管理的难度也越大。

有关服务分类的方法还有很多，这反映出服务行为的复杂性。服务营销者必须认真分析特定服务的特点，才有可能最大限度地满足顾客的需求，同时达到既定的营销目标。

第二节　服务质量

服务是服务营销学的基础，而服务质量则是服务营销的核心。无论是有形产品的生产企业还是服务业，服务质量都是企业在竞争中制胜的法宝。

一、服务质量的含义与属性

（一）服务质量的含义与内容

服务质量是指服务的效用及其对顾客需要的满足程度的综合表现。

由于服务产品的生产有消费者的介入，必须根据顾客的要求来生产。而顾客的素质，如文化修养、审美观念、兴趣爱好和价值取向等，直接影响着他们对于服务的需求和评价。服务质量的内涵与有形产品质量的内涵有所区别，消费者对服务质量的评价不仅要考虑服务的结果，而且要涉及服务的过程。服务质量应被消费者所识别，消费者认可，包括以下两方面的内容：

（1）技术性质量，指服务结果的质量。即服务本身的质量标准、环境条件、网点设置以及服务项目、服务时间、服务设备等是否适应和方便顾客的需要。通常，许多顾客能比较客观地评估服务结果的技术性质量。

（2）功能性质量，指服务过程的质量。服务过程与顾客消费过程同时发生。服务功能性质量是指服务人员的仪态仪表、服务态度、服务程序、服务行为是否满足顾客需求。它与顾客的个性、态度、指示、行为方式等因素有关，并且顾客对功能性质量的看法，也会受其他顾客的消费行为的影响。所以，顾客对功能性质量的评估是一种比较主观的判断。

在实际工作中，服务营销人员往往只重视技术性质量，而忽视功能性质量，尤其值得关注的是不少服务企业采用“服务工业化”措施，用精心设计的服务体系（软技术）和现代化设备（硬技术）取代人工服务，以高超的技术性质量与竞争对手争夺市场。

（二）服务质量维度

服务具有无形性的特征，而且顾客经常参与到服务的生产与销售过程当中，那么评价服务质量会是一件非常有难度的事情。研究人员发现顾客往往是从以下五个维度来判断服务质量的：

1. 可感知性

可感知性或称为有形性，是指通过有形元素如服务场景、设施、设备、人员、印刷品等服务产品的“有形部分”向顾客展示服务质量。由于服务的本质是一种行为过程而不是某种实际物体，具有不可感知的特性，因此顾客只能借助这些有形的、可视的部分来把握服务的实质。可感知性是顾客感知服务质量的重要维度，有形、可视加深了顾客对其他四个方面服务质量维度的感知，还能降低顾客感觉中的购买风险。

2. 可靠性

可靠性指的是企业能准确无误地完成所承诺服务。顾客喜欢与信守承诺的公司打交道，尤其是那些能信守核心服务承诺的公司。如果提供给顾客低于预期的核心服务，会直接导致顾客失望。所以可靠性实际上要求企业避免在服务过程中出现差错，因为服务差错给企业带来的不仅是直接意义上的经济损失，而且可能意味着失去很多的潜在顾客。

3. 响应性

响应性是指企业帮助顾客迅速提供有效服务。对于顾客的各种要求，企业能否予以及时的满足，表明企业的服务导向，即是否把顾客的利益放在第一位。同时，服务传递的效率还从一个侧面反映了企业的服务质量。让顾客等待，特别是无原因的等待，会对质量感知造成不必要的消极影响。出现服务失败时，迅速解决问题会给质量感知带来积极的影响。

4. 保证性

保证性是指服务人员的友好态度与胜任工作的能力，它能增强顾客对企业服务质量的信息和安全感。当顾客同一位友好、和善并且学识渊博的服务人员打交道时，他会认为自己找对了公司，从而获得信心和安全感。友好态度和胜任能力两者是缺一不可的。服务人员缺乏友善的态度会使顾客感到不快，而他们的专业知识懂得太少也会令顾客失望。保证性包括如下特征：完成服务的能力、对顾客的礼貌和尊敬、与顾客有效的沟通、将顾客最关心的事放在心上的态度。

5. 移情性

移情性是指服务人员认同和理解顾客的处境、情感和动机，处处为顾客着想。服务人员给予顾客个性化的关怀，使每个用户感到自己是唯一的和特殊的，感到企业对他的理解和重视。移情性有以下特点：接近顾客的能力、敏感性和有效地理解顾客需求。

顾客是从这五个方面将预期的服务和接受到的服务相比较，最终形成自己对服务质量的判断，期望与感知之间的差距是服务质量的量度。从满意的效果看，既可能是正面的也可能是负面的。

二、服务质量的评估

稳定、高质量的服务是服务营销成功的关键，而服务的无形性一方面使企业对向顾客提供服务的质量控制过程十分复杂；另一方面对于接受到的服务产品的质量的评价，往往影响了来自于顾客自己的主观评价。

（一）服务质量差距模型简介

服务质量差距模型是20世纪80年代中期到90年代初，美国营销学家帕拉休拉曼（A. Parasuraman），赞瑟姆（Valarie A. Zeithamal）和贝利（Leonard L. Berry）等人提出的，"5GAP"模型（见图12.1）专门用来分析质量问题的根源。

这个模型说明了服务质量是如何形成的。模型的上半部分涉及与顾客有关的现象。期望的服务是关于顾客的以往经历、个人需求以及口碑沟通的函数。另外，服务期望也受到企业营销沟通活动的影响。

以往经历的服务，在模型中称为感知的服务，它是一系列内部决策和内部活动的结果。在服务交易发生时，管理者对顾客期望的认识，对确定组织所遵循的服务质量标准起到指导作用。

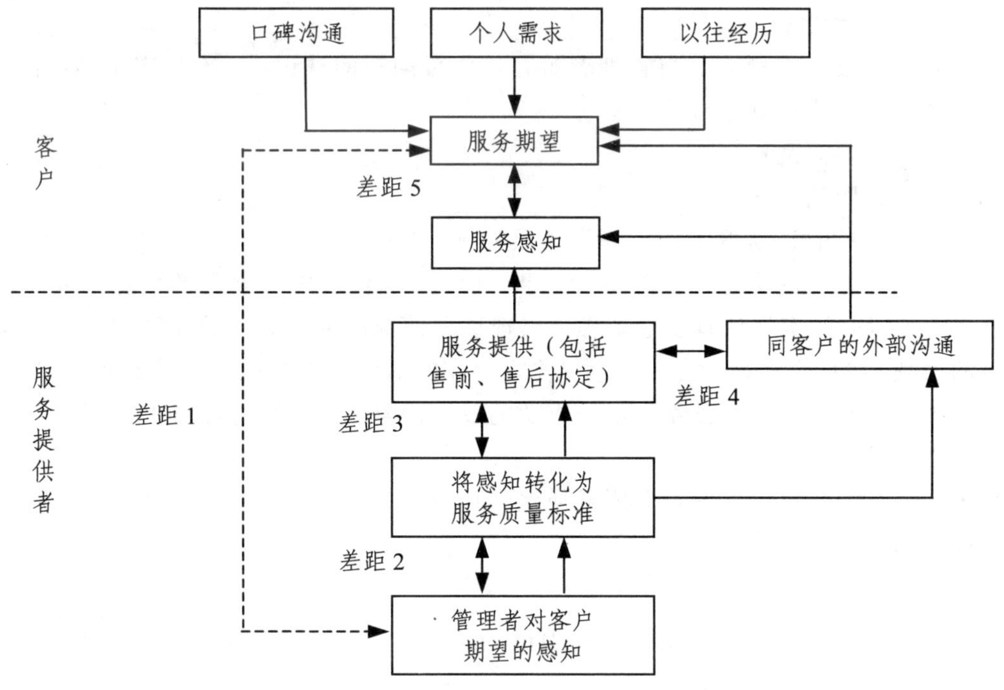

图 12.1　服务质量差距分析模型

当然，顾客亲身经历的服务交易和生产过程是作为一个与服务生产过程有关的质量因素，生产过程实施的技术措施是一个与服务生产的产出有关的质量因素。

分析和设计服务质量时，这个基本框架说明了必须考虑哪些步骤，然后查出问题的根源。要素之间有五种差距，也就是所谓的质量差距。质量差距是由质量管理前后不一致造成的。最主要的差距是服务期望和服务感知（实际经历）之间的差距（差距 5）。

（二）服务质量差距模型五个差距分析

在现实中，顾客差距一般是会存在的，五个差距以及它们产生的原因和造成的结果分析如下：

1. 管理者认识的差距

这个差距指管理者对客户期望质量的感觉不明确。产生的原因如下：

（1）对市场研究和需求分析的信息不准确；

（2）对期望的解释信息不准确；

（3）没有需求分析；

（4）从企业与顾客联系的层次向管理者传递的信息失真或丧失；

（5）臃肿的组织层次阻碍或改变了与顾客联系中所产生的信息。

针对不同的原因，治疗措施各不相同。如果问题是由管理引起的，显然不是改变管理，就是改变对服务竞争特点的认识，不过一般后者更合适一些。因为正常情况下没有竞争也就不会产生什么问题，但管理者一旦缺乏对服务竞争本质和需求的理解，则会产生严重的后果。

2. 质量标准差距

这一差距指服务质量标准与管理者对客户质量期望的认识不一致。产生的原因如下：

（1）计划失误或计划过程不够充分；

（2）计划管理混乱；

（3）组织无明确目标；

（4）服务质量的计划得不到最高管理层的支持。

第一个原因的程度决定计划的成功与否。但是，即使在客户期望的信息充分和正确的情况下，质量标准的实施计划也会失败。出现这种情况的原因是，最高管理层没有保证服务质量的实现，质量没有被赋予最高优先权。治疗的措施自然是改变优先权的排列。今天，在服务竞争中，客户感知的服务质量是成功的关键因素，因此在管理清单上把质量排在前列是非常必要的。

总之，服务生产者和管理者对服务质量达成共识，缩小质量标准差距，远比任何严格的目标和计划过程重要得多。

3. 服务交易差距

这一差距指在服务生产和交易过程中员工的行为不符合质量标准，主要原因如下：

（1）标准太复杂或太苛刻；

（2）员工对标准有不同意见，如一流服务质量可以有不同的行为；

（3）标准与现有的企业文化产生冲突；

（4）服务生产管理混乱；

（5）内部营销不充分或根本不开展内部营销；

（6）技术和系统没有按照标准为工作提供便利。

可能出现的问题是多种多样的，通常引起服务交易差距的原因是错综复杂的，很少只有一个原因在单独起作用，因此治疗措施不是那么简单。差距原因粗略分为三类：管理和监督；职员对标准规则的认识和对顾客需要的认识；缺少生产系统和技术的支持。

4. *营销沟通的差距*

这一差距指营销沟通行为所做出的承诺与实际提供的服务不一致。产生的原因如下：

（1）营销沟通计划与服务生产没有统一；

（2）传统的市场营销和服务生产之间缺乏协作；

（3）营销沟通活动提出一些标准，但组织却不能按照这些标准完成工作；

（4）有故意夸大其辞，承诺太多的倾向。

引起这一差距的原因可分为两类：

一是外部营销沟通的计划与执行没有和服务生产统一起来；

二是在广告等营销沟通过程中往往存在承诺过多的倾向。

在第一种情况下，治疗措施是建立一种使外部营销沟通活动的计划和执行与服务生产统一起来的制度。例如，至少每个重大活动应该与服务生产行为协调起来，达到以下两个目标：

第一，市场沟通中的承诺要更加准确和符合实际；

第二，外部营销活动中做出的承诺能够言出必行，避免夸夸其谈所产生的副作用。

在第二种情况下，由于营销沟通存在滥用“最高级的毛病”，所以只能通过完善营销沟通的计划加以解决。治疗措施可以是更加完善的计划程序，不过管理上的严密监督也很有帮助。

5. *感知服务质量差距*

这一差距指感知或经历的服务与期望的服务不一样，它会导致以下后果：

（1）质量问题和消极的质量评价（劣质）；

（2）口碑不佳；

（3）对公司形象的消极影响；

（4）丧失业务。

第五个差距也有可能产生积极的结果，可能导致相符的质量或过高的质量。感知服务差距产生的原因可能是本部分讨论的众多原因中的一个或者是它们的组合。当然，也有可能是其他未被提到的因素。

服务质量差距分析模型能够指导服务营销者发现引发服务质量问题的根源，并积极寻找适当消除差距的措施。差距分析模型是一种直接有效的工具，它可以发现服务提供者与顾客之间在于服务观念上存在的差异。明确这些差距是服务营销者制定战略、战术以及保证期望质量和现实质量一致的理论基础，从而帮助营销者找到有效提高顾客满意度的方法。

第三节　服务营销策略

一、服务市场营销与产品市场营销

随着服务业不断发展，服务业与制造业的相互联系和相互渗透日趋深入，以及市场竞争焦点逐步由产品为中心转向以服务为中心，服务市场营销理念正逐步形成和发展，成为现代市场营销的一个新领域。虽然服务市场营销与产品市场营销在基本的指导思想、目标战略、营销因素、组合策略等方面存在同一性，但因为服务有其特殊的内涵和特征，服务市场营销与产品市场营销具有明显的差别。

1. 产品特点不同

如果说有形产品是一个物体或者一样东西的话，服务则表现为一种行为、绩效或努力，因而是无形的。顾客只能根据服务设施，或从他人之口，或从精神感受来感知和判断其质量和效果。

2. 顾客对生产过程的参与

由于顾客直接参与生产过程，顾客与服务提供者交互作用，如何管理顾客、调动顾客参与服务生产过程的积极性，以使服务推广有效地进行成为服务营销管理的一个重要内容。

3. 人是服务产品的一部分

服务的过程是顾客同服务提供者广泛接触的过程，服务绩效的好坏不仅取决于服务提供者的素质，也与顾客的行为密切相关。

4. 质量控制问题

由于人是服务的一部分，服务质量控制很难像有形产品一样具有统一的质量标准，其缺点和不足也就不易被发现。

5. 分销渠道不同

服务企业不能仅通过传统的物流渠道把产品从工厂运送到顾客手中，而是要借助综合的传播渠道将服务传递给顾客。

6. 时间因素的重要性

因为服务具有不易存储和时间性的特点，使服务市场营销需要格外关注服务传递的时效性和通过创造后续顾客满意来提高服务质量。

二、服务市场营销组合

传统的营销组合理论是以制造业为基础提出来的。由于无形的服务产品具有不同于有形产品的特点，传统的 4P 理论（即产品、价格、渠道、促销）在服务市场营销中具有局限性，因此营销学者在其基础上又增加了三个“P”：人员（people）、有形展示（physicalevidence）和过程（process）。这样，原来的 4P 加上新增加的 3P 就构成了服务市场营销的 7P 组合。

1. 产品

服务产品是一种特殊的商品。服务产品营销必须考虑提供服务的范围、服务质量和服务水平、品牌、保证以及售后服务等。同类服务产品对不同企业来说，其要素组合的差异相当大，如一家街边家庭餐馆和一家五星级大饭店的要素组合就存在着明显的差别。

2. 价格

与有形产品相比，服务特征对于服务定价可能具有更重要的影响。例如，由于服务的不可储存性，对于服务产品的需求波动较大的企业来说，当需求处于低谷时，服务企业往往需要通过使用优惠价或降价的方式，来充分利用剩余的生产能力，因而边际定价策略在服务企业中得到了普遍的应用。

价格方面要考虑的因素包括：价格水平、折扣、折让和佣金、付款方式和信用。在区别一项服务与另一项服务时，价格往往是一种识别方式，顾客可以从一项服务的价格感受到其价值的高低。而价格与质量的相互关系，在确定服务价格时是要着重考虑的因素。

3. 渠道

由于服务产品的生产过程和消费过程不可分离，提供服务者的所在地以及其他地缘的可达性就成为服务营销的重要因素。地缘的可达性不仅是指实物上的，还包括传播和接触的其他方式，所以分销渠道的类型及其涵盖的地区范围都与服务可达性密切相关。

4. 促销

服务的无形性也给沟通带来了较大困难。促销的主要方式包括广告、人员推销、营业推广、宣传、公共关系等各种手段。

5. 人员

在服务企业担任生产或操作性角色的人员，在顾客看来其实就是服务产品的一部分，其着装、仪表、态度和行为都为顾客认识服务提供了证据。大多数服务企业的特点是操作人员可能担任服务表现和服务销售的双重任务，因此服务营销者必须和作业管理者协调合作。企业工作人员的任务极为重要，尤其是那些经营“高接触性”的服务业务的企业，服务营销管理者还必须重视雇佣人员的甄选、训练、激励和控制。此外，对某些服务而言，顾客与顾客间的关系也应引起重视，因为某顾客对一项服务产品质量的认识，以及对服务产品生产过程的参与程度，很可能会受到其他顾客的影响。

6. 有形展示

由于服务的不可感知性，不能实现自我展示，它必须借助一系列的有形证据才能向顾客传递相关信息，顾客才能据此对服务的效用和质量做出评价和判断。一般来说，服务企业可以利用的有形展示可以分为以下两种：

（1）环境要素。空气的质量、噪音、气氛、整洁度等都属于环境要素。这类要素通常不会引起顾客的立即注意，也不会使顾客感到格外的兴奋和惊喜，但如果服务企业忽视这些因素，而使环境达不到顾客的期望和要求，则会引起顾客的失望，降低顾客对服务质量的感知和评价。

（2）设计要素。这类要素是顾客最易察觉的刺激因素，包括美学因素（建筑物风格、色彩等）和功能因素（陈设、舒适、标识等），它们被用来改善服务产品的包装，使服务的功能和效用更为明显和突出，以建立有形的赏心悦目的服务产品形象。

7. 过程

对于提供服务者而言，服务过程和人员的行为同样重要，它也是顾客判断服务质量的重要依据。表情愉悦、专注和关切的工作人员，固然可以减轻顾客等候服务时不耐烦的感觉，或者平息技术上出问题时的怨言或不满，但是不可能完全补救因为服务过程不合理导致的问题和失误。服务管理者要特别关注一下过程要素：服务系统的运作流程和步骤、服务供应中器械化程度、给予员工何种限度的授权、顾客参与服务过程的程度、顾客的控制感、预订与等候制度等。

服务市场营销学者提出以 7P 为核心的服务市场营销策略的根本目标是提高市场占有率，其最根本的前提是提高市场占有率必然带来利润的增长。那么，7P 是否只适合服务业呢？正如有的企业管理学者所说："服务营销 7P 虽然是针对服务业的特殊性而提出的，但其理论价值和实践上的指导意义却不仅仅限于服务营销的范畴，它对整个营销理论乃至企业理论的发展都有启迪。"7P 的后三个"P"正是正在兴起的服务营销观念的体现。

【思考题】

1. 什么是服务？服务同有形产品相比较，有哪些特点？
2. 服务质量差距模型的五个差距的含义是什么？
3. 服务市场营销组合的主要因素有哪些？

【实训题】

材料一：

森特克斯电讯有限公司因给中小型企业提供优质电讯管理而闻名。从 1985 年公司创立起，公司为了获得市场份额，副总裁克雷尼领导其营销人员雄心勃勃地杀入新市场。现在，森特克斯电讯有限公司已为美国六大城市的公司提供服务，包括洛杉矶、芝加哥和底特律等。在 1991 年，森特克斯为应付快速发展的客户需求，在现有的 100 名营销人员基础上新增了 30 名人员。仅在 1991 年 6 至 9 月，公司就新招揽了 670 家客户。每个季度都可看到公司的客户名单上新增 200～400 家客户公司。

森特克斯公司在电讯管理上令人激动的快速发展来得并不容易，但是，这家总部在旧金山市的公司正在加倍努力以留住顾客。为给顾客提供更好的服务，森特克斯电讯有限公司创造了服务部主管的职位，以协调在留住顾客过程中的各种重要任务，公司年顾客保留率是 88%，比一般公司年顾客保留率高出 10%以上。

森特克斯公司的销售代表在做成每笔新业务时，都借助了财务分析专家对该公司的评估，这不是每个公司都能运用的手段。财务分析专家的评估是森特克斯公司营销手段组合的重要一条。评论专家的分析报告不仅令这家营业额与净收入年增长 30% 的公司感到骄傲，同时也给这家有八年历史的公司以第三者的身份对自己的信誉进行评估。这家公司于 1987 年公开上市，到 1992 年，森特克斯公司年收益已超过 1.9 亿美元。克雷尼以自信的口吻说："电讯管理是桩大买卖，我们的目标市场是每家拥有电话的公司。"森特克斯公司分析客户的电讯需求，选择最佳的服务组合，并将此服务构成森特克斯网络，同时通过预防来防止服务不成功而保护客户的利益。

森特克斯公司向中小型企业推销方便与效率的过程中，面临着一系列困难的选择，如公司是采用国际长途还是地区性电话服务；公司安装 800 门还是 900 门电话等。克雷尼说，由于森特克斯公司已成为电讯服务行业的佼佼者，森特克斯公司的顾客都有权获得一系列服务项目上的特殊价格优惠。我们的伙伴（顾客）最喜欢的是得到一份简单的服务收费票据或是管理报告。他们对不必就诸多不同的服务项目开不同的收据而感到高兴。

森特克斯令人瞩目的迅速发展的背后是对顾客无微不至甚至是过分的关注。克雷尼曾开玩笑说，公司的营销成功源于如下事实，即公司的很多管理方式源于宾夕法尼亚西部（一个煤炭与钢铁产区），那儿的人们为了谋生而拼命工作，克雷尼与公司的董事会主席兼总裁彼得·豪利一样是从宾夕法尼亚迁到加利福尼亚来的，他们带来了努力工作的作风。豪利经常亲自披挂上阵，到公司的客户服务中心值班，以处理日常服务电话。他说，亲自处理顾客的电话能让他密切了解顾客的问题。如今森特克斯公司常吹嘘，全美国一万余名顾客得到了公司总裁的亲自服务。在 25 个大城市的电讯市场上，森特克斯公司市场扩张迅速。其中有 50 万家客户公司的电话费每月只有 500～5000 美元。对于为企业服务的公司来说，广告并不是公司发展的主要动力。克雷尼说："我们的公司并不是靠广告取胜，我们的营销人员与服务人员才是我们主要的营销手段。"

讨论问题：

1．如何理解财务分析专家的评估是森特克斯公司营销组合的重要组成部分？

2．试分析对于为企业服务的公司来说，"广告并不是公司发展的主要动力"这句话的含义。

材料二：奥美广告公司的用才之道

奥美是世界著名的广告公司，比起同行业的公司，奥美始终对于那些有工作经验但无做广告背景的新人十分看重，因为这类人可以很快地进入工作状态，并且承受压力和挫折的能力比较强。为了招募到优秀的新人，奥美一向谨记：有才之士寻找的是一项事业，而非一份工作。对新人而言，我们非常在意对方选取加入广告业的决心。而对正在努力工作的奥美人而言，他们相当重视如何塑造充满挑战、创新和自由的工作气氛，希望使他们不仅仅拥有此时，而且也能预见未来。当然，这一切是通过奥美独特的育才和辞才机制来实现的。

对广告传播而言，没有优秀的人才就无法造就公司。奥美认为：雇佣巨人，奥美才成为强大的公司，反之则会变成侏儒公司。每位主管都是通过对新人的培育，不断为公司提供适合接自己班的员工。当然，组织和人一样也会犯错误，无论是在用人或培育人才方面，奥美过去也做了不少错误的判断和决定，再加上挖墙脚和跳槽，奥美经常首当其冲，人才培养中途而废的情形时有发生。但这些挫折并未阻挠奥美多年来不变的决心，矢志不移地营造一个具有学习与成长潜力的组织。

培训，不只限于新人，也包括工作多年的资深干部，甚至公司的负责人，为此，奥美多年的训练预算一直未曾删减。训练大概可分为几种：新人训练、定期办公室训练、密集训练、海外训练、不定期训练等。虽说企业能够带给学习的环境，奥美的创业人大卫·奥格威也以教学医院自诩。但奥美同时认为，员工本身的自我驱策，才是成长的关键，毕竟公司的训练只是一切的开始而已。如果一起工作的工作伙伴，包括位居高阶的主管们都能示范活到老、学到老、身体力行的精神，那么无论何种部门都会感受到不断求进步的气息，员工们想怠惰都很困难。

过去的许多年中，奥美也曾因员工的绩效评估不佳而劝退或辞退，但为了顾及员工个人颜面，尤其在中国，通常低调处理不正式公布。辞才之前，奥美大多给予适当时间缓冲，甚至还会带给不同的机会，调离原职或给予崭新的挑战。辞才似乎是企业无法避免的一项痛苦抉择，正因为此，奥美在内部不断呼吁，征求人才时务必用心挑选，而试用期间更须仔细观察，特别是对于新人。

在这一切之上，奥美认为最重要的是创造一个良好的工作环境。因此，近年来奥美不断地尝试改变，力图在现有的奥美文化中注入新鲜活力。奥美希望在接下来的几年中，不断完善人才培育的方式，使之愈来愈多元，组织学习潜力愈来愈强，公司中冲锋陷阵的员工，个个都是巨人！

讨论问题：奥美广告公司给我们的启示有哪些？

第十三章 国际市场营销

【导入案例】

奥迪中国的市场营销

奥迪，这个来自德国的挂着四环标志的“汽车贵族”，扎根中国20余年，已经累计销售达100万辆，成为中国知名度最高的豪华“街车”一族。其在中国的成功，从中国对外开放战略和外商投资政策，到中外双方的精诚合作，再到严格的质量控制、适宜的营销策略等，宏观、微观环境因素缺一不可。但是奥迪持之以恒的本土化战略，无疑是其中的关键因素之一。

1987年一汽通过技贸结合引进奥迪技术生产3万辆奥迪车时，中外双方也都没有想到奥迪的本土化过程是如此的艰辛。1995年，一汽大众与奥迪公司签署协议，奥迪系列产品作为合同产品正式纳入一汽大众生产，奥迪从此成为第一个在中国合资生产的国际高档汽车品牌，在本土化这个问题上，中外双方的利益当初并不完全一致，中方希望将奥迪的生产、零部件采购、产品开发乃至营销等所有环节都尽可能本土化，从技术、管理、配套、销售等各个方面实现中方的最大利益；而奥迪却希望尽可能多地提供零部件进口，赚取更多利润，提升品牌形象。但这次，奥迪作为股东介入国产奥迪的生产管理、零部件采购、产品升级换代、研发、市场营销和售后服务等所有环节，开始了奥迪真正意义上的全面本土化。

汽车作为现代化的产物有其普遍性和通用性，但并不意味着可以一个车型“通吃”全球。一款汽车，再合理的设计、再卓越的质量，也有与本地市场的消费习惯、消费环境相适应的问题。奥迪作为来自于德国的高档轿车，对于适应中国市场的本土化研发，精细严谨、对自己产品和技术高度自信的德国人起初并不是太认同，但最终还是同意了中方意见。

1996年，一汽大众合资双方签署了联合开发奥迪A6（C5）的协议，根据协议，针对中国市场的加长版车型开发与奥迪A6原型车的开发紧密配合，主要在德国奥迪总部同步进行。奥迪方面甚至在设计C5原型车时，就把中国加长版的因素和相关数据融入进去，充分考虑了加长后的性能、安全、美学、优雅等很多方面，从头到尾很多部件，甚至到后背箱盖都是专门为中国加长版车型设计的，因而可以构成一个完美的整体。产品投放中国市场后，得到了消费者的认可，短短5年销售20多万辆，获得了巨大成功，成为本土化研发的杰作。

而在本土化研发中，中国技术人员深度参与其中，在促进本土化研发的同时还培养了中方技术人员，推动了技术、管理的本土化。在奥迪A6L（C6）的本土化研发过程中，中方技术人员参与人数和完成的工作量都大幅度增加，能力和水平得到强化和提高。通过共同进行本土化研发，中方在汽车底盘、动力系统匹配、电子电器、车身、内饰等方面涌现出一批国内顶尖的汽车研发人才。

零部件采购的本土化也是奥迪最为关注的领域之一。与其他高档车不同，奥迪一开始就是以“国产”方式进入中国市场的，如最初的600辆，后来的3万辆。生产方式也从大散件组装到半散件组装、全散件组装，零部件采购也从几乎全部进口逐步国产化。为了让外方对零部件采购本土化更有积极性，中外双方协商达成了“双赢”的解决方案。到2010年，一汽大众奥迪共建有200多家供应商，高于主要竞争对手；奥迪A6L国产化率超过51%，A4L、Q5达到65%，也高于其他同档次品牌。通过零部件采购的深度本土化，一汽大众奥迪在中国建立了最强大的高档车生产基地和国内水平最高的零部件供应体系，有力地带动了中国汽车工业的发展。

国际市场营销是在市场营销的基础上发展起来的。最初的市场营销只是针对国内市场，产品也只是为了满足国内的需要。后来，随着生产技术的发展和企业管理的进步，劳动生产率大大提高，国内出现供过于求的情况，于是企业开始向国外出口，由最初的偶然性的出口行为发展到主动开拓国际市场，国际市场营销逐步发展起来。由此可见，国际市场营销是一国国内市场营销在空间上的扩展，是企业进行的跨国界的市场营销活动。

第一节 国际市场营销概述

一、国际市场营销的概念

国际市场营销（international marketing）简称国际营销，是指企业向一国以上的市场提供产品或劳务，在满足市场需求的基础上实现更大的经济利益的跨越国界的经济活动。

在新时代全球化的形势下，单一的封闭的经济体几乎已经不存在，国家与国家之间交易频繁，企业的舞台也不仅限于国内，而消费者也乐于见到更多的“舶来品”，套用前几年流行的一个彩铃——“我发财了，发财了，我左手拿着摩托罗拉，我右手诺基亚，我坐完奔驰开宝马，我洗完桑拿吃龙虾。”仔细一看，除了龙虾有可能在中国海域打捞以外（但还是可以选择澳洲大龙虾），其他几种都是外国产品，“洋货”已经渗入国人的生活中。而在国外，“Made in China”也早已深入人心，从早期的物美价廉的小商品，到近年来的服装、高科技、重工业等一系列高端产品也出现在国际市场上。

国际市场营销涉及国与国之间商品与服务的交换，是在特定的环境下进行的。和本国市场相比较，他国市场环境不同，具有不同的特点。原汁原味的东西到了别的地方就有可能成了“怪味”，如同咖啡刚进入中国时，往往能看到这样一幅画面：雍容华贵的上层人士强忍着咖啡的苦味却不得不装出享受的模样，待客人走后，便大步流星冲进后堂漱口……那些在本国能畅销的产品，在他国未必能为人们所接受，这就要求营销人员必须以战略性的眼光来看待国际市场，对目标市场进行周密的调查研究。

二、国际市场营销与国内市场营销的区别

国际市场营销是企业跨越国界的经营与销售活动，国际营销与国内营销相比较并无本

质的不同，只不过由于种种原因，国际市场上营销决策的复杂性、行为技巧的复杂性都远远超过了国内，这使许多原本在国内畅通无阻的营销原则与因素不能沿袭到国外。国际市场营销与国内市场营销的具体差别表现在以下几方面：

这主要表现为语言不通，法律、风俗习惯不同，贸易障碍多，很难进行市场调研和了解贸易对手信息，贸易接洽也多有不便等。

（1）各国的货币与度量不同，商业习惯复杂，海关制度及其他贸易法规不同等。

（2）国际营销的风险大。

国际市场存在的风险很多，比较突出的有信用风险、汇兑风险、运输风险、价格风险、政治风险和商业风险等。

（3）国际营销的手段及参与者多于国内营销。

在国际市场，营销的手段除4P之外，还有政治力量、公共关系以及其他超经济手段等。营销的参与者也与国内营销有明显不同，除常规参加者外，立法人员、政府代理人、政党、团体以及一般公众，也被卷入营销活动之中。

三、国际市场营销的重要性

【小案例】

2011年3月11日的地震和海啸使日本的多个支柱型产业如电子产业与汽车业都遭到严重的打击，大量的公司与厂房被迫停产，但这并不意味着这些企业走向了末日，因为这些企业不仅产品早已走向世界，而且其产业也完成了国际市场布局，这样即使本土的企业被迫停产，也对其他国家的市场影响不大，企业也就能保持相对稳定的运行。20世纪80年代，随着日本人口高龄化社会问题加深，劳动力老化现象日趋严重，国内劳动力成本上升，消费品市场增长乏力，日元升值且在国际汇率市场上币值极不稳定。上述种种因素导致老的组装加工业在日本渐失生存与发展的比较优势。制造业的重要组成部分——组装加工业开始加快向海外转移的步伐，转移的方向主要有欧美和东亚。

进入20世纪90年代，日本直接投资的重心已放至东亚和中国。与20世纪80年代相比，日本对欧美投资不断减少，对东亚投资却逐年上升。自1993年开始，日本的直接投资表现为“清一色亚洲格局”。日本对亚洲的投资虽然在整体规模上不如其在美、欧的投资，但始终保持比较平稳的上升态势。这是因为日本在美、欧的投资存量很高，但日本对亚洲海外投资的案例数在整体上高于日本对美、欧的投资案例数。这就表明，由于近年来东亚各国经济飞速发展，东亚各国政府通过制定相关法律、政策营造了良好的投资环境，使亚洲吸引日资的能力有了显著的提高。但值得关注的是，日本对亚洲投资的案例数与日本对欧洲海外投资案例数的变化趋势成显著的反向关系。这可能是由于日本一改以往利用丰富廉价劳动力为主要目的的投资活动，开始转向偏重于针对亚洲需求的快速增长。此外，日本以降低成本为目的的海外投资，在产品特色化分工、工序间分工方面获得了实质性发展，并有将部分产品设计、研发中心转移到东亚、中国的趋势。

对于世界上大部分的大型企业，国际市场营销成为其维持企业生存和发展的第一大支柱。它们在世界范围内组织生产和销售，成为多国性的跨国企业，其主要的经营管理活动就是国际市场营销，企业经营活动的国际化，是一种广泛的现象和必然的趋势，究其原因主要如下：

1. 市场趋向的变化

由于经济的发展和生产水平的提高，一些国家国内市场容量相对产能来说越来越有限，国内市场上的竞争亦越来越激烈。由于传统的国内市场已不能充分吸收现有的产品量，而为了降低生产成本、取得规模经济效益又必须达到一定的生产批量时，企业就不得不向新的市场渗透，将自己的生产和销售转向国际化。

2. 产品生命周期呈缩短的趋势

几乎所有的产品都有其生命周期。科学技术的发展，使新产品不断涌现，信息传播媒介的增加和传播速度的加快，人们生活水平的不断提高和消费观念的迅速更新，使产品的生命周期越来越短，产品研究开发投资的回收和预期利润的实现变得越发困难。在产品的成熟期和下降期，市场竞争加剧，边际利润出现平均化，企业开始努力变换产品的品种及向国际市场扩张，以保持并扩大企业利润。

另外，由于同一产品在不同市场上的生命周期不同，在一个国家的市场上已经进入成熟期或衰退期的产品，在另一个国家的市场上可能刚刚进入成长期，而在其他国家的市场上则可能处在开发期。这就是说，产品在国际市场上的生命周期要远比其在一国特别是发达国家市场上的生命周期长得多。因此，将产品扩大到国际市场上，成为延长产品生命周期，保持并增加企业利润的必要手段。

3. 劳动力费用

诸如劳动力费用这样一些标准费用价格方面在国际间存在巨大差别的事实，也促使企业把生产转移到低成本的国家，在世界范围内规划生产经营的最佳配置，并向全世界销售产品。只有这样，企业才能保证其产品成本的降低，增强其产品的市场竞争力，保证企业经营的最佳整体效益。

4. 世界政治和社会环境复杂

由于当今世界政治和社会环境复杂性的增加，也迫使企业经营活动向国际化发展。政治和社会环境复杂性的增加，一方面，要求将企业经营分散在许多国家进行，以分散企业风险，避免因某一国环境的剧变导致企业蒙受重大损失；另一方面，环境的复杂性要求企业深入各国市场，充分研究了解各国市场环境，紧密结合当地市场情况进行生产和销售。这样才能真正进入并保持其在各国的市场，避免或减少这些国家中阻碍企业经营发展的因素（如关税壁垒等保护主义措施）。

由此可见，企业活动国际化、进行国际市场营销，乃是当今世界经济、市场和企业发展的必然要求。企业（特别是大企业）只有进入国际市场，进行国际市场营销，才能不断降低产品成本，保证企业利润，才能保持企业竞争优势，才能保持并扩大企业的市场，企业也才能生存和发展。

第二节　国际市场营销环境

【小案例】

欧洲一冻鸡出口商曾向阿拉伯国家出口冻鸡，他把大批优质鸡用机器屠宰好，收拾得干净利落，只是包装时鸡的个别部位稍带点血就装船运出。当他正盘算下一笔交易时，不料这批货竟被退了回来，他迷惑不解，便亲自去进口国查找原因，才知道退货原因不是质量有什么问题，只是它的加工方法触犯了阿拉伯国家的“禁忌”，不符合进口国的风俗。

巴西冻鸡出口商吸取了欧洲商人的经验教训，不仅货物质量好，而且特别注意满足外国市场的特殊要求，尤其是充分尊重对方的风俗习惯。巴西对阿拉伯国家出口的冻鸡，在屠宰鸡时严格按照阿拉伯国家要求加工，不用机器，不用妇女，杀鸡后把血渍全部清除干净并精密包装。他们还邀请阿拉伯进口商来参观，获得了对方的信任，使巴西冻鸡迅速打入了阿拉伯国家的市场。

国际市场营销环境的本质是在国际环境中运用市场营销原理和规律，即在一个更为复杂和更为不确定的国际环境中，调动企业可控的因素去适应国际环境不可控因素的变化。这些国际环境不可控因素包括：社会文化环境、经济环境、政治环境、法律环境等，它们都会对国际营销策略产生影响。正确的国际营销策略只能建立在国际市场营销环境分析的基础之上。

一、社会文化环境

（一）社会文化的含义

社会文化是人类的全部社会遗产，企业进行国际市场营销时要与不同文化背景的人和组织接触，社会文化的差异决定着不同的消费模式、需求偏好和满足需求的方式，在不同的社会文化背景下的营销活动也会有不同的针对性。同时，不同的社会文化又处于相互摩擦和冲突中，有时甚至会在某种程度上颠覆原有的营销体系，因此国际营销人员需要充分了解各目标市场的社会文化。广义的社会文化是指人类在社会历史实践过程中所创造的物质财富和精神财富的总和；狭义的社会文化是指社会的意识形态以及与之相适应的制度和组织机构。

（二）社会文化的构成

社会文化的构成要素是很复杂的，一般来说，这些要素包括社会组织、技术和物质文化、语言文字、美学、价值观念等。

1. 社会组织

社会组织又被称为社会结构，是指为了执行一定的社会职能，完成特定的社会目标、具有明确规章制度的一个独立单位，是正式化的社会群体，每个国家的社会组织都有其独特性，对应着一定的社会制度。社会组织和社会制度是一个社会形成的人与人之间的相互关系以及为了和睦共处的各种行为准则，它决定了人们在社会上所扮演的角色以及人们的权责模式，是人类行为的基础之一。一般来说，社会组织分为两类：一类是以血缘关系为基础，如家庭、部落、宗族；另一类是按人们共同的志趣、利益、思维等组成的群体。

（1）家庭。

家庭是所有社会中的基本单位，但其构成却不尽相同。家庭的模式和规模直接影响消费者的购买模式，从而直接影响全球营销活动的进行和效果。

如果依据妻子在家庭中的地位，家庭可以分为三种模式，即妻子属于从属地位的家庭、妻子享有一定权利的家庭和夫妻平等的家庭，不过不排除有少数家庭妻子占主导地位。妻子对家庭购买决策是否起决定作用，给企业的营销决策带来很大影响。

根据家庭的规模可以分为大家庭和小家庭。在相对落后的国家与地区，家庭往往由几代人组成，规模较大，成员较多。在这种情况下，家庭的集合购买力较强，消费品的潜在市场是较为集合的。但在多数西方发达国家，大家庭的观念较为淡薄，家庭主要以父母和孩子为主。这种模式下，消费品的购买单位与批次增多，市场潜力较为分散。因此一般说来，经济发达国家主要是小家庭，而发展中国家仍存在一些大家庭。家庭人口的数量决定着家庭用品的数量和体积。

家庭文化的影响根据其观念在不同国家的作用不同而存在差异，对于家庭观念比较淡薄的国家与地区，以攻关家庭文化为主的营销方式就显得不会那么奏效。例如，我国一些汽车广告中大肆宣扬大空间，恨不得能把四世同堂也装进一辆车的模式在美国人眼里看来可能就显得有些莫名其妙，也许这辆车能把家里所有的东西装进去，然后可以跟妻子出去旅行远足的广告模式更为合适。

（2）社会群体。

除家庭外的社会组织可以统称为社会群体。社会的个体可以按职业、爱好等组成许多群体，这些群体有较强的政治和经济上的斗争力量，如某些行业协会、劳工组织、政党、消费者协会等，志趣、利益等是划分不同的非伦理性群体的重要标准，也是全球营销中必须考虑的重要因素。例如，消费者组织常常可以迫使企业改变产品、促销手段，甚至是价格；各国之间的贸易也经常面临着共同利益群体设置的障碍，西方国家的纺织业团体就经常要求政府以配额的方式来限制中国纺织品的出口，保护本国的纺织业，韩国的农民也经常集会要求减少进口国外的农产品。

另外，一个人在社会组织中的作用和地位在不同国家也是不同的，受组织形式的影响较大。从社会角度看，企业的组织形式在各国有很大的差异，这种差异很大程度上体现于个人在组织中的作用和地位的不同。在西方国家，尤其是美国，各公司成员有较高的独立性，成员之间的关系淡化。在日本，情况则截然不同，日本的公司本身是一个比较稳定的团体，公司内部则有不同的派系，而中国公司的经营则更倾向于人际关系。企业组织结构上的差异对海外投资经营影响很大，本田公司在美国开设的一家制造厂要求员工穿公司的制服，唱公司的歌，遭到美国员工的强烈反对。美国亚马逊网站的总裁杰夫·贝索斯 2007 年在中国接受访问的时候也曾表达过对中国公司文化的不解，他认为在美国，员工们都把心思花在做好本职工作与创新服务上，而中国的员工则把心思花在如何让上司高兴上。

2. 技术和物质文化

一个社会中的物质文化是指人们在生产过程中所使用的工具、知识、技术、方法以及生产出来的产品和产品的分配、消费方式。物质文化是人类社会划分不同阶段的依据，如石器时代、青铜时代、原子时代、网络时代等；再如发达国家、发展中国家等，也是以物质文化为依据划分的。技术和物质文化是与社会组织中的经济活动相关联的。所谓“技术差距”是社会创造和设计能力的差异。

发达国家和发展中国家处于不同的技术与物质文化。现在可以说我们正处于汽车时代，也可以说我们正处于信息时代。我们不容易了解技术和物质文化与其他生活形态之间的关系，是因为我们本身就是本国文化的产品，不识庐山真面目，只缘身在此山中。但是当我们到另外一种物质文化的环境下，就会更容易地理解这一层关系。在生活中技术和经济组织能够影响整个社会，我们的技术与物质文化会对我们的行为和消费产生极大的影响。

技术和物质文化也会影响我们的工作方式。例如，福特汽车的组装生产线就改变了美国的生产力和生活水平；美国农民利用机器设备和技术使其成为世界上最具生产力的农业专家，更使美国农业成为资本密集与技术密集型的产业。我们的消费方式也受到技术和物质文化的影响。例如，汽车创造了都市周围的生活与消费形态；互联网也给消费者行为带来了广泛的冲击；微波炉不仅影响到食物的烹调，而且使人们对食品的消费习惯有所改变。甚至具体到某一种产品也能改变人们的消费习惯，如近年来异常火爆的 iphone（见图 13.1），由于其开创了触屏手机的革命，使移动终端的业务大大超越了原来的基本通信，引发出了多种前所未有的消费模式，如手机在线购买安装软件。微博的大范围应用也与大屏幕触屏机的普及息息相关。而之后的 ipad 系列更是让人们对移动办公与娱乐的理解上了一个台阶。

图 13.1 iphone 引发消费革命

营销人员必须深知国外市场的物质文化对公司经营的影响，而不是贸然进入一个陌生的市场，应事先分析当地的物质文化状况，并根据这些信息设计出能反映物质文化差异的产品和市场营销方案。例如，企业要在目标市场做广告，就必须了解该市场内电视、收音机、报纸、杂志、网络等的普及率和有效性。在制造方面，对东道国而言，外国产品是一种新物质文化的引进。尤其是在不发达国家投资建厂前，营销人员除了应该了解当地的原材料供应、电力、运输与融资等经济环境之外，还需要仔细评估东道国的各项物质文化。因此，除了调研运输、动力、电信问题之外，营销人员更应该了解生产过程是否需要符合当地的经济状况以及要素密集程度的情况。许多跨国公司的经理人发现，同一种产品在不同国家生产，需要不同的生产设备，因此在决定设厂与组织生产时，就必须对物质文化和非物质文化详细地加以探讨。

物质文化对国际市场营销有哪些影响呢？在国外开展市场营销时，了解物质文化是相当重要的。例如，工业营销人员可以利用投入产出表帮助其确认消费者的使用形态。在中国，几乎在任何工业产品领域都能发现营销机会，因此发展的空间越来越大，所以，对物质文化的了解越多，在市场上就越具有竞争力。消费品的营销人员也要关心国外市场的物质文化，如电价、油价、度量衡的差异等。另外，产品的接受程度也受家庭物质文化的制约。例如，该国私家车的保有量是否足够多，油价是否在消费者承受范围内；家中是否有烤箱烹调食物以及是否有冰箱储藏食品？如果电力供应不足，那么家电用品是否会有销路？

除此之外，物质文化还会影响其他营销策略，如促销策略和分销渠道策略。促销策略会受媒体可用性的限制，而零售店的出口会影响购买点的陈列，旅游点与公路系统也会影响户外广告的使用。分销渠道需要依照各国的商业设施而做出不同的修正与评估。例如，批发和零售以何种形态存在，有哪些储藏设施可以利用？运输系统涵盖地区有多广？大规模零售商和连锁商店使用直接渠道，而小型独立的零售商则采用间接渠道。如果小零售商分布太广或者运输工具不足，那么企业在市场上将不易生存。假设当地的贮藏设施不足，企业就必须提供特殊的包装来保护产品。在中国，铁路和公路对商品运输来说是非常重要的，而某些国家的主要运输方式是海运或空运，这些情况都是国际市场营销人员应该认真了解的。

国际市场营销或许是扮演了文化变迁中最敏感的角色。当企业将新产品引进某国市场时，其所产生的主要影响可能会改变该国的物质文化。这种改变可能很轻微，例如，新食品的产生，日本在被西方的坚船利炮打开国门前，该国的食物较为单一，以大米为主，但在美国大力宣扬吃小麦面包喝牛奶可以长高的舆论下，掀起了一股举国喝牛奶的狂潮，至今日本小学生的午餐食谱里，牛奶仍是必不可少的主食。但是也可能会引起戏剧性的变化，例如，技术的更新和应用可能会使某国的农业或工业结构发生变化，因此，企业必须谨慎考虑对这种改变的适应性，必须以东道国的利益为基础来进行考察，毕竟有某些民族可能不喜欢外来产品。2006 年 2000 名韩国农民举行集会，抗议一艘装载进口美国大米的船只在丽水卸货。韩国一直对国内大米市场实行严格保护。但根据世界贸易组织相关规定，国际社会要求韩国开放大米市场。韩国国会也同意逐步增加进口大米数量，但当地农民认为，质优价廉的进口大米将对主要以传统种植方式为主的韩国大米带来冲击，影响粮农生计，至今在韩国各类宣传媒介中，不论是有意还是无意，都经常出现宣扬本土农产品质量好的场景。

3. 语言文学

语言在整个社会文化环境中占据着非常重要的地位,它是沟通的主要工具并且渗透到社会文化的所有层面。作为沟通形式和中介的语言文字,不仅仅是声音、单词、短语的集合,而且反映了人类的行为及不同社会文化的价值观和本质特征。

语言是两种文化最明显的差异,也反映出文化的本质和价值。例如,英语是工商业活动中最常用的语言,但英式英语与美式英语在运用上有很大区别,这就反映出英美两国文化上的不同。在文化领域中语言占有非常重要的地位。要在任何一种文化下工作,就必须先学习该文化下的语言,因为语言能够反映当地的文化状况。企业在与当地政府官员、供应商、消费者交谈业务时,也必须以熟悉当地语言为前提条件。可以说,语言是文化的根本。没有它,文化就无法存在。

对外国语言状况的研究可以使我们获得有用的信息。就实际情况而言,一种语言对应一种文化背景,如果一个国家有多种不同的语言,就会有多种不同的文化。例如,比利时有南北两种不同的语言,也正是因为语言的不同,使南北部存在政治与社会的差异;加拿大和比利时一样,存在英语和法语两种文化群体;在许多非洲与亚洲国家中所存在的语言和不同文化群体更多。为了彼此交流,一种共通语言被选为沟通的桥梁,而通常这种语言来自最有权威的群体,例如在独联体通用俄语,印度联邦则用印度语,中国大陆用普通话。值得注意的是,尽管中国是以普通话为主,但在国际华人的世界里,却是以粤语为主。因此,国际市场营销人员在学习当地语言时,要注意学习当地的共通语言,以尽快融入当地的文化中。

另外,需要强调,一种语言可以定位一个文化群体。尽管有共通的语言可说,但是不同的文化群体和次文化团体都会存在某种口语上的差异。从事广告、品牌、包装、推销和营销调研这些方面的工作都特别需要沟通,如果营销人员无法与顾客说相同的语言以及准确的表达时,那么将不大可能取得成功。在国际市场,出口企业必须与员工、顾客、供应商和政府以不同风格的人员进行沟通,这样才能迅速地掌握目标市场。“文化桥梁”对许多市场开拓来说是有益的,如可以把分销商视为出口企业与当地市场的桥梁。

在各国的分支机构中工作的人员,更需要具备语言沟通能力,只有这样才能直接与当地商人进行洽谈,所以公司雇用熟悉当地语言的人是解决文化和语言差异的最佳方法。语言就像是一把了解当地文化、与当地人进行沟通的钥匙,因此,出口企业的分销商不仅在与其他跨国合作者进行合作时需要具备语言能力,而且更需要在公司内部培养专门的语言人才。同时,了解当地语言,还需要注意体会语言里面隐含的意思。例如,在不同国家,商务礼仪的用语也会不同。在日本,由于说“不”会使对方觉得没面子,人们常用“Hi”来代替,“Hi”的意思是“是的,我明白”,但那并不表示同意。日本社会非常重视维护表面的和谐,因此你的日本同行可能只会在朋友之间的交往中才会变得坦率。

【小案例】

有一个西方人在日本的分公司工作。为了处理好和日本同事之间的关系,这个老外总想找机会款待一下这个和自己担任同样工作的日本人。日本人喜欢棒球,远远超过了自己民族的相扑。日本人自己经常说,在体育运动里面,日本人最喜欢棒球。既然日本人热衷于打棒球，看棒球比赛，那么就请他一家去看棒球赛吧。棒球赛的门票也不算便宜。有一天，将近下班的时候，那个老外悄悄地问那个日本人同事："下个星期天你有空吗？"老外笑得很热情。"有是有……"那个日本人顿时生出了戒心。日本人虽然常常把"如果有什么可以帮忙的话，请不要客气"这一类的客气话挂在嘴边，但实际上那只是说说而已，仅仅属于口头上的一种礼节。如果有人读错了的话，那日本人一定会感到为难的。"那你喜欢棒球吧？"老外又赶紧补充道。日本人同事放心了，马上换上平常常见的笑脸。"喜欢，太喜欢了！我告诉你呵，不仅我喜欢，我女儿也喜欢，我老婆也喜欢，我们一家人都很喜欢棒球呢！"那日本人有点眉飞色舞了。"太好了！那下星期天我请你一家人看棒球比赛好吧。"老外也很高兴，终于找到机会了。"噢，很抱歉！"日本人拿出口袋里的记事本，翻了翻，歉意地说："我忘记了，下星期天要参加朋友的婚礼。对不起，等有机会一定和您一起看吧。"

过了一星期，老外又邀请那日本人一家去看棒球比赛，而且票已经买好了，因为他听到那个日本人跟别的同事说星期天没事的。那日本人又恼又怒，又无可奈何……事实上，这个日本人根本就不喜欢棒球！

4. 美学

审美观是关于美和品位的文化概念，这表现在人们对音乐、艺术、戏剧、舞蹈以及色彩的鉴赏方面。审美观在国际间是存在差异的，但这种差异逐渐趋向区域性而不是国际性。就音乐品味而言，西方国家比较喜欢古典音乐和流行音乐。事实上，现代的沟通方式和表演者广泛的表演使流行音乐已经具备真正的国际性。然而西方音乐与中东、非洲、印度等地的音乐仍然有明显的不同，西方的舞蹈风格与非洲部落的舞蹈风格也相去甚远。

文化中的审美观可能对经济活动没有很大的影响，但是对国际市场营销企业却有重大的影响。如厂房设计、产品包装、产品设计等，企业都必须考虑到当地人的审美偏好，即使与产品的一致性规格相冲突，企业至少也应该对设计效果的积极与消极影响有所认识。例如，服装设计。女性穿露背的衣服在西方国家被认为是一种美；东方人则可能觉得不雅观，有伤风化。

历史说明，西方国家的基督教传教士，因为缺乏文化的敏感性，所建立的教堂反映出西方的建筑风格而非当地固有的建筑观念，所以常被当成是建筑上的"帝国主义者"。这正是当地人对传教士自身局限的审美观所引起的反感。美国政府在设计大使馆时也遇到了同样的问题。在印度，大使馆因为融入了印度风格的建筑而受到赞美；在英国伦教，大使馆建筑物顶端的美国老鹰造型却受到了批评。因此，企业在设计或者装饰建筑物或商业媒介时，设计风格最好符合当地人的审美偏好。

对不同的颜色的审美可以明显地反映出不同文化的差异。在美国，红色表明愤怒，绿色表明嫉妒，蓝色表明忧郁。在中国，红色表示吉祥和喜庆。西方国家以黑色代表哀伤，东方国家则是以白色表示哀伤。绿色在伊斯兰教国家受到欢迎，非洲却排斥红色与黑色。由于宗教、忠贞或审美观等方面的原因，特定的颜色有其特别的含义。营销人员在设计产品、包装和制作广告时就要了解文化中的颜色差异，必须以消费者的文化审美观为主。一般来说，采用该国民族所偏好的颜色是比较安全的。

文化的差异也表现在对音乐的审美上。使用音乐来传达广告信息有时比较容易被消费者所接受。但在选择广告的音乐时要了解各种音乐的象征意义，而要了解各种音乐的象征意义必须首先考虑当地的文化状况，因为世界各地不可能有统一的音乐文化。所以企业使用音乐进行营销时，最好采用符合地方文化的音乐。

品牌名称的选定会受到审美观念的影响，所以品牌名称最好采用当地的语言或是迎合当地的品味来命名。有时候企业会寻找一些没有特殊字面意义而且在任何地方都能发音的字来作为品牌名称，以规避重复性的品牌名称，如"柯达"就是一个典型的例子。相反，也有些企业强调采用地区品牌来辨别各个地区所出售的商品。例如，宝洁公司在国外市场就采用了20余种不同的品牌名称以迎合不同地区的品位。

审美观的差异还体现在图案、符号等方面。日本人喜欢松、竹、梅图案，不喜欢荷花图案；法国人喜爱野鸭和百合花图案，但不喜欢孔雀、大象等图案；某些国家则对某种动物图腾顶礼膜拜。

营销人员往往在出错后才认识到文化中的审美观对国际市场营销的影响。所以，企业必须要在当地进行营销调研，并利用当地的广告代理和分销商，这样才能避免因审美观的差异而引起的无效率行为和损害。

5. 价值观念

价值观念的差异指的是人们对于客观事物的评价标准不同。同样的事物在不同社会或不同人群中有不同的评价标准，这里包括对时间的态度、对财富的态度、对待冒险的态度、民族自尊心、对古老文化和现代文明的珍视程度等，而价值观念有时也深受宗教的影响。

（1）对时间的态度。

高度工业化的发达国家生活节奏较快，人们的时间价值观念浓厚，因此对于节省劳动、节省时间的商品和服务的需求强烈，如邮购、网上购物、快餐、家务劳动社会化和机械化等。在欧洲，守时是一种美德，也是必须要做到的。他们也因此可以预计火车何时到达，坐出租车从A地到B地要多长时间，但这在非洲就行不通，交通堵塞，突然爆发的山洪可以在几秒内冲毁道路，班机因气候原因常常停飞或晚点，所有这些，都可以使任何精心拟订的计划成为泡影。

（2）对财富和物质享受的态度。

在美国常常能够听到"富裕的社会""有成就的社会"以及"可获利的社会"。这些说法反映出美国社会充满了激励的价值观。《福布斯》最新公布了2011年全球富豪榜，多位年轻创业者名列其中。在美国社会中，财富与功利是被社会所认同的成功和成就，不过近年来，由于环保者的努力宣传以及地球环境恶化，美国的主流意识也开始返璞归真，倡导节约与环保。在佛教和印度教盛行的国家，无欲望才是理想的世界，人们并不积极地进行生产和消费。有人曾说印度是个"神奇"的国家，20世纪90年代以来，依靠软件产业引领经济的强势发展，印度经济改革开放所取得的成绩令世界瞩目，被冠以"印度虎"的称号。但是，在印度的这种发展模式下，"二元经济结构"现象日益突出。一面是蒸蒸日上的服务业，一面是传统落后的农业；一面是高楼林立的繁华都市，一面是广大贫瘠的农村，贫富差距极为悬殊，但是底层穷困的人们依然保持着与上层权贵相对和谐的状态，这与印度一直以来的种姓制度以及佛教思想有很大关系。印度穷人尽管再穷，一般也只是怨前世造了孽，很少会把怨气发到富人身上，他们整体上没有嫉富、仇富的“红眼病”，更没有杀富济贫的造反意识。印度人相信因果报应、业报轮回的宗教思想，害怕做了坏事会遭报应，因而只希望神保佑他们从苦海中解脱。正因为如此，印度贫富之间基本上能相安无事，和平共处。因此，当营销人员明显地偏好在功利社会中进行活动时，更应该注意不同国家对功利的看法。

（3）对变革的态度与价值观。

当公司进军国外市场时，新产品、新方法的引进会使当地产生变革。北美国家比较能够接受这种变革，他们认为“新”字就是新技术、新产品所带来的好处，而以传统导向为主的社会则尊崇其祖先的以及其传统的消费方式，不愿接受新事物。营销人员正是变革的代言人，但是他们同时也应该肩负起对传统社会不同的营销任务，而不应该只是强调什么是新产品，最好是去了解传统社会的价值观，以便解决消费者的问题；产品如果要符合市场需求，营销人员就必须让全体消费者接受其价值。

（4）对风险承担的态度与价值观。

不仅企业开展经营要承担风险，消费者尝试使用新产品也要承担风险，因此，对变革的接受主要取决于人们愿意承担风险的综合，其中包括经济风险——价格是否合算；安全风险——产品是否耐用，对健康是否损害等；名誉风险——使用这种产品是否有违形象。这是因为消费者不知道该产品是否能符合他的想象。作为中国的电器品牌，海尔能在电器品牌强手如林的美国打出一片天地，一个很重要的原因就是海尔非常注重产品的保修与维护，这与美国消费者注重产品的长期使用不谋而合。自“三鹿事件”以来食品安全问题日益受到关注，在这个“民以食为天”的国度，食品安全成为中国人抹不去的阴影，这从民间大规模抵制转基因食品，拒买国产奶粉等一系列行为就能体会到中国人对食品安全的愈发重视，商家也开始在宣传中添加更多的安全保障信息以增强消费者购买信心。

（5）教育。

教育通常被严格定义为在学校里所接受的正规训练。依照这种说法，世界上有相当数量的人是没有受过教育的，因此教育应该广泛地定义为包括技艺、想法与态度的传授。

国际市场营销人员应该扮演教育者的角色，这是因为当国际企业将产品和技术引进市场时，企业必须告诉消费者有关产品的各类相关信息。尽管企业不能利用正式的教育体系来达到这一目的，但是凭借沟通能力或许能够在部分受过教育的消费者那里取得成功。国际市场营销人员应该了解国外市场的教育状况，因为教育状况是决定消费者市场特性以及帮助了解市场人力资源可用性的重要因素。以下各项是十分重要的：

① 如果消费者中大多数人是文盲，那么广告方案和包装标签就必须能够适应这一状况，如少用文字，多用图案；

② 如果主妇大都未受过正式教育，那么针对这些顾客所制定的营销方案也必须有别于针对受过正式教育的主妇所制定的营销方案；

③ 复杂的产品或者需要附带说明书的产品必须根据目标市场的教育水平进行修正；

④ 与分销商合作时，需要考虑渠道中成员的受教育程度；

⑤ 广告代理等营销服务的品质好坏依赖教育体系所培养的该行业人员的素质。

二、经济环境

企业的营销活动从国内市场扩展到国际市场，其基本功能和原则并未发生本质的变化，企业可控制的基本因素也未发生变化。关键的变化在于由不可预测因素组成的外部营销环境发生了变化，由一元的、单面的环境变成了多元的、多面的环境。由于营销环境的变化，导致国际市场营销的策略和技术必须得以适应性地发展、延伸和复杂化。因此企业在进行国际市场营销之前，必须清楚地了解它们所在的国际环境。营销学家将环境因素分为宏观环境和微观环境两种。分析国际市场营销环境中的经济环境，一般可以从经济结构和经济特征等方面入手。

（一）经济发展水平的分析判断依据

在 1960 年出版的《经济成长的阶段》一书中，罗斯托认为，从经济发展过程来看，世界各国的经济发展水平可以归纳为以下五个阶段：

1. 传统社会

传统社会的特点是生产力水平低，没有能力采用现代的科技方法从事生产；人们的文化水平低，无法进行最基本的经济建设。处于传统阶段的国家，经济发展落后，收入水平很低，国内市场非常狭小，自然经济仍然是绝对的主体。目前，被联合国列为最不发达的国家，基本上还处于这一经济发展阶段。

2. 起飞前夕

起飞前夕的特点是现代的科学技术知识开始应用于农业及工业生产方面；各种交通运输、通信及电力设施逐渐建立；人们的教育及保健逐渐受到重视，只是规模还小，不能普遍施行。目前，世界上相当一部分发展中国家尚处于这一阶段。这些国家正在普遍推行工业化政策，大力发展民族工业因而对部分资本货物有一定需求，人均收入水平的增长也在加速，从而在一定程度上扩大了对消费品的市场需求。但总的来说，这些国家的经济仍存在着一定的自然经济成分，因而市场规模还受到一定的限制，起飞前夕是经济起飞阶段的过渡时期。

3. 起飞阶段

起飞阶段的经济大致已经形成了经济成长的雏形。其特点是各种社会设施及人力资源的运用已经能维持经济稳定的发展，农业及各项产业逐渐现代化，一些新兴的工业化国家已经步入经济起飞阶段。这些国家拥有某些高度发达的产业部门，尤其是一些加工制造部门。投资的较快增加使新兴的工业部门不断涌现，为工业品提供了大量的市场机会。随着个人收入的较快增长，消费品市场也具有相当规模，对耐用消费品的需求不断增加，需求层次也不断提高。

4. 趋向成熟阶段

经济起飞后就逐渐进入趋向成熟阶段。在此阶段的国家，不但能维持经济的长足进步，而且会不断追求更现代化的科技应用于各种经济活动。同时，还能够多方面地参加国际营销活动。西方的很多工业化国家目前正处于这一阶段。在这一阶段，由于人们的收入增加更快，对各种耐用消费品的需求急剧上升，产品饱和度（产品在市场上能达到的最大扩散程度）较大，消费者用于闲暇、娱乐、健身等方面的支出明显增加；同时，由于节省劳动的需要，创造出一些新兴的工业品市场，从而带动了新兴工业的加速发展。此时，由于商品广告等商业促销活动对企业经营业绩有着较大的影响，企业的宣传费用和其他营销活动的支出也将大大增加。

5. 高度消费时期

该阶段注重耐用性消费、财富及各项服务业的生产；个人所得猛增；公共设施、社会福利设施日益完善，整个经济呈现大量生产、大量消费的状态。此阶段代表了高度发达的工业社会，而且经济中最为重要的特征是，第三产业在国民经济中的比重最高，主导经济的部门转向耐用消费品生产和社会福利及安全等方面。由于经济的高速发展，很大一部分消费者取得了较高的可任意支配收入。目前，世界上只有少数几个发达国家达到这一阶段。在这一阶段，社会服务部门发展迅速，服务性消费支出占了较大比重，信息的交换和处理居于重要的地位。在此阶段，因商品的市场饱和度已经很高，所以市场机会更多地取决于发展和创新。企业要在原有的市场中扩大市场份额已相当困难，因而必须不断开拓新的市场。

大致而言，凡是属于前三个阶段的国家，一般被称为发展中国家，而居于后两个阶段的国家，则被视为发达国家。此外，罗斯托认为，在一国经济成长的五个阶段中，最重要的阶段是起飞阶段。因为所谓起飞阶段就是指一个国家克服了往日对经济发展的种种障碍与阻力，创造了使经济进步得以维持的力量。正如飞机在地面上克服了各种阻力得以起飞的情况一样，一旦起飞，海阔天空，即一国经济从此开始了自力更生的迅速发展阶段。

根据罗斯托的理论，一国（地区）经济实现起飞的条件有三个：

（1）投资率或资本形成率（净国民生产中的投资百分率）应超过10%以上；

（2）某些制造部门有快速的发展；

（3）必须有良好的政治社会结构配合经济发展，使经济顺利起飞。

（二）经济发展水平与企业的国际市场营销

一般而言，在欠发达的国家，市场发育程度较低，非货币化的生产活动的比重较大；在处于经济起飞阶段的发展中国家，则往往走工业化道路，第二产业发展迅速，第三产业也逐渐得到孕育、发展；在发达国家，以第三产业为主，物质产业大量转移海外，产业“空心化”明显，如日本。此外，农村人口与城市人口比重的进一步变化和教育水平的提高也体现出一国从不发达向发达转变的进程，这一切，无疑也对市场产生深刻的影响。总之，一个国家的经济发展所处的阶段不同，居民收入水平明显不同，消费者对产品的需求也就不一样，因此会直接或间接地影响企业的国际市场营销。

（1）从市场分销制度看，经济发展水平高的国家，其市场分销制度偏重于大规模的自助性零售业、如超市、巨型市场及购物中心等的发展。而经济发展水平低的国家，其市场仍着重于家庭式及小规模经营的零售业。

（2）从消费品市场看，经济发展水平高的国家，在市场营销方面强调产品的款式、性能及特色，强调运用大量广告及销售推广活动，其品质和品牌竞争多于价格竞争；而在经济发展水平低的国家，则较侧重产品的功能及实用性，其推广着重于顾客的口头传播介绍，价格因素比产品品质因素更为重要。

（3）从工业产品市场看，经济发展水平高的国家着重于投资较大而能大量节省劳动力的生产设备。在经济发展水平高的国家，一般劳动者的教育水平与技术水平较高，复杂的机器维修工作比较容易进行。在经济发展水平低的国家，生产设备偏重于更多使用劳动力而节省资金，以符合该国劳动力与资本的合理比率。因此，经济发展水平低的国家往往会变成经济发展阶段较高的国家旧设备与机器的输出市场。

（4）从产品生命周期看，由于收入与技术的差别，某些消费品在发达国家的市场上早已大量推销，产品的市场生命周期已经进入到成熟阶段，市场也接近饱和。而在发展中国家的市场上却是初期推销阶段，可能刚进入开发期或成长期，如彩电、电脑、汽车、空调、太阳能等商品。经济发展水平不同，各国市场同种产品所处的生命周期的阶段也可能不相同。

三、政治环境

企业开展跨越国界的营销活动，都会受到各国政治环境的影响，因为每一个独立的国家都拥有允许或禁止外国公司在本国开展业务的正当权利，可以对外国公司采取鼓励、支持或者抑制、禁止等措施。外国公司只有入乡随俗，客随主便才能生存下去。因此，进行国际政治环境分析是开展国际市场营销活动的关键内容。国际政治环境主要包括一个国家的政党制度、政局的稳定性、政府对外国投资和国际购买的态度等。

（一）政党制度

国体是国家的阶级性质。从世界范围看，现有的国家按国体划分可分为资本主义国家、社会主义国家和其他性质的国家。不同性质的国家可以友好相处，也会形成一些人为的制约。从国家政体来看，目前世界上各个国家的政体基本上可以分议会制和集权制两种类型。议会制包括共和国制和君主立宪制；集权制包括绝对君主制和独裁制。其中经济发达国家多实行议会制。在议会制国家中，又可分为中央集权和地方分权、单一制和联邦制等具体形式。不同政体的国家在制定国家政策时，考虑人民的愿望和要求不同，因而对外国产品的进入政策也不相同。从政党制度来说，大致可分为一党制、两党制和多党制。一党制以墨西哥为代表，但在一党执政中也吸收一些非执政党的主张。两党制以美国和英国为代表，美国的民主党和共和党、英国的工党和保守党轮流执政。由于各政党在其政策上的差异，对外国产品进入该国的政策也就不同，例如英国工党主张对外国产品采用限制性政策，对进口产品征收附加税；保守党则主张自由贸易，对外商实行鼓励政策。多党制是指由于没有一个政党强大到足以控制政府而形成的多党联合执政，意大利是多党制国家的典型代表。德国、法国、比利时、荷兰等也属于多党制国家。在多党制国家中，政策的波动性较大。因此，国际市场营销人员必须注意研究各国政党的纲领。

（二）政局的稳定性

政局的稳定性是指外国在政治气候变化时的稳定程度，包括政府更迭、权力移交时的稳定性、政策的稳定性、社会环境的稳定性等。政府更迭频繁，意味着该国的政策会多变，尤其通过军事政变导致的政府替换，其政策的不稳定性将大大增加。对政局稳定性高的国家，可以进行长远打算，既可国内生产，出口销售，也可到国外直接投资，当地销售；对于政局稳定性差的国家，会因政局不稳给外国企业带来灾难，如财产被没收，合同被中止，贷款收不回来等，因而只能采用出口产品的方式，避免到国外直接投资。2011 年利比亚的局势动荡，不仅使其国民陷入水深火热之中，我国在该国的投资也大受影响，商务部曾表示，利比亚政局的动荡对中资企业造成了相当大的影响。相关专家保守估计，中国 200 亿美元资金在利比亚利益洗牌中有可能“打水漂”。因此分析外国的政治局势，不仅要看当前的状况，还要看其发展趋势。

（三）政府对外国投资和国际购买的态度

不同的国家对外国投资和国际购买的态度差异很大。从对外国企业投资的态度来看，有些国家出于发展本国经济的需要，愿意接纳外国的资金、技术、设备等，希望甚至鼓励外国到本国投资，如墨西哥政府就是这样。有些国家则为了保护本国民族经济的发展，限制外国公司进入，如印度政府就规定外国公司在印度的分公司，其管理人员必须大部分是印度人，以及规定其货币不能同外币自由兑换等限制外国企业投资。因此，在外国投资办企业时必须了解当地的鼓励和限制措施，并特别注意劳工问题和外汇问题，否则会造成不应有的损失。

各国政府对国际购买的态度，可以通过其干预措施表现出来。希望购买外国产品的国家会采用比较优惠的政策，不希望购买外国产品的则采用许多限制措施。这些措施直接制约着国际市场营销的发展。各国政府出于不同的动机，会不同程度地采用干预措施，常用的干预措施有：

1. 税收政策

这是通过征收不同的关税来限制或鼓励外国产品进口的政策。税收政策分为限制性税收政策和鼓励性税收政策两大类。限制性税收政策主要有进口税和进口附加税两种，进口税即通过征收高额关税来限制外国产品进口。这是一种“关税壁垒”政策。进口附加税包括反补贴税和反倾销税两种，征收进口附加税是为了限制进口产品在国内的竞争力。当征收这些税收后进口产品的价格仍低于本国产品时，有些国家还按国内价格征收差价税。例如，2010 年 9 月美国就曾以中国进口轮胎涉嫌倾销为由，对从中国进口的所有小轿车和轻型卡车轮胎征收为期三年的惩罚性关税。鼓励性税收政策是指采用优惠的税收政策鼓励外国商品进口。优惠关税可以是一国对另一个国家规定的关税，也可以是普遍优惠制。

2. 进口管制

这是通过限制进口产品的类型和数量来直接或间接干预国际购买。这是一种“非关税壁垒”的限制措施。常用的管制措施有进口配额制和进口许可证制。进口配额制是一个国家在一定时期内，对某些商品的进口数量或金额规定最高限额，超过限额即征收高关税或禁止进口。进口许可证制是指一国政府规定有关商品的进口必须领取许可证，否则不准进口。进口许可证制即可限制进口商品的品种和数量，也可限制向其出口商品的国家和地区。

3. 外汇管制

这是一个国家对于买卖外汇及一切经营业务而进行的管制。这是那些本国货币不能作为世界通用货币的国家采用的限制措施，主要包括限制企业进口外国货物的外汇数额，限制出口本国货物后企业所留的外汇数额，限制外国投资者所拥有的利润和资本汇出的数额等。

各国政府尽管对外国投资和国际购买规定了许多限制措施,但这些限制的范围和强度是各不相同的。企业在决定进入某国市场之前，必须明确该国的政治环境状况，以便充分利用各国规定的优惠政策；而对其限制措施则应尽可能避免，并采取相应的对策，以保证其国际市场营销活动的顺利进行。

四、法律环境

法律是调整各个国家经济活动与行为的重要因素,是维护商品交易活动秩序的主要手段，因而对国际市场营销活动的影响极大。国际法律环境是一个复杂的整体，既有国际经济法律，又有区域经济法律，还有目标市场所在国的法律等。这些法律各有不同的内容和调节范围，同一法律在不同的国家，其调节内容也各不相同，只有全面掌握这些法律的内容,学会运用这些法律,才能在国际市场营销活动中行动自如。从国际市场营销的角度讲,各种法律所涉及的内容主要包括四个方面：一是保护消费者利益；二是保护生产制造者和销售者的合法权益；三是保护公平竞争；四是协调买卖双方的经济利益。这些内容体现在各个层次的法律中。

1. 国际经济法律

国际经济法律是指那些国际公认的国际公约、条约、协定、惯例等。由于到目前为止世界上还没有一部统一的国际商法来调整国际营销活动，这些国际公约、条约、协定、惯例等对企业的营销活动就产生着较大的影响。其中最有影响的有:《关税与贸易总协定》《联合国国际货物买卖公约》《国际贸易条件解释通则》《保护工业产权巴黎公约》《商标国际注册马德里协定》等。

2. 区域经济法律

第二次世界大战以后，贸易保护主义充斥国际市场，使世界许多地方建立了区域性经济组织。这些区域性经济组织制定了一些共同遵守的规定,排除了成员国之间的贸易壁垒,一致对外，而对其他国家在这一区域进行国际市场营销设置了障碍。区域经济组织根据其经济结合程度及相互依存关系可以分为自由贸易区、关税同盟和共同市场（或经济同盟）三种类型。自由贸易区的成员国规定：在成员国之间取消商品以及劳务移动的一切人为限制，取消内部贸易障碍，形成一个较大的自由市场，但各国对其他非成员国仍保留关税壁垒。世界上较著名的自由贸易区有欧洲自由贸易区和拉丁美洲一体化协会。关税同盟的条约规定，成员国之间不仅排除了所有的贸易壁垒，而且对其他非成员国设置了共同的贸易壁垒。共同市场的成员国之间取消关税，对外实行统一关税制度，并规定其劳动力、资本等生产要素也可在成员国之间自由移动。了解这些区域经济组织的规定，对于寻找对策进入这些市场具有重要意义。

3. 目标市场国的法律

对企业国际市场营销影响最大也最直接的法律环境是目标市场所在国的法律。目标市场所在国的法律受其所适用的法律体系的制约,因而研究各国的法律必须研究其所属的法律体系。世界上大多数国家的法律体系是从大陆法系和英美法系发展而来的。大陆法系又称“罗马法系”，因其来源于古代罗马法和主要流行于欧洲大陆而得名。采用此法系的国家主要有法国、德国、瑞士、意大利、比利时、卢森堡、荷兰、西班牙、葡萄牙、日本以及亚非拉的部分法语地区。英美法系又称“普通法系”，因其是在广泛吸收日耳曼人的法律和习惯的基础上发展起来，并主要流行于英、美及英国过去的殖民地和附属国而得名。采用该法系的主要有英国（不包括苏格兰）、美国（不包括路易斯安那州）、加拿大（不包括魁北克省）、澳大利亚、新西兰、印度以及亚非一些英语国家和地区。

2010 年，谷歌公司因内容审查问题与中国政府交涉，并最终关闭中国版搜索服务，其中很重要的一个原因是中国法律里严格规定了审查制度以及对相关敏感信息的过滤，而谷歌的自由搜索理念与中国的法律背道而驰，其部分功能也遭到中国政府的屏蔽。因此，营销人员不仅要了解各国采用的法律体系，更要了解各国法律的种类和具体内容，以便在国际市场营销活动中选择适当的法律作为行为依据。从具体法律的类型来说，要熟悉营销所在国的专利法、竞争法、广告法、投资法、保险法、合同法、税法、产品责任法等。为了有利于解决国际争端，还要了解运用哪一国的法律对自己有利。如果自己了解这些法律知识确有困难，就应聘请当地律师帮助解决。

第三节　进入国际市场的方式

企业一旦决定把某一特定国家作为自己的目标市场后，就要决定进入该市场的最佳方案。一般而言，企业进入国际市场的方式包括：间接出口、直接出口、许可贸易、合资经营、直接投资等。越是采用靠后的方式，企业涉足程度也就越深，风险控制与利润潜力相对也就越大。

一、间接出口

（一）间接出口的含义

企业将产品输送到国外市场最常用的方法是出口。企业一般都从间接出口开始，无论是从自己销售的角度，或是为了满足国外的订单需求，甚至是主动向某个市场扩大出口，企业都是在本国生产产品，然后通过一定的组织将产品输送到国外。间接出口即国内生产企业将产品委托给国内代理商或销售给国内中间商，让其代为进行出口销售的一种渠道方式。对于生产企业而言，其实质类似于国内销售，因为生产企业并不直接将产品销售到国外，而是通过间接的方式把产品卖给国内的组织，再由他们将产品输送到国外进行销售。

（二）间接出口的几种形式

1. 贸易公司

贸易公司作为从事进出口业务的重要中介组织，有着较长的历史。在殖民时代，一些国家就开始利用贸易公司来发展与其他国家的贸易。贸易公司之所以能够为生产企业的间接出口提供服务，是因为与生产企业相比，贸易公司具有一些生产者所不具备的优势。首先，这些贸易公司拥有大量懂得外语、国际贸易和法律知识的专门人才，具备从事进出口业务所必需的基本条件。另外，作为长期从事进出口活动的贸易公司，一般都拥有广泛联系的国外客户，一定的市场渠道和完善的市场信息系统，有助于企业进行出口销售活动。再者，一般贸易公司都拥有一定的资金和具备较强的融资能力，尤其是那些资金雄厚、信誉良好的贸易公司更是受到生产企业的青睐。

贸易公司分为专业进出口公司和国际贸易公司两种。专业进出口公司是专门从事进出口活动的贸易公司，目前在我国它们是企业间接出口的主要渠道。而国际贸易公司是经营多样化的大型贸易公司，它们不仅进行进出口活动，还从事生产、内贸、金融、房地产等多种业务。例如，前文提到的日本的综合商社太丰商社就是一种典型的国际贸易公司，其经营范围十分广泛，涉及各个领域，有着强大的资金实力和抵御风险的能力。

2. 出口管理公司

在西方一些国家中，企业间接出口的另外一种形式是使用出口管理公司。当企业没有设立专门的出口部门时，可以利用出口管理公司代其进行产品的出口，它的作用就像设立在公司外的出口部门一样，但是比企业专门设立出口部门的成本要低很多，因为一家出口管理公司常常为几家企业同时代理出口业务，每个企业只需付出一定的佣金即可。出口管理公司在为企业代理出口活动时、采用的是企业的名号，即以企业的名义来进行出口，有关订单和报价等事宜也都要事先征得企业的同意。因此，与其他间接出口形式相比，利用出口管理公司进行出口，可以使企业保持与其较紧密的合作关系，并对其有较多的控制。

对于缺乏专业贸易知识和外国市场知识人才的中小型企业来说，利用出口管理公司是企业进行间接出口的重要形式。出口管理公司为企业提供的信息、人才和信贷等方面的支持，可以帮助企业将产品打入国际市场。随着企业的不断成长，利用出口管理公司建立的海外市场的不断壮大，企业的自立能力不断增强，直至可以建立起自己的出口部门，进行产品的直接出口。

3. 合作出口

合作出口是企业不用建立自己的出口部门而将产品销往国外的一种方式。合作出口，又称捆绑式出口，是指一家企业利用自己的海外渠道出口自己的和另一家企业的产品。其中，具有出口渠道和能力的企业被称为承重者，通常是一些较大的企业；产品被代为出口的企业被称为乘坐者，它们主要是利用承重者的出口能力进行产品的间接出口。承重者之所以为乘坐者代理产品出口，可能是因为乘坐者的非竞争性产品可以弥补其产品系列中的空缺，也可能是为了充分利用其国际分销渠道，形成出口的规模经济，以取得更大的利润。利用合作出口方式进行产品间接出口的企业通常是那些缺乏出口能力或者没有海外客户和市场的企业，它们在进行间接出口方式的选择时，应全面考虑合作出口方式和其他方式对市场分散化、目标市场覆盖率和出口成本等因素的影响，以便做出最佳决策。

（三）对间接出口的评价

1. 间接出口的优点

（1）企业利用以上几种间接出口的渠道方式进行产品出口时，都不需要设立专门的出口机构和培养专门人才就可以间接地向国外销售产品。这对于刚刚开始国际化的企业，在既缺乏出口业务人才，又没有海外市场经验的条件下进入国际市场是非常有利的。

（2）企业可以在不承担外汇、信贷、运输等各方面的业务风险的情况下，就可以将产品迅速销售到国外市场上去，而企业自身则可以将全部精力投入到新产品的研制和生产中，以增强企业实力。

（3）这些方式一般都较为灵活，以一定期限的合同方式进行，这有利于生产企业随时变换方式，选择不同阶段最有效的渠道方式进入国际市场。

2. 间接出口的局限

间接出口也有下列的局限性：由于企业没有直接参与产品的实际出口，自然很难取得海外营销的直接经验和对国外市场的了解和控制，更谈不上建立自己的分销渠道，这阻碍了企业进军国外市场的进程。所以，处于企业国际化初期的企业，在进行间接出口的同时，要抓住机遇，积极培养专业外贸人才，开拓海外市场，不断积累经验，为企业更大规模地进入国际市场做好准备。

二、直接出口

与间接出口相比，企业不通过中间机构，而是直接将产品卖到国外客户手中，这就是直接出口。直接出口与间接出口的区别在于进行直接出口的企业是自己从事出口活动，如市场选择、市场调研、单证制作和产品定价等。采用直接出口方式进入国际市场的企业一般都设有专门的进出口部或者国际部，有专门的从事进出口业务的人员队伍。设立这些专门机构和人员的成本通常会影响企业的出口利润。只有企业出口销售的增长高于进出口部门成本的增长，企业才能获利。虽然企业直接出口的成本比间接出口的成本高，但销售量会较大，而且可以使企业在实践中获得较丰富的市场信息并有利于培养国际市场营销的专门人才，这是企业走向国际化更高阶段的必经之路。

（一）直接出口管理的任务

采用直接出口方式的企业在开展出口业务时，要经过一系列的步骤才能将产品顺利地销往国外，这些步骤包括：市场调研、渠道选择、实体分销、单证制作等。下面介绍出口业务人员所要完成的任务。

第一，国外市场的选择。间接出口企业的市场选择是由代理出口的中间机构代为其进行的，虽然生产企业可以额外增加市场，但大多是在中间机构的现有市场中进行选择。而在直接出口中，企业出口管理人员可以自行选择国外市场，其任务就是利用各种分析方法评定和估算各市场的潜力，选择最佳的目标市场。

第二，选择进入目标市场的分销渠道。企业选择好目标市场后，就应该开始选定进入目标市场的分销渠道。较大的企业可以在目标市场上专门设立自己的分销机构，以便对出口销售和营销活动加以控制。一般中小型企业，尤其在较小的市场上，可以选择当地的代理商或经销商来为自己进行产品的分销。

第三，产品的实体分销和出口单证的制作。一旦企业与国外经销商签订了合同，就必须将产品转移给对方，这一过程就称为实体分销。国际分销中的实体分销不同于国内，它涉及产品的国际运输和保险，同时产品的包装也随运输方式的变化而有所不同，随运输距离的增大而增加成本。出口单证制作是一个非常繁琐而细致的工作，需要业务人员认真仔细地对待。任何一点疏漏都可能造成一些不必要的损失。从成本的角度出发，有的企业通过外包来完成这些任务，如海外运输代理人常常承担运输和单证制作等工作。

第四，其他出口管理任务。直接出口管理的其他任务包括：市场信息的收集、产品的定价和促销。市场信息可以来源于国内供应商，也可以来源于国外的经销商，还有赖于出口管理人员在国外市场的实地收集。关于出口产品的定价，将涉及价格术语、币种、关税和定价策略的制定等相关因素，它比国内营销定价复杂得多。最后，如果出口企业承担产品在国际市场上的促销工作，则需要更全面地了解有关国际市场的需求状况、竞争状况等各方面的信息。

（二）直接出口的几种形式

1. 国外经销商

企业对于在国外特定地区或市场上销售或转售其产品的客户授予独家经营权或优先权并让其负责该地区或市场的销售，这种客户被称为经销商。经销商进行销售时，先从企业购买产品，实际占有货物，然后再出售，赚取差价。另外，经销商与出口企业通常建立了固定的经销关系，被授予独家权或优先权，不同于一般的批发商。

2. 代理商

代理商的任务是促使生产企业与购买企业直接联系，促成双方达成销售协议。一般来说，代理商是独立的法人，依据实现的交易额按比例提取佣金。在交易过程中，代理商不实际掌握货物的所有权，与企业只是委托、代理的关系。

（1）非专卖代理商。这种代理商在为企业代理销售时，不承担资金风险，也不管理存货，只是把收到的订单交给企业，由企业负责将产品卖给客户，然后按销售额提取一定比例的佣金。他可以同时代表许多企业，在一定的地区活动。同样，企业也可以同时在一个国家利用几个非专卖代理商同时进行分销活动。这样做有利于企业分散风险，降低成本。

（2）专卖代理商。专卖代理商是企业在某一地区负责某一产品销售的唯一代理人。但是这种做法成本较高，风险较大。如果代理商效率不高，甚至会失去目标市场。

3. 海外营销子公司

出口企业为了更好地控制分销渠道的各个环节，更直接地接触市场，搜集情报，掌握需求动态，会在国外设立办事处或子公司来直接负责销售。办事处是不具有法人资格的单位，而营销子公司是有法人资格的独立实体，在法律上和税收上都有独立性，能使企业更灵活、更深入地进行国际分销活动。

4. 最终用户

企业与最终用户取得联系，将产品直接卖出，而不经过经销商、代理商等中间机构，这是最直接的一种出口方式。这种方式对企业有利，由于没有中间商，因而成本较低。这种方式的另一个好处是企业可直接与市场联系。尤其是在无需提供售后服务，而企业在竞争中具有较强的优势时，这种方法十分有效。企业对于大型机械设备、飞机、轮船和高技术产品的出口通常会采用这种方式，如美国的波音公司。

（三）对直接出口的评价

1. 直接出口的好处

直接出口的好处主要有以下几个方面：

（1）直接从事产品出口活动的企业首先可以从长计议，而不是仅仅依赖中间商。中间商常常会一味地催促订货，力争在短期内迅速提高销售额，而忽视了与顾客建立良好的关系，这往往会妨碍企业长期计划的执行。

（2）企业能够更直接地接触国外客户，了解国际市场需求状况，从而更直接地得到信息反馈，使产品促销、价格和分销方法更适应市场的新需求，有利于制定切实可行的营销策略。

（3）通过直接参加国际市场营销活动，企业可在国际市场上树立起自己的形象，建立起自己的渠道网络，同时在实践中不断积累经验，为进一步扩大市场做好准备。

（4）直接出口还可使企业更有效地对付竞争，因为它可以使企业更好地协调营销组合的各环节，使之适应市场需求。

（5）直接出口使企业进入市场的政策更具有稳定性。间接出口渠道的中间商一般都愿意为许多企业销售产品，当别的厂家提供较好的条件时，他们会立即转向竞争对手一方。采用直接出口方式则可以使企业独立于进口批发商和其他的中间商。企业一般经过较困难的初期后，就可以保持出口稳定，从而使产量稳定。

2. 直接出口的弊端

采用直接出口方式也有其不利之处：

（1）直接进入市场的成本一般较高。企业进行直接出口不仅要独立完成各道出口程序，而且要为在国外市场建立仓库、设立服务网点以及成立办事处等进行投资，使企业承担更高的成本费用。

（2）为了解决直接进入市场所带来的问题，企业所在国和国外部需要懂得国际贸易、法律和外语的专门人才，否则企业难以进行直接出口业务。但是企业在寻找合适的人才时往往也会遇到一定的困难。

（3）缺乏像贸易公司所拥有的众多客户渠道，是直接出口企业面临的最大困难。完全靠自己联系客户，建立渠道，对于小企业尤为困难。

（4）对于在海外设立的营销子公司，当地中间商常常感到不满，而且子公司的工作人员追求利润的积极性也不如当地销售商那么高，从而影响销售效率。

三、国外生产

到目前为止，讨论的企业进入国际市场的方式，无论是直接出口还是间接出口都是将国内生产的产品销售到国外去。但是在某些情况下，采用国内生产然后出口的方式不一定很理想或者根本不可能实现，如运输成本过高、关税或配额等限制、某些国家对进口产品的歧视时，就迫使想要在国外市场销售的企业不得不改在目标市场国就地生产。另外一些因素也使企业到国外设厂生产变得有利可图，如某些国家或者区域市场较大，生产成本较低，当地生产使企业产品的设计、运输、服务能更好地满足市场需求等。因此，国外生产成为企业进入国际市场的重要渠道之一。

（一）装配业务

将企业在国内生产产品的全部或大部分零部件运输到国外市场进行装配、形成成品的过程就是装配业务。汽车和农用机械是经常采用国外装配方式的典型例子。尤其是当产成品的运输成本和关税较高时，企业采用国外就地装配生产，这样可以降低成本。同时为目标市场国提供了一定的就业机会，也容易为当地政府所接受。例如，美国的可口可乐公司就是在全球范围内进行这种装配业务的，其具体做法是在国内生产出按可口可乐配方制作的可乐原液，然后运往世界各地，由当地的装瓶商进行加水稀释和装瓶，在当地市场上销售。这样，可口可乐公司只在国外市场上花费了较少的投资，就获得了其总收入一半以上的收益。

（二）合同制造

合同制造是指从事国际市场营销的企业与目标国家的生产者签订合同，由国外生产者负责在其国内生产某种产品，而由本企业负责产品营销的一种国外生产方式。如果一个企业的优势在于营销和售后服务，而不是产品的生产制造，就应该采取这种方式进入海外市场。例如，美国的苹果公司就与中国台湾地区的富士康公司签订了订单合同，采用当地生产，然后再利用自己强大的销售实力，将产品销往世界各地。

1. 合同制造方式的优点

合同制造方式的优点在于规避了亲自设厂的巨额投资以及当地市场政治不稳定、出口企业资金不足的风险。合同制造可以避免由于对东道国缺乏认识而产生的劳工或其他问题。同时，出口企业如果在当地生产也可以通过产品广告获得一些优势，或者可以与当地政府和消费者建立良好的公共关系。如果出口企业出于市场太小或者风险太大等原因终止了生产合同，其所导致的成本远低于关闭自己的厂房，其终止过程也比较容易。此外，合同制造方式也可以节省运输成本等。

2. 合同制造方式的局限性

合同制造的劣势在于可能会限制企业发展。例如，流向当地市场出口企业的生产利润会多于流向该国际企业的利润，除非其营销活动的利润足够多。此外，在国外市场上很难找到一个令人满意的制造商。而且企业委托其他出口企业代为生产时，产品质量的控制也是一个大难题。

（三）许可贸易

许可贸易是企业在国外市场进行就地生产的另一种形式。不同于合同制造，它通常规定有较长的期限和被许可方被赋予较多的责任。许可贸易中，企业（许可方）与国外另一企业（被许可方）签订许可协议，授权国外企业在合同期限内使用本企业的专利权、商标权、版权或专有技术从事某产品的生产，同时收取一定的许可费用。被授权使用这些权利的一方，通常应当承诺：

（1）按照许可方授予的专利权、商标权、版权或专有技术等规定和方法生产相关产品；

（2）在指定的市场范围内销售该产品；

（3）按照产品销售额的一定比例支付许可费。

在许可贸易中，被许可方比合同制造中的制造方承担了更多的责任，他们不仅要负责产品的生产，还要负责产品的营销，是更完全意义的国外生产。

采取许可贸易进入国际市场的企业只要拥有一定的专利和技术，无须进行生产和销售的大量投资。利用这一方式，企业可以避开高运费、关税、贸易壁垒等障碍，较迅速地占领国外市场。同时，由于企业向目标市场国提供了先进的技术，容易得到被许可方所在国政府的批准。但是，实施许可贸易的企业也会面临被许可方经营不善，质量难以保证的风险。许可方的形象会由此而受损，可能会有提取不到许可使用费的可能。另外，许可方在授予被许可方专利或专有技术使用权时，也为自己培养了潜在的竞争对手，许可协议终止时，被许可方完全有可能独立运用被授权的技术从事生产和销售，成为许可方强大的竞争对手。

20 世纪 80 年代，中国台湾地区的企业开始为岛外公司代工制造的各种产品，从计算机部件、电视机按钮到体育产品，在当时无论产量还是质量都是首屈一指，后来，演变为由台企自己设计产品，外商只要稍加修改或贴上自己的商标，便可以成为他们的品牌产品，畅销全世界，但是台湾的企业从中获取的毛利微乎其微，随着工人涨薪的后续影响逐步显现，高成本压力开始考验着这类劳动密集型企业。2001 年，由于不满代工客户的抽单，宏碁成立了纬创集团，致力于发展自主品牌。五年之后，宏碁跃升为世界第四大 PC 品牌，实现了“劳动人民翻身做主”的伟业。宏达（HTC）也通过多年来为欧美各大运营商定制手机积累了宝贵的经验，如果说 HTC 可能有部分国人不太了解，但是提起多普达就无人不知了，多普达正是 HTC 推出的自有品牌。2010 年，在智能手机领域堪称“不可一世”的手机厂商苹果对 HTC 提起一项诉讼，指控 HTC 侵犯了 20 项与 iPhone 有关的专利。陷入和苹果的专利纠纷似乎不算十足的坏消息，对于一家刚刚从代工转型打造品牌 4 年时间的厂商而言，这至少意味着它已经有迹象成为和苹果并驾齐驱的全球性品牌。

（四）合资企业

合资企业是企业与国外一个企业或几个企业共同投资，在国外设立一个新的企业。合资生产与许可贸易的共同点在于产品的生产和销售都是由国外的另一个新企业进行，但合资生产的特点是企业拥有合资企业的一定股份，并参与经营和管理。与许可贸易相比，建立合资企业的最大优点是利润较高，企业对生产和营销的控制程度更高以及能更直接地获得市场信息和国际市场营销经验。合资企业最主要的缺点是：合资各方在经营目标、利益分配和再投资比例上容易发生冲突，对产品和市场拓展的意见会不一致。但是，相对于介入海外市场程度更高的独资企业来讲，合资企业又存在着优势：如资金和管理投资少，风险小，而且合资生产的产品在很大程度上基本能够享受所在国的产品税收待遇，因此在定价上比起纯进口的产品更有优势。中国的汽车行业里合资车占了非常大的市场份额，我们熟悉的奥迪、大众、本田、丰田等大部分产品都是以合资的形式生产的，而中方也乐意接受这种模式，在以市场换技术的同时，也能够相对稳定地保护国内的汽车企业。

（五）独资企业

国外独资生产是企业国外生产的最高级阶段。独资意味着企业对其投资拥有100%的所有权和控制权，利润全部归自己所有。没有合资方，意味着没有利益、目标等不一致的冲突问题。所以，国外独资生产可以维持企业在技术、经营诀窍、产品品质和商品信誉等方面的优势，确保企业投资收益的最大化，也可以使企业更直接、更全面地积累国际市场营销的经验。但是，采用这种方式需要投入的资金较多，风险也较大。

设立独资企业的方法有两种：一是并购，即从事国际市场营销的企业通过在资本市场上购买某企业的股票或在产业市场上购买股权，取得该公司的所有权和经营权，从而购买一个现成的企业；二是创建，即国际化经营企业通过购买厂房设备、设立组织机构、招聘人员等工作，从而建立和发展一个全新的企业。第一种做法较快，可以较容易地得到现成的劳动力、市场经验和已建立起来的分销渠道等，加快企业进入国外市场的过程，节约投资成本和时间。第二种做法虽然费时费力，却不必为所收购的现有企业而改变自己，避免并购中难以处理的、原企业遗留的种种问题，可以完全按照企业自己的意愿和方式建立一个全新形象的企业。但创建需要大量的筹建工作，建设周期长，速度慢，灵活性差，因而整体风险较大。

【思考题】

1. 国家的技术和物质文化如何影响企业的营销工作？
2. 为什么国际市场营销人员要对其目标市场所使用的语言进行研究？
3. 社会的价值观与审美观如何影响企业的营销工作？
4. 国际市场营销如何受教育水平的限制？
5. 什么情况下直接出口适用于企业？

【实训题】

吉利上演“蛇吞象”成功收购沃尔沃

浙江吉利控股集团有限公司是一家以汽车及汽车零部件生产经营为主要产业的大型民营企业集团，始建于1986年，经过18年的建设和发展，在汽车、摩托车、汽车发动机、变速箱、汽车零部件、高等教育、装潢材料制造、旅游和房地产等方面都取得了辉煌业绩，资产总额已经超过50亿元；特别是1997年进入汽车制造领域以来，凭借灵活的经营机制和不断的观念创新，快速成长为中国经济型轿车的主力品牌，2003年企业经营规模列全国500强中第三百三十一位，列“浙江省百强企业”第二十五位，被评为“中国汽车工业50年发展速度最快、成长最好”的企业之一，跻身中国国内汽车制造企业“3+6”主流格局。

浙江吉利控股集团有限公司建有面对国内、国际两个市场的营销网络，在全国共有109个4S汽车专卖店、489家品牌经销商、569家服务站；在海外建有10余家销售服务网点经营吉利、美人豹、华普三大品牌系列轿车的销售和售后服务；2004 年吉利轿车在国内销售达到 101 611 辆，市场占有率达到 4.5%，在国内轿车市场排名由 2003 年的第十位跃居到第七位，在经济型轿车市场占有率达到 21.4%；有近 5000 辆吉利轿车出口到 28 个国家和地区，使中国的轿车在国际市场上占有了一席之地；稳定的质量、细微的服务、超值的性价比和体验式的营销使得吉利轿车赢得了国内外老百姓的喜爱。截至 2004 年年底，吉利轿车的社会保有量已超过 270 000 辆，并以每月 10 000 辆的速度递增。

2010 年 3 月 28 日，在瑞典哥德堡，中国浙江吉利控股集团有限公司与美国福特汽车公司正式签署收购沃尔沃汽车公司的协议，获得沃尔沃轿车公司 100%的股权及相关资产。吉利用 18 亿美元换回的不仅有沃尔沃轿车的 9 个系列产品，3 个最新平台的知识产权，境外工厂和员工，还有福特公司提供的支持，研发人才和全球经销商网络和供应商体系。吉利收购沃尔沃，创下了中国收购海外整车资产的最高金额纪录，是国内汽车企业首次完全收购一家具有百年历史的全球性著名汽车品牌，并首次实现了一家中国企业对一家外国企业的全股权收购、全品牌收购和全体系收购，吉利收购沃尔沃被视为中国汽车产业海外并购最具有标志性的事件。吉利并购沃尔沃的难度可谓是中国海外并购成功案例中最高的，因为吉利与沃尔沃不论在品牌、技术、管理水平等各个方面，都存在着巨大差距。为什么吉利能够成功地完成这次收购？其复杂的背景因素值得分析。

1. 金融危机带来的机遇

2008 年下半年美国的次贷危机，迅速蔓延为全球金融危机。在此背景下，许多外国的资产价值被严重低估，这正是中国企业利用海外并购走出国门的大好时机。通过海外并购，中国企业可以用较低的成本，获取到梦寐以求的汽车国际品牌、核心技术和国际营销渠道。这是中国实现技术跨越的一个捷径，可以迅速提高中国汽车产业的软实力。吉利并购沃尔沃，正是利用这次机遇，帮助中国自主品牌汽车尽快走向国际市场，利用沃尔沃的国际知名品牌，彰显中国汽车业的实力。因此金融危机这个大背景也是此次并购成功的一个外部因素。

2. 福特是战略性出售沃尔沃

福特出售沃尔沃是基于战略目标的选择。为应对 2006 年福特创下的有史以来最严重亏损（约 127 亿美元），福特公司 CEO 穆拉利决定执行“一个福特”的战略，其具体措施之一就是削减品牌，缩减福特的车型数量，将经营重点放在“强有力”的福特自有品牌上。2007 年，福特以 8.5 亿美元的价格将阿斯顿·马丁出售给英国的一个投资集团。2008 年，福特以 23 亿美元的价格将捷豹、路虎打包出售给印度的塔塔集团，同年，福特将其持有的 20%的马自达股份出售，持股降低至 13.4%。在穆拉利的带领下，福特执行“一个福特”战略取得成功，实现扭亏为盈，2009 年净盈利达到 27.2 亿美元，市场份额出现了 1995 年以来的首次增长。也就是说，福特是战略性出售，可以降低成本、减少债务、改善财务状况，而非财务性出售，并不会因为财务状况的好转而更改出售决定。

3. 吉利基于对自我战略的坚持

吉利为了实现“最安全、最环保、最节能的好车，让吉利汽车走遍全世界”的战略目标，提出了将核心竞争力从成本优势重新定位为技术优势和品质服务。为了突破自我发展的壁垒，吉利坚持内外兼修的原则。对内则通过引进外部高级人才来加强核心能力的建设，完成自主知识产权的研发与制造，改进生产工艺流程，完善生产质量管理，加强管理体系建设。对外则通过并购全球第二大 DIS 自动变速器厂，实现了汽车核心零部件自动变速器的生产。国内汽车产业整合规划为“四大、四小”集团，而吉利短期内在品牌、技术、国际化市场、产品质量等多个重要维度下难以获得质的提升，产业定位与企业定位难以改变，面对不利于自身长远发展的现状，吉利将并购战略放到全球，通过缜密准备，实现了“蛇吞象”的并购，为企业实现战略目标打下了基础。

4. 并购的前期准备充分

吉利在并购前期掌握了并购过程中出现的风险，从专业人才的聘请，政治风险的防范，资金的融资渠道到工会的调解方面都做了充足的准备。吉利的董事长李书福早在 2007 年就开始着手准备收购沃尔沃，与福特总部进行过多次协商。吉利坚信福特是出于战略性出售，并聘请了庞大的外部专业收购团队来进行辅导与协助，如并购事务顾问洛希父子公司、法律事务顾问富尔德律师事务所、财务事务顾问德勤会计师事务所、汽车公司整合咨询顾问罗兰贝格公司，以及全球知名的并购公关公司博然思维等。除此之外，华泰汽车总裁童志远和从事企业高管的沈辉联合加盟吉利。在专业机构的帮助下，吉利掌握了并购活动中所有的危机点。而美国在并购中也并没有夹杂任何政治因素，吉利作为民营企业的这个身份使海外收购经常遇到的“政治风险”减为最小。收购价格也大大低于此前报价，相关品牌、知识产权也均归属吉利所有。吉利多方筹措获得收购所需资金，融资方案得到了各方的踊跃参与。经过多次沟通与调解，沃尔沃工会也表态支持。最终，吉利击败众多竞争者，使并购取得成功。

5. 并购后的整合方案符合各方利益

由于福特十分关注沃尔沃内部人员对此次出售的满意度以及出售后沃尔沃是否可以摆脱困境，吉利收购后的整合运营方案最大限度地满足了福特的上述要求。吉利允许沃尔沃内部保留单独的运作体系，同时不干涉沃尔沃的运营管理，保留高管团队，并且对工会承诺不转移工厂和不裁员。除此之外，吉利规划了沃尔沃未来的发展：一是通过采购沃尔沃设置在中国工厂生产的零部件，以降低采购成本；二是扩大销售规模摊薄整车成本。通过详尽的成本测算，准确地预测出沃尔沃销售 35 万辆即能实现扭亏，而在中国市场 2009 年奥迪销售 15.72 万辆，宝马 9.05 万辆，奔驰 6.85 万辆，沃尔沃 2.24 万辆，沃尔沃只占四大高端汽车 33.86 万辆的 6.6%，沃尔沃只需在中国扩展 5 万辆就能实现 35 万辆的全球销售而全面扭亏。

如何保证对沃尔沃的后续投入以及尽快让沃尔沃扭亏为盈，这是吉利汽车面临的更大挑战。吉利董事长李书福认为，沃尔沃之所以陷入亏损，主要是受金融危机影响，销量大幅下滑，产能放空及采购成本过高。实现并购后，吉利充分调动瑞典现有管理团队的积极性，制定新的奖励考核机制，积极开拓以中国为代表的新兴市场，提高中国采购比例、降低成本、拓宽产品线。有业内专家分析，要沃尔沃扭亏为盈，吉利还需要投入 16 亿至 20 亿美元的流动资金。按照规划，收购沃尔沃后，吉利将在北京或天津建设年产能约 30 万辆的新工厂，使沃尔沃的年产量提高近一倍，并力争在 2011 年前实现扭亏为盈。

讨论问题：

1．吉利收购沃尔沃对其企业经营有哪些帮助？

2．吉利进行国际化经营可能存在的挑战有哪些？

3．吉利收购沃尔沃对中国企业走出去有哪些启示？

参考文献

[1] 刘文彬．市场营学[M]．北京：经济科学出版社，2007.

[2] 兰苓．市场营销学[M]．北京：中国广播电视大学出版社，2000.

[3] 黄金火，邱华，吴怀涛．市场营销学[M]．武汉：华中科技大学出版社，2005.

[4] 苑玉凤．市场营销学原理与实例分析[M]．北京：机械工业出版社，2006.

[5] 郭贤达，蒋炯文．战略市场营销[M]．北京：北京大学出版社，2006.

[6] 王永贵．服务营销[M]．北京：北京师范大学出版社，2008.

[7] 方光罗．市场营销学[M]．大连：东北财经大学出版社，2004.

[8] 张贯一．现代市场营销[M]．武汉：华中师范大学出版社，2007.

[9] [美]菲利普·科特勒，加里·阿姆斯特朗．市场营销原理[M]．北京：清华大学出版社，2007.

[10] [美]菲利普·科特勒．营销管理[M]．北京：中国人民大学出版社，2006.

[11] [美]伯恩斯·布什．营销调研[M]．北京：机械工业出版社，2007.

[12] [英]伯恩．市场调研技术手册[M]．卢蟵，孟朝晖，译．北京：人民邮电出版社，2005.

[13] 叶国灿．市场营销学[M]．杭州：浙江大学出版社，2007.

[14] 欧阳卓飞．市场营销调研[M]．北京：清华大学出版社，2006.

[15] 沈永茂．市场调研与分析[M]．杭州：浙江大学出版社，2007.

[16] 白素杰，郭鹏．浅谈新经济时代的五大营销理念[J]．经济师，2004（11）.

[17] [美]菲利普·科特勒．营销管理[M]．梅清豪，译．北京：中国人民大学出版社，2005.

[18] 郭国庆．市场营销学通论[M]．北京：中国人民大学出版社，2005.

[19] 纪宝成．市场营销学教程[M]．北京：中国人民大学出版社，2004.

[20] [美]菲利普·科特勒，加里·阿姆斯特朗．市场营销原理[M]．北京：清华大学出版社，2007.

[21] [美]泽斯曼尔·比特纳．服务营销[M]．北京：机械工业出版社，2004.

[22] 王煊．市场营销学新论[M]．武汉：华中师范大学出版社，2009.

[23] 屈云波．市场细分[M]．北京：企业管理出版社，2010.

[24] 盛敏，元明顺，刘艳玲．市场营销学案例[M]．北京：清华大学出版社，2005.

[25] 郭国庆，刘彦平．市场营销学通论[M]．2 版．北京：中国人民大学出版社，2003.

[26] 罗文英，傅尔基，王芬，杨光．市场营销学策略与实训[M]．上海：华东理工大学出版社，2004.

[27] 吕一林．现代市场营销学[M]．3 版．北京：清华大学出版社，2004.

[28] 纪宝成，吕一林．市场营销学教程[M]．4 版．北京：中国人民大学出版社，2008.

[29] 吴健安，郭国庆，钟育赣．市场营销学[M]．3 版．北京：高等教育出版社，2007.

[30] 常桦．完全竞争战略[M]．北京：中国纺织出版社，2003.

[31] 菲利普·科特勒. 营销管理[M]. 北京：清华大学出版社，2003.
[32] 迈克·欧德罗伊德. 市场营销环境[M]. 北京：经济管理出版社，2005.
[33] 李强. 市场营销学教程[M]. 大连：东北财经大学出版社，2000.
[34] 王秀丽，林涛. 中间商业务管理精要[M]. 北京：中国纺织出版社，2002.
[35] 邹树彬. 分销渠道管理[M]. 广州：广东经济出版社，2002.
[36] 杜学森，苗玉树. 国际市场营销[M]. 北京：对外经贸大学出版社，2008.
[37] 朱金生，张梅霞. 国际市场营销学[M]. 武汉：华中科技大学出版社，2008.
[38] 郭国庆. 营销学原理[M]. 北京：对外经贸大学出版社，2008.
[39] 朱明侠，薛书武，戚永翎. 国际市场营销[M]. 北京：对外经贸大学出版社，2007.
[40] 林成安. 促销管理[M]. 北京：北京工业大学出版社，2004.
[41] 曹礼和. 服务营销[M]. 武汉：湖北人民出版社，2000.
[42] 刘丽文. 服务运营管理[M]. 北京：清华大学出版社，2004.
[43] 梁彦明. 服务营销管理[M]. 广州：暨南大学出版社，2004.
[44] 傅云新，许秋红，陈玲. 服务营销学[M]. 广州：华南理工大学出版社，2005.
[45] 邹乐群. 服务营销与服务管理[M]. 长沙：国防科技大学出版社，2002.
[46] 李晓. 服务营销[M]. 武汉：武汉大学出版社，2004.
[47] [美]密得瑞·麦卡福. 顶尖营销[M]. 北京：企业管理出版社，2003.
[48] [美]唐·舒尔茨，威廉·鲁宾逊，莉莎·彼得里森. 促销管理的第一本书[M]. 北京：中国财政经济出版，2005.
[49] 熊超群. 营销广告策划实务[M]. 广州：广东经济出版社，2004.
[50] MBA 核心课程编译组. 营销经理[M]. 北京：九州出版社，2002.
[51] [美]罗杰·凯琳，罗伯特·彼得森. 战略营销教程与案例[M]. 大连：东北财经大学出版社，2000.
[52] [英]约翰·伊根. 关系营销[M]. 北京：经济管理出版社，2005.
[53] [美]菲利普·科特勒. 市场营销导论[M]. 北京：华夏出版社，2001.
[54] 武齐，彭程. 耐克营销——中间商品牌策略[M]. 北京：中国经济出版社，2003.
[55] [美]菲利普·科特勒，[美]凯文·莱恩·凯勒，卢泰宏. 营销管理[M]. 北京：中国人民大学出版社，2009.
[56] LOUIS W STERN, ADEL I, EL ANSARY, ANNE T COUGHLAN. Marketing Channels [M]. New Jersey：Prentice Hall Inc，1996.
[57] 费大羽，孟美任. VANCL 的竞争对手分析[J]. 现代商业，2010（27）.
[58] 张冬梅，曾忠禄. 如何利用波特的竞争对手分析框架分析竞争对手[J]. 现代情报，2007（5）.
[59] 王春艳. 重型汽车用户购买行为及心理分析[J]. 汽车与配件，2009（30）.
[60] 刘厚钧. 市场营销学[M]. 北京：北京理工大学出版社，2006.
[62] 李伟文，谭腾，李智. 现代市场营销学[M]. 武汉：武汉大学出版社，2010.